근로
복지공단

필기전형

근로복지공단
필기전형

초판 발행		2021년 12월 3일
개정판 발행		2023년 1월 27일

편 저 자 ｜ 취업적성연구소
발 행 처 ｜ ㈜서원각
등록번호 ｜ 1999-1A-107호
주　　소 ｜ 경기도 고양시 일산서구 덕산로 88-45(가좌동)
교재주문 ｜ 031-923-2051
팩　　스 ｜ 031-923-3815
교재문의 ｜ 카카오톡 플러스 친구[서원각]
영상문의 ｜ 070-4233-2505
홈페이지 ｜ www.goseowon.com

PREFACE

근로복지공단은 모든 국민들로부터 환영받는 노동복지의 허브가 되기 위해 노력하고 있다. 산재 · 고용보험 서비스, 산재의료 서비스, 근로복지 서비스 등 노동복지 사업을 수행하는 공공기관으로서 일하는 사람의 행복을 이어주는 세계적 사회보장 선도기관으로 공감과 혁신을 최우선 가치로 삼고 고객중심 공감경영, 협업기반 책임경영, 미래지향 혁신경영을 실천하고 있다. 근로복지공단은 사회보험 제도 진입은 쉽게, 보장은 넓게, 결정은 공정하게 하면서 진정한 노동복지의 허브가 되기 위해 노력하는 공공기관이다.

근로복지공단에서도 업무에 필요한 역량 및 책임감과 적응력 등을 구비한 인재를 선발하기 위하여 고유의 필기시험을 치르고 있다. 본서는 근로복지공단 채용대비를 위한 필독서로 근로복지공단의 필기시험의 출제경향을 철저히 분석하여 응시자들이 보다 쉽게 시험유형을 파악하고 효율적으로 대비할 수 있도록 구성하였다.

신념을 가지고 도전하는 사람은 반드시 그 꿈을 이룰 수 있습니다. 처음에 품은 신념과 열정이 취업 성공의 그 날까지 빛바래지 않도록 서원각이 수험생 여러분을 응원합니다.

STRUCTURE

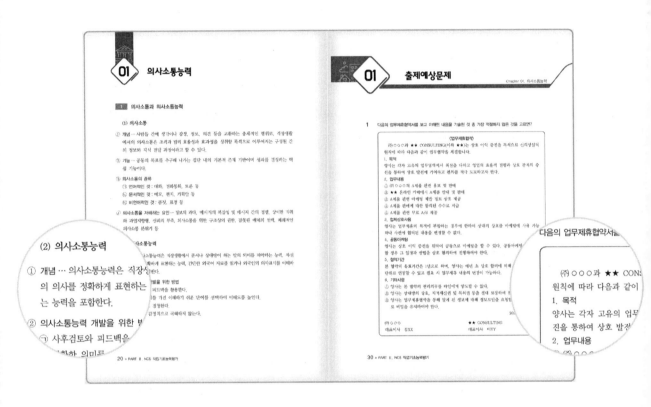

직업성격평가

인성검사의 개요와 실전 인성검사로 인성검사에 대비할 수 있습니다.

NCS 직업기초능력평가

각 영역별 핵심이론정리와 다양한 유형의 출제예상문제를 다수 수록하여 실전에 완벽하게 대비할 수 있습니다.

NCS 직무기초지식평가

기출 복원 문제와 3회분의 연습문제를 통해 직무지식의 여러 기초이론을 학습하고 준비할 수 있습니다.

CONTENTS

PART

I

근로복지공단 소개

01 기업소개

(1) 개요

근로복지공단은 산재·고용보험 서비스, 산재의료 서비스, 근로복지 서비스 등 노동복지 사업을 수행하는 공공기관으로서 일하는 사람의 행복을 이어주는 세계적 사회보장 선도기관이다. 노동복지의 허브기관으로서 공단의 역할을 다하기 위해 '공감'과 '혁신'을 최우선 가치로 삼고, "고객중심 공감경영, 협업기반 책임경영, 미래지향 혁신경영"을 실천해 나간다.

(2) 비전 및 전략 체계도

① 미션 및 비전

미션 (Mission)	사회적 위험으로부터 일하는 삶을 보호하는 희망버팀목 - 재해, 질병, 소득 감소, 출산, 육아, 노령, 노동 능력·기회의 상실 등 일하는 사람이 당면할 수 있는 다양한 사회적 위험으로부터 그들의 삶을 보호하고 적극 지원함으로써 육체적·정신적·경제적 회복과 사회적 자립 및 일터로의 복귀를 돕는 데 든든한 버팀목으로서의 역할을 성실하게 수행
비전 (Vision)	일하는 사람의 행복을 이어주는 세계적 사회보장 선도기관 : Worker's Happy Bridge - 회복 : 산재·고용보험, 임금채권보장, 퇴직연금 등 사회보험 서비스를 통해 산재, 실업, 체불, 퇴직 등 사회적 위험으로 인한 어려움을 극복하도록 지원하여 일하는 사람의 노동생애 단절을 이어주고, 공유 : 기업의 성공과 노동자의 안전을 이어주며, 상생 : 격차 해소를 위한 복지 서비스를 통해 대기업과 중소기업, 저임금 노동자와 고임금 노동자의 행복을 이어주고, 연대 : 사회보장분야 국제협력을 주도하여 선진국과 개발도상국 국민의 행복을 이어주는 가교(Happy Bridge) 역할을 의미 - 세계 최고 수준의 사회보장 서비스 기관을 넘어 노동생애 기반 사회보험과 노동복지 서비스의 표준을 제시함으로써 사회보장 분야의 선도적 기관이 되고자 하는 공단의 미래상을 의미 - 취업과 창업 등 일을 하려는 때부터 퇴직과 폐업 등 일터를 떠날 때까지 일하는 모든 사람을 사회안전망과 이어주는 노동복지의 중심기관

② 핵심가치와 경영방침

핵심가치	행동강령
상생을 위한 안전과 책임	• 건강하고 안전한 일터를 만들기 위해 노력한다. • 과정과 결과를 공유하며 투명하게 일한다.
사람을 위한 소통과 공감	• 충분히 의견을 듣고 반영하기 위해 노력한다. • 서로의 입장에서 이해하고 배려하며 존중한다.
미래를 위한 변화와 혁신	• 관행을 탈피하는 도전과 열정으로 함께 성장한다. • 창의적 생각을 장려하고 제도화 되도록 노력한다.

근로복지공단 3대 경영방침	협업기반 책임경영	사업 : 협업을 통한 효율적 사업운영과 책임경영으로 공공성 강화
	고객중심 공감경영	고객 : 고객 관점의 생각과 행동을 통한 공감경영으로 신뢰 확보
	미래지향 혁신경영	조직 : 미래변화를 선도하기 위한 혁신경영으로 지속가능성장 실현

③ 경영목표
　㉠ 일하는 사람 사회안전망 확충
　㉡ 노동취약계층 사회통합 실현
　㉢ 혁신기술 기반 스마트서비스 구현
　㉣ 多가치성장 지속가능경영 실천

④ 경영슬로건
　국민들로부터 환영받는 노동복지 허브(Hub)

⑤ 사업생애 · 노동생애

사업생애		노동생애	
성장 · 성숙	• 직장어린이집 설치 지원 • 사내복지기금	여가 · 일상	• 휴양콘도, EAP지원 • 저소득자 신용보증
폐업 · 전업	• 자영업자 실업급여 • 퇴직연금	체불 · 퇴직	• 체불임금, 퇴직금 보장 • 퇴직급여(연금) 지급
체납 · 체불	• 보험료 지원 • 체불임금 청산융자	결혼 · 육아	• 혼례 · 의료 융자 • 공공직장어린이집 운영
재해 · 이직	• 산재 · 고용보험 적용 지원 • 산재 예방요율제ᅦ • 산재의료 · 직장복귀 지원 • 산재 대체인력 지원	재해 · 실직	• 산재 · 고용보험 가입 • 요양 · 보상 · 재활 • 산재직영병원 • 직원훈련생계비

⑥ 핵심성과지표 KPI

취약사업장 산재보험 가입률	산재병원 특성진료활성화 성과	산재보험 신속성	국가핵심기반 보호 평가
취약사업장 퇴직연금 가입률	좋은 일자리 지수	정보서비스 고객만족도	고객만족도
간호·간병통합서비스 운영	복지서비스 수혜자 수	온실가스 감축	종합청렴도
미래성장지수	직장어린이집 이용 아동 수	공공기관 동반성장 실적평가	유연근무 활용률

(3) COMWEL ESG경영

① COMWEL ESG : 일하는 생애를 아우르는 노동복지 허브기관
  ㉠ 노동복지 허브선도
  ㉡ 지속가능 성장가치
  ㉢ 광의적 보편적 서비스
  ㉣ 협업적 거버넌스 구현
  ㉤ ESG 지속가능 경영
  ㉥ 플랫폼 지향

② 비전·목표
  ㉠ 국가 감염병 예방대응을 위한 환경보전 종합계획을 수립
  ㉡ 10개 소속 병원에서 배출되는 의료폐기물 등 유해성 물질 추적관리 체계로 현장관리와 점검을 고도화할 예정
  ㉢ 체청사와 병원 등에 신·재생에너지(태양광, 지열, 연료전지 등)와 직영 30개소 어린이집에 태양광발전설비를 설치하는 등 저탄소·분산형 시설을 단계적으로 확대하여 온실가스 감축 및 지역사회의 대기환경 개선에도 기여
  ㉣ 전기차를 업무용 차량으로 도입하고, 전기차 공공급속충전 인프라 구축사업에 동참하여 지역사회 및 유관기관과의 협력으로 친환경경영의 선순환을 구현

02 채용안내

(1) 인재상…일하는 사람에게 희망을 드리는 동반자

① **고객** : 따뜻한 가슴으로 고객을 섬기는 사람

② **효율** : 끊임없는 자기계발로 전문성을 갖춘 사람

③ **미래** : 창의와 열정으로 미래를 개척하는 사람

(2) 채용절차

① **서류전형** : 공단 홈페이지에서 지원서 작성 메뉴를 통해 접수합니다.

② **인터넷 전형** : 접수된 원서를 대상으로 공단에서 지원자의 서류를 심사합니다.

③ **필기시험** : 서류전형 합격자를 대상으로 필기시험을 진행합니다.

④ **면접전형** : 필기시험 합격자를 대상으로 면접을 시행합니다.

⑤ **최종합격** : 공단의 홈페이지에서 합격자를 통보하거나 개별로 연락을 합니다.

(3) 응시자 유의사항

① 근로복지공단은 정부의 블라인드 채용 가이드라인을 준수하며 편견요인에 해당하는 개인정보는 심사위원에게 제공하지 않는다.

② 응시원서 기재 내용의 착오 또는 누락으로 인해 발생한 불이익은 모두 본인에게 책임이 있다.

③ 응시원서는 모든 기재사항을 작성하여 서류접수 마감시간까지 인터넷으로 제출하여야 한다.

④ 본 채용공고 내 직군, 권역 등을 달리하여 중복 지원할 수 없다.

⑤ 필기시험 합격자에 한해 서류전형 관련 증빙서류는 관련자료 일체를 안내된 기간 내에 제출해야 하며, 미제출의 경우에는 면접전형의 응시 포기로 간주한다.

⑥ 필기시험 및 면접시험 시 시험장 입실시간을 엄수해주시고 시험 응시표, 신분증(기간만료 전) 등을 반드시 지참하여야 한다.

⑦ 「장애인복지법 시행규칙」 제37조의2에 따라 필기시험에 편의제공이 필요한 장애인은 필기시험 5일 전까지 편의제공을 요청할 수 있다.

⑧ 채용비위 부정합격자(부정청탁으로 입사한 자 포함)는 합격 및 입사를 취소하고 향후 5년간 시험 응시자격이 제한된다.

⑨ 입사지원자가 채용시험 최종합격자 결정 통지에 이의가 있는 경우 합격자 발표일로부터 14일 이내 채용사이트에 이의신청을 할 수 있다.

⑩ 「채용절차의 공정화에 관한 법률」에 따라 원본으로 제출한 서류는 최종합격자 발표일로부터 180일 이내 본인이 반환요청 할 수 있으며, 기간 경과 후 「개인정보 보호법」에 따라 파기된다.

03 관련기사

고양안전망 사각지대에 있던 예술인을 위한 고용보험

예술인 고용보험

예술인 고용보험에 적용대상은 근로자가 아닌 예술인 등으로 대통령이 정하는 사람 중에서 문화예술용역 관련 계약을 체결하고 다른 사람을 사용하지 않고 자신이 직접 노무를 제공하는 사람이다. 하지만 65세 이상 예술인 또는 문화예술용역 관련 계약의 월평균 소득이 50만원 미만인 경우에는 적용대상에서 제외된다.

이직 전 24개월 중에서 피보험 단위기간이 9개월 이상일 경우 피보험기간 및 연령에 따라 120~270일 동안 1일 지급액으로 이진 전 1년간 월평균보수의 60%의 구직급여를 지급한다. 또한 출산(유산·사산)일 기준 12개월 이내로 피보험 단위기간이 3개월 이상이고 소정기간 노무제공을 하지 않는 등의 요건이 충족되는 경우 출산전후급여를 지급한다.

보험료 산정 및 분담기준으로는 보험료 부과기준이 되는 보수액에 보험료율을 곱하여 산정하며 사업주와 예술인이 각각 1/2씩 균등하게 부담한다. 보수액(총수입금액−비과세소득−경비)× 보험료율(1.6%)로 계한한다.

또한 공단에서는 두루누리 고용보험료 지원사업을 하고 있다. 보험료 납부가 어려운 분들에게 사업주와 예술인이 부담하는 고용보험료의 80%를 최종 36개월까지 지원한다.

면접질문	• 예술인 고용보험에 대해서 설명해보시오. • 예술인 고용보험료 산정 및 분담기준에 대해 설명해보시오.

지원순환 E-waste 회수체계 구축 협약

본격적으로 ESG경영에 나서...

근로복지공단은 E-순환거버넌스와 자원순환 가교역할을 위한 협약식을 가지고 E-waste 회수체계 구축을 통한 ESG경영 실천에 나선다고 밝혔다. 근로복지공단 지역본부, 근로복지공단 병원 등에서 발생하는 폐전자제품을 E-순환거버넌스에서 회수하여 재활용하면서 자원선순환 구조를 마련하기로 하였다.

E-waste 회수체계를 통해서 지역사회와 상생하고 동반 성장을 기대하고 있으며 또한 일자리 창출, 사회공헌활동 수행 등의 사회적 가치가 창출되는 것을 기대한다. 또한 협약기관과 공동사업으로 지역에서 발생하는 자원순환과 연계하여 경제를 활성화하며 더불어 환경생태계를 보전하는 것에 기여할 수 있는 것을 기대하고 있다.

근로복지공단은 선도적 활동을 통해 정부의 2050 탄소 중립정책에 적극 동참하고 단계적으로 환경경영시스템 개선을 위해 노력하고 있다고 밝혔다. 또한 공공기관으로서 먼저 솔선수범해 ESG 사회적 가치를 실현해 나갈 것이며, 환경적 가치를 선도하고 지역 및 중소기업과의 상생협력 · 동반성장을 위해 노력하겠다고 밝혔다.

면접질문	• ESG경영에 대해서 설명하시오. • ESG경영을 위해 공단에서 하고 있는 사업에 대해 설명해보시오.

PART

II

직업성격검사

01 인성검사의 개요

1 인성(성격)검사의 개념과 목적

인성(성격)이란 개인을 특징짓는 평범하고 일상적인 사회적 이미지, 즉 지속적이고 일관된 공적 성격(Public – personality)이며, 환경에 대응함으로써 선천적·후천적 요소의 상호작용으로 결정화된 심리적·사회적 특성 및 경향을 의미한다.

인성검사는 직무적성검사를 실시하는 대부분의 기업체에서 병행하여 실시하고 있으며, 인성검사만 독자적으로 실시하는 기업도 있다.

기업체에서는 인성검사를 통하여 각 개인이 어떠한 성격 특성이 발달되어 있고, 어떤 특성이 얼마나 부족한지, 그것이 해당 직무의 특성 및 조직문화와 얼마나 맞는지를 알아보고 이에 적합한 인재를 선발하고자 한다. 또한 개인에게 적합한 직무 배분과 부족한 부분을 교육을 통해 보완하도록 할 수 있다.

인성검사의 측정요소는 검사방법에 따라 차이가 있다. 또한 각 기업체들이 사용하고 있는 인성검사는 기존에 개발된 인성검사방법에 각 기업체의 인재상을 적용하여 자신들에게 적합하게 재개발하여 사용하는 경우가 많다. 그러므로 기업체에서 요구하는 인재상을 파악하여 그에 따른 대비책을 준비하는 것이 바람직하다. 본서에서 제시된 인성검사는 크게 '특성'과 '유형'의 측면에서 측정하게 된다.

2 성격의 특성

(1) 정서적 측면

정서적 측면은 평소 마음의 당연시하는 자세나 정신상태가 얼마나 안정하고 있는지 또는 불안정한지를 측정한다.

정서의 상태는 직무수행이나 대인관계와 관련하여 태도나 행동으로 드러난다. 그러므로 정서적 측면을 측정하는 것에 의해, 장래 조직 내의 인간관계에 어느 정도 잘 적응할 수 있을까(또는 적응하지 못할까)를 예측하는 것이 가능하다.

그렇기 때문에, 정서적 측면의 결과는 채용 시에 상당히 중시된다. 아무리 능력이 좋아도 장기적으로 조직 내의 인간관계에 잘 적응할 수 없다고 판단되는 인재는 기본적으로는 채용되지 않는다.

일반적으로 인성(성격)검사는 채용과는 관계없다고 생각하나 정서적으로 조직에 적응하지 못하는 인재는 채용단계에서 가려내지는 것을 유의하여야 한다.

① 민감성(신경도) … 꼼꼼함, 섬세함, 성실함 등의 요소를 통해 일반적으로 신경질적인지 또는 자신의 존재를 위협받는다는 불안을 갖기 쉬운지를 측정한다.

질문	그렇다	약간 그렇다	그저 그렇다	별로 그렇지 않다	그렇지 않다
• 배려적이라고 생각한다. • 어지러진 방에 있으면 불안하다. • 실패 후에는 불안하다. • 세세한 것까지 신경쓴다. • 이유 없이 불안할 때가 있다.					

▶측정결과

㉠ '그렇다'가 많은 경우(상처받기 쉬운 유형) : 사소한 일에 신경 쓰고 다른 사람의 사소한 한마디 말에 상처를 받기 쉽다.
• 면접관의 심리 : '동료들과 잘 지낼 수 있을까?', '실패할 때마다 위축되지 않을까?'
• 면접대책 : 다소 신경질적이라도 능력을 발휘할 수 있다는 평가를 얻도록 한다. 주변과 충분한 의사소통이 가능하고, 결정한 것을 실행할 수 있다는 것을 보여주어야 한다.
㉡ '그렇지 않다'가 많은 경우(정신적으로 안정적인 유형) : 사소한 일에 신경 쓰지 않고 금방 해결하며, 주위 사람의 말에 과민하게 반응하지 않는다.
• 면접관의 심리 : '계약할 때 필요한 유형이고, 사고 발생에도 유연하게 대처할 수 있다.'
• 면접대책 : 일반적으로 '민감성'의 측정치가 낮으면 플러스 평가를 받으므로 더욱 자신감 있는 모습을 보여준다.

② **자책성**(과민도) … 자신을 비난하거나 책망하는 정도를 측정한다.

질문	그렇다	약간 그렇다	그저 그렇다	별로 그렇지 않다	그렇지 않다
• 후회하는 일이 많다. • 자신이 하찮은 존재라 생각된다. • 문제가 발생하면 자기의 탓이라고 생각한다. • 무슨 일이든지 끙끙대며 진행하는 경향이 있다. • 온순한 편이다.					

▶측정결과

㉠ '그렇다'가 많은 경우(자책하는 유형) : 비관적이고 후회하는 유형이다.
  • 면접관의 심리 : '끙끙대며 괴로워하고, 일을 진행하지 못할 것 같다.'
  • 면접대책 : 기분이 저조해도 항상 의욕을 가지고 생활하는 것과 책임감이 강하다는 것을 보여준다.
㉡ '그렇지 않다'가 많은 경우(낙천적인 유형) : 기분이 항상 밝은 편이다.
  • 면접관의 심리 : '안정된 대인관계를 맺을 수 있고, 외부의 압력에도 흔들리지 않는다.'
  • 면접대책 : 일반적으로 '자책성'의 측정치가 낮아야 좋은 평가를 받는다.

③ **기분성**(불안도) … 기분의 굴곡이나 감정적인 면의 미숙함이 어느 정도인지를 측정하는 것이다.

질문	그렇다	약간 그렇다	그저 그렇다	별로 그렇지 않다	그렇지 않다
• 다른 사람의 의견에 자신의 결정이 흔들리는 경우가 많다. • 기분이 쉽게 변한다. • 종종 후회한다. • 다른 사람보다 의지가 약한 편이라고 생각한다. • 금방 싫증을 내는 성격이라는 말을 자주 듣는다.					

㉠ '그렇다'가 많은 경우(감정의 기복이 많은 유형) : 의지력보다 기분에 따라 행동하기 쉽다.

• 면접관의 심리 : '감정적인 것에 약하며, 상황에 따라 생산성이 떨어지지 않을까?'

• 면접대책 : 주변 사람들과 항상 협조한다는 것을 강조하고 한결같은 상태로 일할 수 있다는 평가를 받도록 한다.

㉡ '그렇지 않다'가 많은 경우(감정의 기복이 적은 유형) : 감정의 기복이 없고, 안정적이다.

• 면접관의 심리 : '안정적으로 업무에 임할 수 있다.'

• 면접대책 : 기분성의 측정치가 낮으면 플러스 평가를 받으므로 자신감을 가지고 면접에 임한다.

④ 독자성(개인도) … 주변에 대한 견해나 관심, 자신의 견해나 생각에 어느 정도의 속박감을 가지고 있는지를 측정한다.

질문	그렇다	약간 그렇다	그저 그렇다	별로 그렇지 않다	그렇지 않다
• 창의적 사고방식을 가지고 있다. • 융통성이 없는 편이다. • 혼자 있는 편이 많은 사람과 있는 것보다 편하다. • 개성적이라는 말을 듣는다. • 교제는 번거로운 것이라고 생각하는 경우가 많다.					

▶측정결과

㉠ '그렇다'가 많은 경우 : 자기의 관점을 중요하게 생각하는 유형으로, 주위의 상황보다 자신의 느낌과 생각을 중시한다.

• 면접관의 심리 : '제멋대로 행동하지 않을까?'

• 면접대책 : 주위 사람과 협조하여 일을 진행할 수 있다는 것과 상식에 얽매이지 않는다는 인상을 심어준다.

㉡ '그렇지 않다'가 많은 경우 : 상식적으로 행동하고 주변 사람의 시선에 신경을 쓴다.

• 면접관의 심리 : '다른 직원들과 협조하여 업무를 진행할 수 있겠다.'

• 면접대책 : 협조성이 요구되는 기업체에서는 플러스 평가를 받을 수 있다.

⑤ 자신감(자존심도) … 자기 자신에 대해 얼마나 긍정적으로 평가하는지를 측정한다.

질문	그렇다	약간 그렇다	그저 그렇다	별로 그렇지 않다	그렇지 않다
• 다른 사람보다 능력이 뛰어나다고 생각한다. • 다소 반대의견이 있어도 나만의 생각으로 행동할 수 있다. • 나는 다른 사람보다 기가 센 편이다. • 동료가 나를 모욕해도 무시할 수 있다. • 대개의 일을 목적한 대로 헤쳐나갈 수 있다고 생각한다.					

▶측정결과

㉠ '그렇다'가 많은 경우 : 자기 능력이나 외모 등에 자신감이 있고, 비판당하는 것을 좋아하지 않는다.
　• 면접관의 심리 : '자만하여 지시에 잘 따를 수 있을까?'
　• 면접대책 : 다른 사람의 조언을 잘 받아들이고, 겸허하게 반성하는 면이 있다는 것을 보여주고, 동료들과 잘 지내며 리더의 자질이 있다는 것을 강조한다.
㉡ '그렇지 않다'가 많은 경우 : 자신감이 없고 다른 사람의 비판에 약하다.
　• 면접관의 심리 : '패기가 부족하지 않을까?', '쉽게 좌절하지 않을까?'
　• 면접대책 : 극도의 자신감 부족으로 평가되지는 않는다. 그러나 마음이 약한 면은 있지만 의욕적으로 일을 하겠다는 마음가짐을 보여준다.

⑥ 고양성(분위기에 들뜨는 정도) … 자유분방함, 명랑함과 같이 감정(기분)의 높고 낮음의 정도를 측정한다.

질문	그렇다	약간 그렇다	그저 그렇다	별로 그렇지 않다	그렇지 않다
• 침착하지 못한 편이다. • 다른 사람보다 쉽게 우쭐해진다. • 모든 사람이 아는 유명인사가 되고 싶다. • 모임이나 집단에서 분위기를 이끄는 편이다. • 취미 등이 오랫동안 지속되지 않는 편이다.					

▶측정결과

㉠ '그렇다'가 많은 경우 : 자극이나 변화가 있는 일상을 원하고 기분을 들뜨게 하는 사람과 친밀하게 지내는 경향이 강하다.
• 면접관의 심리 : '일을 진행하는 데 변덕스럽지 않을까?'
• 면접대책 : 밝은 태도는 플러스 평가를 받을 수 있지만, 착실한 업무능력이 요구되는 직종에서는 마이너스 평가가 될 수 있다. 따라서 자기조절이 가능하다는 것을 보여준다.
㉡ '그렇지 않다'가 많은 경우 : 감정이 항상 일정하고, 속을 드러내 보이지 않는다.
• 면접관의 심리 : '안정적인 업무 태도를 기대할 수 있겠다.'
• 면접대책 : '고양성'의 낮음은 대체로 플러스 평가를 받을 수 있다. 그러나 '무엇을 생각하고 있는지 모르겠다' 등의 평을 듣지 않도록 주의한다.

⑦ 허위성(진위성) … 필요 이상으로 자기를 좋게 보이려 하거나 기업체가 원하는 '이상형'에 맞춘 대답을 하고 있는지, 없는지를 측정한다.

질문	그렇다	약간 그렇다	그저 그렇다	별로 그렇지 않다	그렇지 않다
• 약속을 깨뜨린 적이 한 번도 없다. • 다른 사람을 부럽다고 생각해 본 적이 없다. • 꾸지람을 들은 적이 없다. • 사람을 미워한 적이 없다. • 화를 낸 적이 한 번도 없다.					

▶측정결과

㉠ '그렇다'가 많은 경우 : 실제의 자기와는 다른, 말하자면 원칙으로 해답할 가능성이 있다.
• 면접관의 심리 : '거짓을 말하고 있다.'
• 면접대책 : 조금이라도 좋게 보이려고 하는 '거짓말쟁이'로 평가될 수 있다. '거짓을 말하고 있다.'는 마음 따위가 전혀 없다 해도 결과적으로는 정직하게 답하지 않는다는 것이 되어 버린다. '허위성'의 측정 질문은 구분되지 않고 다른 질문 중에 섞여 있다. 그러므로 모든 질문에 솔직하게 답하여야 한다. 또한 자기 자신과 너무 동떨어진 이미지로 답하면 좋은 결과를 얻지 못한다. 그리고 면접에서 '허위성'을 기본으로 한 질문을 받게 되므로 당황하거나 또다른 모순된 답변을 하게 된다. 겉치레를 하거나 무리한 욕심을 부리지 말고 '이런 사회인이 되고 싶다.'는 현재의 자신보다, 조금 성장한 자신을 표현하는 정도가 적당하다.
㉡ '그렇지 않다'가 많은 경우 : 냉정하고 정직하며, 외부의 압력과 스트레스에 강한 유형이다. '대쪽 같음'의 이미지가 굳어지지 않도록 주의한다.

(2) 행동적인 측면

　행동적 측면은 인격 중에 특히 행동으로 드러나기 쉬운 측면을 측정한다. 사람의 행동 특징 자체에는 선도 악도 없으나, 일반적으로는 일의 내용에 의해 원하는 행동이 있다. 때문에 행동적 측면은 주로 직종과 깊은 관계가 있는데 자신의 행동 특성을 살려 적합한 직종을 선택한다면 플러스가 될 수 있다.

　행동 특성에서 보여 지는 특징은 면접장면에서도 드러나기 쉬운데 본서의 모의 TEST의 결과를 참고하여 자신의 태도, 행동이 면접관의 시선에 어떻게 비치는지를 점검하도록 한다.

① **사회적 내향성** … 대인관계에서 나타나는 행동경향으로 '낯가림'을 측정한다.

질문	선택
A : 파티에서는 사람을 소개받는 편이다. B : 파티에서는 사람을 소개하는 편이다.	
A : 처음 보는 사람과는 어색하게 시간을 보내는 편이다. B : 처음 보는 사람과는 즐거운 시간을 보내는 편이다.	
A : 친구가 적은 편이다. B : 친구가 많은 편이다.	
A : 자신의 의견을 말하는 경우가 적다. B : 자신의 의견을 말하는 경우가 많다.	
A : 사교적인 모임에 참석하는 것을 좋아하지 않는다. B : 사교적인 모임에 항상 참석한다.	

▶측정결과

㉠ 'A'가 많은 경우 : 내성적이고 사람들과 접하는 것에 소극적이다. 자신의 의견을 말하지 않고 조심스러운 편이다.

• 면접관의 심리 : '소극적인데 동료와 잘 지낼 수 있을까?'

• 면접대책 : 대인관계를 맺는 것을 싫어하지 않고 의욕적으로 일을 할 수 있다는 것을 보여준다.

㉡ 'B'가 많은 경우 : 사교적이고 자기의 생각을 명확하게 전달할 수 있다.

• 면접관의 심리 : '사교적이고 활동적인 것은 좋지만, 자기주장이 너무 강하지 않을까?'

• 면접대책 : 협조성을 보여주고, 자기주장이 너무 강하다는 인상을 주지 않도록 주의한다.

② 내성성(침착도) … 자신의 행동과 일에 대해 침착하게 생각하는 정도를 측정한다.

질문	선택
A : 시간이 걸려도 침착하게 생각하는 경우가 많다. B : 짧은 시간에 결정을 하는 경우가 많다.	
A : 실패의 원인을 찾고 반성하는 편이다. B : 실패를 해도 그다지(별로) 개의치 않는다.	
A : 결론이 도출되어도 몇 번 정도 생각을 바꾼다. B : 결론이 도출되면 신속하게 행동으로 옮긴다.	
A : 여러 가지 생각하는 것이 능숙하다. B : 여러 가지 일을 재빨리 능숙하게 처리하는 데 익숙하다.	
A : 여러 가지 측면에서 사물을 검토한다. B : 행동한 후 생각을 한다.	

▶측정결과

㉠ 'A'가 많은 경우 : 행동하기 보다는 생각하는 것을 좋아하고 신중하게 계획을 세워 실행한다.
• 면접관의 심리 : '행동으로 실천하지 못하고, 대응이 늦은 경향이 있지 않을까?'
• 면접대책 : 발로 뛰는 것을 좋아하고, 일을 더디게 한다는 인상을 주지 않도록 한다.

㉡ 'B'가 많은 경우 : 차분하게 생각하는 것보다 우선 행동하는 유형이다.
• 면접관의 심리 : '생각하는 것을 싫어하고 경솔한 행동을 하지 않을까?'
• 면접대책 : 계획을 세우고 행동할 수 있는 것을 보여주고 '사려깊다'라는 인상을 남기도록 한다.

③ **신체활동성** … 몸을 움직이는 것을 좋아하는가를 측정한다.

질문	선택
A : 민첩하게 활동하는 편이다. B : 준비행동이 없는 편이다.	
A : 일을 척척 해치우는 편이다. B : 일을 더디게 처리하는 편이다.	
A : 활발하다는 말을 듣는다. B : 얌전하다는 말을 듣는다.	
A : 몸을 움직이는 것을 좋아한다. B : 가만히 있는 것을 좋아한다.	
A : 스포츠를 하는 것을 즐긴다. B : 스포츠를 보는 것을 좋아한다.	

▶측정결과
㉠ 'A'가 많은 경우 : 활동적이고, 몸을 움직이게 하는 것이 컨디션이 좋다.
• 면접관의 심리 : '활동적으로 활동력이 좋아 보인다.'
• 면접대책 : 활동하고 얻은 성과 등과 주어진 상황의 대응능력을 보여준다.
㉡ 'B'가 많은 경우 : 침착한 인상으로, 차분하게 있는 타입이다.
• 면접관의 심리 : '좀처럼 행동하려 하지 않아 보이고, 일을 빠르게 처리할 수 있을까?'

④ **지속성(노력성)** … 무슨 일이든 포기하지 않고 끈기 있게 하려는 정도를 측정한다.

질문	선택
A : 일단 시작한 일은 시간이 걸려도 끝까지 마무리한다. B : 일을 하다 어려움에 부딪히면 단념한다.	
A : 끈질긴 편이다. B : 바로 단념하는 편이다.	
A : 인내가 강하다는 말을 듣는다. B : 금방 싫증을 낸다는 말을 듣는다.	
A : 집념이 깊은 편이다. B : 담백한 편이다.	
A : 한 가지 일에 구애되는 것이 좋다고 생각한다. B : 간단하게 체념하는 것이 좋다고 생각한다.	

▶측정결과

㉠ 'A'가 많은 경우 : 시작한 것은 어려움이 있어도 포기하지 않고 인내심이 높다.
- 면접관의 심리 : '한 가지의 일에 너무 구애되고, 업무의 진행이 원활할까?'
- 면접대책 : 인내력이 있는 것은 플러스 평가를 받을 수 있지만 집착이 강해 보이기도 한다.

㉡ 'B'가 많은 경우 : 뒤끝이 없고 조그만 실패로 일을 포기하기 쉽다.
- 면접관의 심리 : '질리는 경향이 있고, 일을 정확히 끝낼 수 있을까?'
- 면접대책 : 지속적인 노력으로 성공했던 사례를 준비하도록 한다.

⑤ 신중성(주의성) … 자신이 처한 주변상황을 즉시 파악하고 자신의 행동이 어떤 영향을 미치는지를 측정한다.

질문	선택
A : 여러 가지로 생각하면서 완벽하게 준비하는 편이다. B : 행동할 때부터 임기응변적인 대응을 하는 편이다.	
A : 신중해서 타이밍을 놓치는 편이다. B : 준비 부족으로 실패하는 편이다.	
A : 자신은 어떤 일에도 신중히 대응하는 편이다. B : 순간적인 충동으로 활동하는 편이다.	
A : 시험을 볼 때 끝날 때까지 재검토하는 편이다. B : 시험을 볼 때 한 번에 모든 것을 마치는 편이다.	
A : 일에 대해 계획표를 만들어 실행한다. B : 일에 대한 계획표 없이 진행한다.	

▶측정결과

㉠ 'A'가 많은 경우 : 주변 상황에 민감하고, 예측하여 계획 있게 일을 진행한다.
- 면접관의 심리 : '너무 신중해서 적절한 판단을 할 수 있을까?', '앞으로의 상황에 불안을 느끼지 않을까?'
- 면접대책 : 예측을 하고 실행을 하는 것은 플러스 평가가 되지만, 너무 신중하면 일의 진행이 정체될 가능성을 보이므로 추진력이 있다는 강한 의욕을 보여준다.

㉡ 'B'가 많은 경우 : 주변 상황을 살펴보지 않고 착실한 계획 없이 일을 진행시킨다.
- 면접관의 심리 : '사려 깊지 않고, 실패하는 일이 많지 않을까?', '판단이 빠르고 유연한 사고를 할 수 있을까?'
- 면접대책 : 사전준비를 중요하게 생각하고 있다는 것 등을 보여주고, 경솔한 인상을 주지 않도록 한다. 또한 판단력이 빠르거나 유연한 사고 덕분에 일 처리를 잘 할 수 있다는 것을 강조한다.

(3) 의욕적인 측면

의욕적인 측면은 의욕의 정도, 활동력의 유무 등을 측정한다. 여기서의 의욕이란 우리들이 보통 말하고 사용하는 '하려는 의지'와는 조금 뉘앙스가 다르다. '하려는 의지'란 그 때의 환경이나 기분에 따라 변화하는 것이지만, 여기에서는 조금 더 변화하기 어려운 특징, 말하자면 정신적 에너지의 양으로 측정하는 것이다.

의욕적 측면은 행동적 측면과는 다르고, 전반적으로 어느 정도 점수가 높은 쪽을 선호한다. 모의검사의 의욕적 측면의 결과가 낮다면, 평소 일에 몰두할 때 조금 의욕 있는 자세를 가지고 서서히 개선하도록 노력해야 한다.

① 달성의욕 … 목적의식을 가지고 높은 이상을 가지고 있는지를 측정한다.

질문	선택
A : 경쟁심이 강한 편이다. B : 경쟁심이 약한 편이다.	
A : 어떤 한 분야에서 제1인자가 되고 싶다고 생각한다. B : 어느 분야에서든 성실하게 임무를 진행하고 싶다고 생각한다.	
A : 규모가 큰일을 해보고 싶다. B : 맡은 일에 충실히 임하고 싶다.	
A : 아무리 노력해도 실패한 것은 아무런 도움이 되지 않는다. B : 가령 실패했을 지라도 나름대로의 노력이 있었으므로 괜찮다.	
A : 높은 목표를 설정하여 수행하는 것이 의욕적이다. B : 실현 가능한 정도의 목표를 설정하는 것이 의욕적이다.	

▶측정결과
ⓐ 'A'가 많은 경우 : 큰 목표와 높은 이상을 가지고 승부욕이 강한 편이다.
• 면접관의 심리 : '열심히 일을 해줄 것 같은 유형이다.'
• 면접대책 : 달성의욕이 높다는 것은 어떤 직종이라도 플러스 평가가 된다.
ⓑ 'B'가 많은 경우 : 현재의 생활을 소중하게 여기고 비약적인 발전을 위하여 기를 쓰지 않는다.
• 면접관의 심리 : '외부의 압력에 약하고, 기획입안 등을 하기 어려울 것이다.'
• 면접대책 : 일을 통하여 하고 싶은 것들을 구체적으로 어필한다.

② **활동의욕** … 자신에게 잠재된 에너지의 크기로, 정신적인 측면의 활동력이라 할 수 있다.

질문	선택
A : 하고 싶은 일을 실행으로 옮기는 편이다. B : 하고 싶은 일을 좀처럼 실행할 수 없는 편이다.	
A : 어려운 문제를 해결해 가는 것이 좋다. B : 어려운 문제를 해결하는 것을 잘하지 못한다.	
A : 일반적으로 결단이 빠른 편이다. B : 일반적으로 결단이 느린 편이다.	
A : 곤란한 상황에도 도전하는 편이다. B : 사물의 본질을 깊게 관찰하는 편이다.	
A : 시원시원하다는 말을 잘 듣는다. B : 꼼꼼하다는 말을 잘 듣는다.	

▶측정결과

㉠ 'A'가 많은 경우 : 꾸물거리는 것을 싫어하고 재빠르게 결단해서 행동하는 타입이다.
• 면접관의 심리 : '일을 처리하는 솜씨가 좋고, 일을 척척 진행할 수 있을 것 같다.'
• 면접대책 : 활동의욕이 높은 것은 플러스 평가가 된다. 사교성이나 활동성이 강하다는 인상을 준다.
㉡ 'B'가 많은 경우 : 안전하고 확실한 방법을 모색하고 차분하게 시간을 아껴서 일에 임하는 타입이다.
• 면접관의 심리 : '재빨리 행동을 못하고, 일의 처리속도가 느린 것이 아닐까?'
• 면접대책 : 활동성이 있는 것을 좋아하고 움직임이 더디다는 인상을 주지 않도록 한다.

3 성격의 유형

(1) 인성검사유형의 4가지 척도

정서적인 측면, 행동적인 측면, 의욕적인 측면의 요소들은 성격 특성이라는 관점에서 제시된 것들로 각 개인의 장·단점을 파악하는 데 유용하다. 그러나 전체적인 개인의 인성을 이해하는 데는 한계가 있다.

성격의 유형은 개인의 '성격적인 특색'을 가리키는 것으로, 사회인으로서 적합한지, 아닌지를 말하는 관점과는 관계가 없다. 따라서 채용의 합격 여부에는 사용되지 않는 경우가 많으며, 입사 후의 적정 부서 배치의 자료가 되는 편이라 생각하면 된다. 그러나 채용과 관계가 없다고 해서 아무런 준비도 필요없는 것은 아니다. 자신을 아는 것은 면접 대책의 밑거름이 되므로 모의검사 결과를 충분히 활용하도록 하여야 한다.

본서에서는 4개의 척도를 사용하여 기본적으로 16개의 패턴으로 성격의 유형을 분류하고 있다. 각 개인의 성격이 어떤 유형인지 재빨리 파악하기 위해 사용되며, '적성'에 맞는지, 맞지 않는지의 관점에 활용된다.

- 흥미·관심의 방향 : 내향형 ←————————→ 외향형
- 사물에 대한 견해 : 직관형 ←————————→ 감각형
- 판단하는 방법 : 감정형 ←————————→ 사고형
- 환경에 대한 접근방법 : 지각형 ←————————→ 판단형

(2) 성격유형

① 흥미·관심의 방향(내향⇆외향) … 흥미·관심의 방향이 자신의 내면에 있는지, 주위환경 등 외면에 향하는 지를 가리키는 척도이다.

질문	선택
A : 내성적인 성격인 편이다. B : 개방적인 성격인 편이다.	
A : 항상 신중하게 생각을 하는 편이다. B : 바로 행동에 착수하는 편이다.	
A : 수수하고 조심스러운 편이다. B : 자기 표현력이 강한 편이다.	
A : 다른 사람과 함께 있으면 침착하지 않다. B : 혼자서 있으면 침착하지 않다.	

▶측정결과
㉠ 'A'가 많은 경우(내향) : 관심의 방향이 자기 내면에 있으며, 조용하고 낯을 가리는 유형이다. 행동력은 부족하나 집중력이 뛰어나고 신중하고 꼼꼼하다.
㉡ 'B'가 많은 경우(외향) : 관심의 방향이 외부환경에 있으며, 사교적이고 활동적인 유형이다. 꼼꼼함이 부족하여 대충하는 경향이 있으나 행동력이 있다.

② 일(사물)을 보는 방법(직감⇆감각) … 일(사물)을 보는 법이 직감적으로 형식에 얽매이는지, 감각적으로 상식적인지를 가리키는 척도이다.

질문	선택
A : 현실주의적인 편이다. B : 상상력이 풍부한 편이다.	
A : 정형적인 방법으로 일을 처리하는 것을 좋아한다. B : 만들어진 방법에 변화가 있는 것을 좋아한다.	
A : 경험에서 가장 적합한 방법으로 선택한다. B : 지금까지 없었던 새로운 방법을 개척하는 것을 좋아한다.	
A : 성실하다는 말을 듣는다. B : 호기심이 강하다는 말을 듣는다.	

▶측정결과
㉠ 'A'가 많은 경우(감각) : 현실적이고 경험주의적이며 보수적인 유형이다.
㉡ 'B'가 많은 경우(직관) : 새로운 주제를 좋아하며, 독자적인 시각을 가진 유형이다.

③ 판단하는 방법(감정⇆사고) … 일을 감정적으로 판단하는지, 논리적으로 판단하는지를 가리키는 척도이다.

질문	선택
A : 인간관계를 중시하는 편이다. B : 일의 내용을 중시하는 편이다.	
A : 결론을 자기의 신념과 감정에서 이끌어내는 편이다. B : 결론을 논리적 사고에 의거하여 내리는 편이다.	
A : 다른 사람보다 동정적이고 눈물이 많은 편이다. B : 다른 사람보다 이성적이고 냉정하게 대응하는 편이다.	

▶측정결과
㉠ 'A'가 많은 경우(감정) : 일을 판단할 때 마음·감정을 중요하게 여기는 유형이다. 감정이 풍부하고 친절하나 엄격함이 부족하고 우유부단하며, 합리성이 부족하다.
㉡ 'B'가 많은 경우(사고) : 일을 판단할 때 논리성을 중요하게 여기는 유형이다. 이성적이고 합리적이나 타인에 대한 배려가 부족하다.

④ 환경에 대한 접근방법 … 주변상황에 어떻게 접근하는지, 그 판단기준을 어디에 두는지를 측정한다.

질문	선택
A : 사전에 계획을 세우지 않고 행동한다. B : 반드시 계획을 세우고 그것에 의거해서 행동한다.	
A : 자유롭게 행동하는 것을 좋아한다. B : 조직적으로 행동하는 것을 좋아한다.	
A : 조직성이나 관습에 속박당하지 않는다. B : 조직성이나 관습을 중요하게 여긴다.	
A : 계획 없이 낭비가 심한 편이다. B : 예산을 세워 물건을 구입하는 편이다.	

▶측정결과
㉠ 'A'가 많은 경우(지각) : 일의 변화에 융통성을 가지고 유연하게 대응하는 유형이다. 낙관적이며 질서보다는 자유를 좋아하나 임기응변식의 대응으로 무계획적인 인상을 줄 수 있다.
㉡ 'B'가 많은 경우(판단) : 일의 진행시 계획을 세워서 실행하는 유형이다. 순차적으로 진행하는 일을 좋아하고 끈기가 있으나 변화에 대해 적절하게 대응하지 못하는 경향이 있다.

(3) 성격유형의 판정

성격유형은 합격 여부의 판정보다는 배치를 위한 자료로써 이용된다. 즉, 기업은 입사시험 단계에서 입사 후에도 사용할 수 있는 정보를 입수하고 있다는 것이다. 성격검사에서는 어느 척도가 얼마나 고득점이었는지에 주시하고 각각의 측면에서 반드시 하나씩 고르고 편성한다. 편성은 모두 16가지가 되나 각각의 측면을 더 세분하면 200가지 이상의 유형이 나온다.

여기에서는 16가지 편성을 제시한다. 성격검사에 어떤 정보가 게재되어 있는지를 이해하면서 자기의 성격유형을 파악하기 위한 실마리로 활용하도록 한다.

① 내향 - 직관 - 감정 - 지각(TYPE A)
관심이 내면에 향하고 조용하고 소극적이다. 사물에 대한 견해는 새로운 것에 대해 호기심이 강하고, 독창적이다. 감정은 좋아하는 것과 싫어하는 것의 판단이 확실하고, 감정이 풍부하고 따뜻한 느낌이 있는 반면, 합리성이 부족한 경향이 있다. 환경에 접근하는 방법은 순응적이고 상황의 변화에 대해 유연하게 대응하는 것을 잘한다.

② 내향 – 직관 – 감정 – 사고(TYPE B)

관심이 내면으로 향하고 조용하고 쑥쓰러움을 잘 타는 편이다. 사물을 보는 관점은 독창적이며, 자기나름대로 궁리하며 생각하는 일이 많다. 좋고 싫음으로 판단하는 경향이 강하고 타인에게는 친절한 반면, 우유부단하기 쉬운 편이다. 환경 변화에 대해 유연하게 대응하는 것을 잘한다.

③ 내향 – 직관 – 사고 – 지각(TYPE C)

관심이 내면으로 향하고 얌전하고 교제범위가 좁다. 사물을 보는 관점은 독창적이며, 현실에서 먼 추상적인 것을 생각하기를 좋아한다. 논리적으로 생각하고 판단하는 경향이 강하고 이성적이지만, 남의 감정에 대해서는 무반응인 경향이 있다. 환경의 변화에 순응적이고 융통성 있게 임기응변으로 대응할 수가 있다.

④ 내향 – 직관 – 사고 – 판단(TYPE D)

관심이 내면으로 향하고 주의깊고 신중하게 행동을 한다. 사물을 보는 관점은 독창적이며 논리를 좋아해서 이치를 따지는 경향이 있다. 논리적으로 생각하고 판단하는 경향이 강하고, 객관적이지만 상대방의 마음에 대한 배려가 부족한 경향이 있다. 환경에 대해서는 순응하는 것보다 대응하며, 한 번 정한 것은 끈질기게 행동하려 한다.

⑤ 내향 – 감각 – 감정 – 지각(TYPE E)

관심이 내면으로 향하고 조용하며 소극적이다. 사물을 보는 관점은 상식적이고 그대로의 것을 좋아하는 경향이 있다. 좋음과 싫음으로 판단하는 경향이 강하고 타인에 대해서 동정심이 많은 반면, 엄격한 면이 부족한 경향이 있다. 환경에 대해서는 순응적이고, 예측할 수 없다해도 태연하게 행동하는 경향이 있다.

⑥ 내향 – 감각 – 감정 – 판단(TYPE F)

관심이 내면으로 향하고 얌전하며 쑥쓰러움을 많이 탄다. 사물을 보는 관점은 상식적이고 논리적으로 생각하는 것보다도 경험을 중요시하는 경향이 있다. 좋고 싫음으로 판단하는 경향이 강하고 사람이 좋은 반면, 개인적 취향이나 소원에 영향을 받는 일이 많은 경향이 있다. 환경에 대해서는 영향을 받지 않고, 자기 페이스 대로 꾸준히 성취하는 일을 잘한다.

⑦ 내향 – 감각 – 사고 – 지각(TYPE G)

관심이 내면으로 향하고 얌전하고 교제범위가 좁다. 사물을 보는 관점은 상식적인 동시에 실천적이며, 틀에 박힌 형식을 좋아한다. 논리적으로 판단하는 경향이 강하고 침착하지만 사람에 대해서는 엄격하여 차가운 인상을 주는 일이 많다. 환경에 대해서 순응적이고, 계획적으로 행동하지 않으며 자유로운 행동을 좋아하는 경향이 있다.

⑧ 내향 – 감각 – 사고 – 판단(TYPE H)

관심이 내면으로 향하고 주의 깊고 신중하게 행동을 한다. 사물을 보는 관점이 상식적이고 새롭고 경험하지 못한 일에 대응을 잘 하지 못한다. 논리적으로 생각하고 판단하는 경향이 강하고, 공평하지만 상대방의 감정에 대해 배려가 부족할 때가 있다. 환경에 대해서는 작용하는 편이고, 질서 있게 행동하는 것을 좋아한다.

⑨ 외향 – 직관 – 감정 – 지각(TYPE I)

관심이 외향으로 향하고 밝고 활동적이며 교제범위가 넓다. 사물을 보는 관점은 독창적이고 호기심이 강하며 새로운 것을 생각하는 것을 좋아한다. 좋음 싫음으로 판단하는 경향이 강하다. 사람은 좋은 반면 개인적 취향이나 소원에 영향을 받는 일이 많은 편이다.

⑩ 외향 – 직관 – 감정 – 판단(TYPE J)

관심이 외향으로 향하고 개방적이며 누구와도 쉽게 친해질 수 있다. 사물을 보는 관점은 독창적이고 자기 나름대로 궁리하고 생각하는 면이 많다. 좋음과 싫음으로 판단하는 경향이 강하고, 타인에 대해 동정적이기 쉽고 엄격함이 부족한 경향이 있다. 환경에 대해서는 작용하는 편이고 질서 있는 행동을 하는 것을 좋아한다.

⑪ 외향 – 직관 – 사고 – 지각(TYPE K)

관심이 외향으로 향하고 태도가 분명하며 활동적이다. 사물을 보는 관점은 독창적이고 현실과 거리가 있는 추상적인 것을 생각하는 것을 좋아한다. 논리적으로 생각하고 판단하는 경향이 강하고, 공평하지만 상대에 대한 배려가 부족할 때가 있다.

⑫ 외향 – 직관 – 사고 – 판단(TYPE L)

관심이 외향으로 향하고 밝고 명랑한 성격이며 사교적인 것을 좋아한다. 사물을 보는 관점은 독창적이고 논리적인 것을 좋아하기 때문에 이치를 따지는 경향이 있다. 논리적으로 생각하고 판단하는 경향이 강하고 침착성이 뛰어나지만 사람에 대해서 엄격하고 차가운 인상을 주는 경우가 많다. 환경에 대해 작용하는 편이고 계획을 세우고 착실하게 실행하는 것을 좋아한다.

⑬ 외향 – 감각 – 감정 – 지각(TYPE M)

관심이 외향으로 향하고 밝고 활동적이고 교제범위가 넓다. 사물을 보는 관점은 상식적이고 종래대로 있는 것을 좋아한다. 보수적인 경향이 있고 좋아함과 싫어함으로 판단하는 경향이 강하며 타인에게는 친절한 반면, 우유부단한 경우가 많다. 환경에 대해 순응적이고, 융통성이 있고 임기응변으로 대응할 가능성이 높다.

⑭ 외향 – 감각 – 감정 – 판단(TYPE N)

관심이 외향으로 향하고 개방적이며 누구와도 쉽게 대면할 수 있다. 사물을 보는 관점은 상식적이고 논리적으로 생각하기보다는 경험을 중시하는 편이다. 좋아함과 싫어함으로 판단하는 경향이 강하고 감정이 풍부하며 따뜻한 느낌이 있는 반면에 합리성이 부족한 경우가 많다. 환경에 대해서 작용하는 편이고, 한 번 결정한 것은 끈질기게 실행하려고 한다.

⑮ 외향 – 감각 – 사고 – 지각(TYPE O)

관심이 외향으로 향하고 시원한 태도이며 활동적이다. 사물을 보는 관점이 상식적이며 동시에 실천적이고 명백한 형식을 좋아하는 경향이 있다. 논리적으로 생각하고 판단하는 경향이 강하고, 객관적이지만 상대 마음에 대해 배려가 부족한 경향이 있다.

⑯ 외향 – 감각 – 사고 – 판단(TYPE P)

관심이 외향으로 향하고 밝고 명랑하며 사교적인 것을 좋아한다. 사물을 보는 관점은 상식적이고 경험하지 못한 새로운 것에 대응을 잘 하지 못한다. 논리적으로 생각하고 판단하는 경향이 강하고 이성적이지만 사람의 감정에 무심한 경향이 있다. 환경에 대해서는 작용하는 편이고, 자기 페이스대로 꾸준히 성취하는 것을 잘한다.

4 인성검사의 대책

(1) 미리 알아두어야 할 점

① 출제 문항 수 … 인성검사의 출제 문항 수는 특별히 정해진 것이 아니며 각 기업체의 기준에 따라 달라질 수 있다. 보통 100문항 이상에서 500문항까지 출제된다고 예상하면 된다.

② 출제형식

    ㉠ '예' 아니면 '아니오'의 형식

다음 문항을 읽고 자신에게 해당되는지 안 되는지를 판단하여 해당될 경우 '예'를, 해당되지 않을 경우 '아니오'를 고르시오.

질문	예	아니오
1. 자신의 생각이나 의견은 좀처럼 변하지 않는다.	○	
2. 구입한 후 끝까지 읽지 않은 책이 많다.		○

다음 문항에 대해서 평소에 자신이 생각하고 있는 것이나 행동하고 있는 것에 ○표를 하시오.

질문	그렇다	약간 그렇다	그저 그렇다	별로 그렇지 않다	그렇지 않다
1. 시간에 쫓기는 것이 싫다.		○			
2. 여행가기 전에 계획을 세운다.			○		

    ㉡ A와 B의 선택형식

A와 B에 주어진 문장을 읽고 자신에게 해당되는 것을 고르시오.

질문	선택
A : 걱정거리가 있어서 잠을 못 잘 때가 있다.	(○)
B : 걱정거리가 있어도 잠을 잘 잔다.	( )

(2) 임하는 자세

① **솔직하게 있는 그대로 표현한다** … 인성검사는 평범한 일상생활 내용들을 다룬 짧은 문장과 어떤 대상이나 일에 대한 선로를 선택하는 문장으로 구성되었으므로 평소에 자신이 생각한 바를 너무 골똘히 생각하지 말고 문제를 보는 순간 떠오른 것을 표현한다.

② **모든 문제를 신속하게 대답한다** … 인성검사는 시간 제한이 없는 것이 원칙이지만 기업체들은 일정한 시간 제한을 두고 있다. 인성검사는 개인의 성격과 자질을 알아보기 위한 검사이기 때문에 정답이 없다. 다만, 기업체에서 바람직하게 생각하거나 기대되는 결과가 있을 뿐이다. 따라서 시간에 쫓겨서 대충 대답을 하는 것은 바람직하지 못하다.

③ **일관성 있게 대답한다** … 간혹 반복되는 문제들이 출제되기 때문에 일관성 있게 답하지 않으면 감점될 수 있으므로 유의한다. 실제로 공기업 인사부 직원의 인터뷰에 따르면 일관성이 없게 대답한 응시자들이 감점을 받아 탈락했다고 한다. 거짓된 응답을 하다보면 일관성 없는 결과가 나타날 수 있으므로 신속하고 솔직하게 체크하다 보면 일관성 있는 응답이 될 것이다.

④ **마지막까지 집중해서 검사에 임한다** … 장시간 진행되는 검사에 지칠 수 있으므로 마지막까지 집중해서 정확히 답할 수 있도록 해야 한다.

02 실전 인성검사

┃1~450┃ 다음 ( ) 안에 당신에게 적합하다면 YES, 그렇지 않다면 NO를 선택하시오(인성검사는 응시자의 인성을 파악하기 위한 자료이므로 정답이 존재하지 않습니다).

	YES	NO
1. 조금이라도 나쁜 소식은 절망의 시작이라고 생각해버린다.	( )	( )
2. 언제나 실패가 걱정이 되어 어쩔 줄 모른다.	( )	( )
3. 다수결의 의견에 따르는 편이다.	( )	( )
4. 혼자서 커피숍에 들어가는 것은 전혀 두려운 일이 아니다.	( )	( )
5. 승부근성이 강하다.	( )	( )
6. 자주 흥분해서 침착하지 못하다.	( )	( )
7. 지금까지 살면서 타인에게 폐를 끼친 적이 없다.	( )	( )
8. 소곤소곤 이야기하는 것을 보면 자기에 대해 험담하고 있는 것으로 생각된다.	( )	( )
9. 무엇이든지 자기가 나쁘다고 생각하는 편이다.	( )	( )
10. 자신을 변덕스러운 사람이라고 생각한다.	( )	( )
11. 고독을 즐기는 편이다.	( )	( )
12. 자존심이 강하다고 생각한다.	( )	( )
13. 금방 흥분하는 성격이다.	( )	( )
14. 거짓말을 한 적이 없다.	( )	( )
15. 신경질적인 편이다.	( )	( )
16. 끙끙대며 고민하는 타입이다.	( )	( )
17. 감정적인 사람이라고 생각한다.	( )	( )
18. 자신만의 신념을 가지고 있다.	( )	( )
19. 다른 사람을 바보 같다고 생각한 적이 있다.	( )	( )
20. 금방 말해버리는 편이다.	( )	( )
21. 싫어하는 사람이 없다.	( )	( )
22. 대재앙이 오지 않을까 항상 걱정을 한다.	( )	( )
23. 쓸데없는 고생을 하는 일이 많다.	( )	( )
24. 자주 생각이 바뀌는 편이다.	( )	( )
25. 문제점을 해결하기 위해 여러 사람과 상의한다.	( )	( )

26. 내 방식대로 일을 한다. ··(　)(　)

27. 영화를 보고 운 적이 많다. ···(　)(　)

28. 어떤 것에 대해서도 화낸 적이 없다. ···(　)(　)

29. 사소한 충고에도 걱정을 한다. ···(　)(　)

30. 자신은 도움이 안 되는 사람이라고 생각한다. ·································(　)(　)

31. 금방 싫증을 내는 편이다. ···(　)(　)

32. 개성적인 사람이라고 생각한다. ··(　)(　)

33. 자기주장이 강한 편이다. ···(　)(　)

34. 뒤숭숭하다는 말을 들은 적이 있다. ··(　)(　)

35. 학교를 쉬고 싶다고 생각한 적이 한 번도 없다. ······························(　)(　)

36. 사람들과 관계 맺는 것을 잘하지 못한다. ·······································(　)(　)

37. 사려 깊은 편이다. ··(　)(　)

38. 몸을 움직이는 것을 좋아한다. ···(　)(　)

39. 끈기가 있는 편이다. ···(　)(　)

40. 신중한 편이라고 생각한다. ··(　)(　)

41. 인생의 목표는 큰 것이 좋다. ···(　)(　)

42. 어떤 일이라도 바로 시작하는 타입이다. ··(　)(　)

43. 낯가림을 하는 편이다. ···(　)(　)

44. 생각하고 나서 행동하는 편이다. ··(　)(　)

45. 쉬는 날은 밖으로 나가는 경우가 많다. ···(　)(　)

46. 시작한 일은 반드시 완성시킨다. ··(　)(　)

47. 면밀한 계획을 세운 여행을 좋아한다. ···(　)(　)

48. 야망이 있는 편이라고 생각한다. ··(　)(　)

49. 활동력이 있는 편이다. ···(　)(　)

50. 많은 사람들과 와자지껄하게 식사하는 것을 좋아하지 않는다. ···········(　)(　)

51. 돈을 허비한 적이 없다. ··(　)(　)

52. 어릴적에 운동회를 아주 좋아하고 기대했다. ··································(　)(　)

53. 하나의 취미에 열중하는 타입이다. ···(　)(　)

54. 모임에서 리더에 어울린다고 생각한다. ···(　)(　)

55. 입신출세의 성공이야기를 좋아한다. ··(　)(　)

56. 어떠한 일도 의욕을 가지고 임하는 편이다. ·····························( )( )

57. 학급에서는 존재가 희미했다. ···( )( )

58. 항상 무언가를 생각하고 있다. ···( )( )

59. 스포츠는 보는 것보다 하는 게 좋다. ··································( )( )

60. '참 잘했네요'라는 말을 자주 듣는다. ··································( )( )

61. 흐린 날은 반드시 우산을 가지고 간다. ·······························( )( )

62. 주연상을 받을 수 있는 배우를 좋아한다. ·····························( )( )

63. 공격하는 타입이라고 생각한다. ··( )( )

64. 리드를 받는 편이다. ···( )( )

65. 너무 신중해서 기회를 놓친 적이 있다. ·······························( )( )

66. 시원시원하게 움직이는 타입이다. ······································( )( )

67. 야근을 해서라도 업무를 끝낸다. ·······································( )( )

68. 누군가를 방문할 때는 반드시 사전에 확인한다. ····················( )( )

69. 노력해도 결과가 따르지 않으면 의미가 없다. ·······················( )( )

70. 무조건 행동해야 한다. ···( )( )

71. 유행에 둔감하다고 생각한다. ··( )( )

72. 정해진 대로 움직이는 것은 시시하다. ·································( )( )

73. 꿈을 계속 가지고 있고 싶다. ··( )( )

74. 질서보다 자유를 중요시하는 편이다. ··································( )( )

75. 혼자서 취미에 몰두하는 것을 좋아한다. ·····························( )( )

76. 직관적으로 판단하는 편이다. ··( )( )

77. 영화나 드라마를 보면 등장인물의 감정에 이입된다. ················( )( )

78. 시대의 흐름에 역행해서라도 자신을 관철하고 싶다. ···············( )( )

79. 다른 사람의 소문에 관심이 없다. ·····································( )( )

80. 창조적인 편이다. ···( )( )

81. 비교적 눈물이 많은 편이다. ···( )( )

82. 융통성이 있다고 생각한다. ··( )( )

83. 친구의 휴대전화 번호를 잘 모른다. ···································( )( )

84. 스스로 고안하는 것을 좋아한다. ······································( )( )

85. 정이 두터운 사람으로 남고 싶다. ·····································( )( )

86. 조직의 일원으로 별로 안 어울린다. ································· ( )( )

87. 세상의 일에 별로 관심이 없다. ································· ( )( )

88. 변화를 추구하는 편이다. ································· ( )( )

89. 업무는 인간관계로 선택한다. ································· ( )( )

90. 환경이 변하는 것에 구애되지 않는다. ······················· ( )( )

91. 불안감이 강한 편이다. ································· ( )( )

92. 인생은 살 가치가 없다고 생각한다. ························· ( )( )

93. 의지가 약한 편이다. ································· ( )( )

94. 다른 사람이 하는 일에 별로 관심이 없다. ··················· ( )( )

95. 사람을 설득시키는 것은 어렵지 않다. ······················· ( )( )

96. 심심한 것을 못 참는다. ································· ( )( )

97. 다른 사람을 욕한 적이 한 번도 없다. ······················· ( )( )

98. 다른 사람에게 어떻게 보일지 신경을 쓴다. ················· ( )( )

99. 금방 낙심하는 편이다. ································· ( )( )

100. 다른 사람에게 의존하는 경향이 있다. ······················· ( )( )

101. 그다지 융통성이 있는 편이 아니다. ························· ( )( )

102. 다른 사람이 내 의견에 간섭하는 것이 싫다. ··············· ( )( )

103. 낙천적인 편이다. ································· ( )( )

104. 숙제를 잊어버린 적이 한 번도 없다. ······················· ( )( )

105. 밤길에는 발소리가 들리기만 해도 불안하다. ··············· ( )( )

106. 상냥하다는 말을 들은 적이 있다. ························· ( )( )

107. 자신은 유치한 사람이다. ································· ( )( )

108. 잡담을 하는 것보다 책을 읽는 것이 낫다. ················· ( )( )

109. 나는 영업에 적합한 타입이라고 생각한다. ················· ( )( )

110. 술자리에서 술을 마시지 않아도 흥을 돋울 수 있다. ········· ( )( )

111. 한 번도 병원에 간 적이 없다. ····························· ( )( )

112. 나쁜 일은 걱정이 되어서 어쩔 줄을 모른다. ··············· ( )( )

113. 금세 무기력해지는 편이다. ······························· ( )( )

114. 비교적 고분고분한 편이라고 생각한다. ····················· ( )( )

115. 독자적으로 행동하는 편이다. ····························· ( )( )

116. 적극적으로 행동하는 편이다. ·· (　　)(　　)

117. 금방 감격하는 편이다. ·· (　　)(　　)

118. 어떤 것에 대해서는 불만을 가진 적이 없다. ·································· (　　)(　　)

119. 밤에 못 잘 때가 많다. ·· (　　)(　　)

120. 자주 후회하는 편이다. ·· (　　)(　　)

121. 뜨거워지기 쉽고 식기 쉽다. ·· (　　)(　　)

122. 자신만의 세계를 가지고 있다. ·· (　　)(　　)

123. 많은 사람 앞에서도 긴장하는 일은 없다. ······································ (　　)(　　)

124. 말하는 것을 아주 좋아한다. ·· (　　)(　　)

125. 인생을 포기하는 마음을 가진 적이 한 번도 없다. ·························· (　　)(　　)

126. 어두운 성격이다. ··· (　　)(　　)

127. 금방 반성한다. ··· (　　)(　　)

128. 활동범위가 넓은 편이다. ··· (　　)(　　)

129. 자신을 끈기 있는 사람이라고 생각한다. ······································ (　　)(　　)

130. 좋다고 생각하더라도 좀 더 검토하고 나서 실행한다. ···················· (　　)(　　)

131. 위대한 인물이 되고 싶다. ·· (　　)(　　)

132. 한 번에 많은 일을 떠맡아도 힘들지 않다. ···································· (　　)(　　)

133. 사람과 만날 약속은 부담스럽다. ·· (　　)(　　)

134. 질문을 받으면 충분히 생각하고 나서 대답하는 편이다. ·················· (　　)(　　)

135. 머리를 쓰는 것보다 땀을 흘리는 일이 좋다. ································· (　　)(　　)

136. 결정한 것에는 철저히 구속받는다. ··· (　　)(　　)

137. 외출 시 문을 잠갔는지 몇 번을 확인한다. ···································· (　　)(　　)

138. 이왕 할 거라면 일등이 되고 싶다. ·· (　　)(　　)

139. 과감하게 도전하는 타입이다. ·· (　　)(　　)

140. 자신은 사교적이 아니라고 생각한다. ··· (　　)(　　)

141. 무심코 도리에 대해서 말하고 싶어진다. ······································ (　　)(　　)

142. '항상 건강하네요'라는 말을 듣는다. ·· (　　)(　　)

143. 단념하면 끝이라고 생각한다. ·· (　　)(　　)

144. 예상하지 못한 일은 하고 싶지 않다. ··· (　　)(　　)

145. 파란만장하더라도 성공하는 인생을 걷고 싶다. ······························ (　　)(　　)

146. 활기찬 편이라고 생각한다. ·· ( )( )

147. 소극적인 편이라고 생각한다. ·· ( )( )

148. 무심코 평론가가 되어 버린다. ·· ( )( )

149. 자신은 성급하다고 생각한다. ·· ( )( )

150. 꾸준히 노력하는 타입이라고 생각한다. ·· ( )( )

151. 내일의 계획이라도 메모한다. ·· ( )( )

152. 리더십이 있는 사람이 되고 싶다. ·· ( )( )

153. 열정적인 사람이라고 생각한다. ·· ( )( )

154. 다른 사람 앞에서 이야기를 잘 하지 못한다. ································ ( )( )

155. 통찰력이 있는 편이다. ··· ( )( )

156. 엉덩이가 가벼운 편이다. ·· ( )( )

157. 여러 가지로 구애됨이 있다. ·· ( )( )

158. 돌다리도 두들겨 보고 건너는 쪽이 좋다. ···································· ( )( )

159. 자신에게는 권력욕이 있다. ·· ( )( )

160. 업무를 할당받으면 기쁘다. ·· ( )( )

161. 사색적인 사람이라고 생각한다. ·· ( )( )

162. 비교적 개혁적이다. ··· ( )( )

163. 좋고 싫음으로 정할 때가 많다. ·· ( )( )

164. 전통에 구애되는 것은 버리는 것이 적절하다. ······························ ( )( )

165. 교제 범위가 좁은 편이다. ·· ( )( )

166. 발상의 전환을 할 수 있는 타입이라고 생각한다. ·························· ( )( )

167. 너무 주관적이어서 실패한다. ·· ( )( )

168. 현실적이고 실용적인 면을 추구한다. ·· ( )( )

169. 내가 어떤 배우의 팬인지 아무도 모른다. ···································· ( )( )

170. 현실보다 가능성이다. ·· ( )( )

171. 마음이 담겨 있으면 선물은 아무 것이나 좋다. ···························· ( )( )

172. 여행은 마음대로 하는 것이 좋다. ·· ( )( )

173. 추상적인 일에 관심이 있는 편이다. ·· ( )( )

174. 일은 대담히 하는 편이다. ·· ( )( )

175. 괴로워하는 사람을 보면 우선 동정한다. ······································ ( )( )

176. 가치기준은 자신의 안에 있다고 생각한다. ·· (　)(　)

177. 조용하고 조심스러운 편이다. ··· (　)(　)

178. 상상력이 풍부한 편이라고 생각한다. ·· (　)(　)

179. 의리, 인정이 두터운 상사를 만나고 싶다. ·· (　)(　)

180. 인생의 앞날을 알 수 없어 재미있다. ·· (　)(　)

181. 밝은 성격이다. ··· (　)(　)

182. 별로 반성하지 않는다. ··· (　)(　)

183. 활동범위가 좁은 편이다. ··· (　)(　)

184. 자신을 시원시원한 사람이라고 생각한다. ·· (　)(　)

185. 좋다고 생각하면 바로 행동한다. ·· (　)(　)

186. 좋은 사람이 되고 싶다. ··· (　)(　)

187. 한 번에 많은 일을 떠맡는 것은 골칫거리라고 생각한다. ················· (　)(　)

188. 사람과 만날 약속은 즐겁다. ··· (　)(　)

189. 질문을 받으면 그때의 느낌으로 대답하는 편이다. ··························· (　)(　)

190. 땀을 흘리는 것보다 머리를 쓰는 일이 좋다. ··································· (　)(　)

191. 결정한 것이라도 그다지 구속받지 않는다. ······································· (　)(　)

192. 외출 시 문을 잠갔는지 별로 확인하지 않는다. ······························· (　)(　)

193. 지위에 어울리면 된다. ··· (　)(　)

194. 안전책을 고르는 타입이다. ··· (　)(　)

195. 자신은 사교적이라고 생각한다. ·· (　)(　)

196. 도리는 상관없다. ··· (　)(　)

197. '침착하시네요'라는 말을 자주 듣는다. ··· (　)(　)

198. 단념이 중요하다고 생각한다. ·· (　)(　)

199. 예상하지 못한 일도 해보고 싶다. ·· (　)(　)

200. 평범하고 평온하게 행복한 인생을 살고 싶다. ··································· (　)(　)

201. 몹시 귀찮아하는 편이라고 생각한다. ·· (　)(　)

202. 특별히 소극적이라고 생각하지 않는다. ··· (　)(　)

203. 이것저것 평하는 것이 싫다. ··· (　)(　)

204. 자신은 성급하지 않다고 생각한다. ··· (　)(　)

205. 꾸준히 노력하는 것을 잘 하지 못한다. ··· (　)(　)

206. 내일의 계획은 머릿속에 기억한다. ……………………………………… (   )(   )

207. 협동성이 있는 사람이 되고 싶다. ……………………………………… (   )(   )

208. 열정적인 사람이라고 생각하지 않는다. ………………………………… (   )(   )

209. 다른 사람 앞에서 이야기를 잘한다. ……………………………………… (   )(   )

210. 행동력이 있는 편이다. …………………………………………………… (   )(   )

211. 엉덩이가 무거운 편이다. ………………………………………………… (   )(   )

212. 특별히 구애받는 것이 없다. ……………………………………………… (   )(   )

213. 돌다리는 두들겨 보지 않고 건너도 된다. ……………………………… (   )(   )

214. 자신에게는 권력욕이 없다. ……………………………………………… (   )(   )

215. 업무를 할당받으면 부담스럽다. ………………………………………… (   )(   )

216. 활동적인 사람이라고 생각한다. ………………………………………… (   )(   )

217. 비교적 보수적이다. ………………………………………………………… (   )(   )

218. 손해인지 이익인지로 정할 때가 많다. ………………………………… (   )(   )

219. 전통을 견실히 지키는 것이 적절하다. ………………………………… (   )(   )

220. 교제 범위가 넓은 편이다. ………………………………………………… (   )(   )

221. 상식적인 판단을 할 수 있는 타입이라고 생각한다. ………………… (   )(   )

222. 너무 객관적이어서 실패한다. …………………………………………… (   )(   )

223. 보수적인 면을 추구한다. ………………………………………………… (   )(   )

224. 내가 누구의 팬인지 주변의 사람들이 안다. …………………………… (   )(   )

225. 가능성보다 현실이다. ……………………………………………………… (   )(   )

226. 그 사람이 필요한 것을 선물하고 싶다. ……………………………… (   )(   )

227. 여행은 계획적으로 하는 것이 좋다. …………………………………… (   )(   )

228. 구체적인 일에 관심이 있는 편이다. …………………………………… (   )(   )

229. 일은 착실히 하는 편이다. ………………………………………………… (   )(   )

230. 괴로워하는 사람을 보면 우선 이유를 생각한다. ……………………… (   )(   )

231. 가치기준은 자신의 밖에 있다고 생각한다. …………………………… (   )(   )

232. 밝고 개방적인 편이다. …………………………………………………… (   )(   )

233. 현실 인식을 잘하는 편이라고 생각한다. ……………………………… (   )(   )

234. 공평하고 공적인 상사를 만나고 싶다. ………………………………… (   )(   )

235. 시시해도 계획적인 인생이 좋다. ………………………………………… (   )(   )

236. 적극적으로 사람들과 관계를 맺는 편이다. ·····································(   )(   )

237. 활동적인 편이다. ·····································(   )(   )

238. 몸을 움직이는 것을 좋아하지 않는다. ·····································(   )(   )

239. 쉽게 질리는 편이다. ·····································(   )(   )

240. 경솔한 편이라고 생각한다. ·····································(   )(   )

241. 인생의 목표는 손이 닿을 정도면 된다. ·····································(   )(   )

242. 무슨 일도 좀처럼 시작하지 못한다. ·····································(   )(   )

243. 초면인 사람과도 바로 친해질 수 있다. ·····································(   )(   )

244. 행동하고 나서 생각하는 편이다. ·····································(   )(   )

245. 쉬는 날은 집에 있는 경우가 많다. ·····································(   )(   )

246. 완성되기 전에 포기하는 경우가 많다. ·····································(   )(   )

247. 계획 없는 여행을 좋아한다. ·····································(   )(   )

248. 욕심이 없는 편이라고 생각한다. ·····································(   )(   )

249. 활동력이 별로 없다. ·····································(   )(   )

250. 많은 사람들과 왁자지껄하게 식사하는 것을 좋아한다. ·····································(   )(   )

251. 이유 없이 불안할 때가 있다. ·····································(   )(   )

252. 주위 사람의 의견을 생각해서 발언을 자제할 때가 있다. ·····································(   )(   )

253. 자존심이 강한 편이다. ·····································(   )(   )

254. 생각 없이 함부로 말하는 경우가 많다. ·····································(   )(   )

255. 정리가 되지 않은 방에 있으면 불안하다. ·····································(   )(   )

256. 거짓말을 한 적이 한 번도 없다. ·····································(   )(   )

257. 슬픈 영화나 TV를 보면 자주 운다. ·····································(   )(   )

258. 자신을 충분히 신뢰할 수 있다고 생각한다. ·····································(   )(   )

259. 노래방을 아주 좋아한다. ·····································(   )(   )

260. 자신만이 할 수 있는 일을 하고 싶다. ·····································(   )(   )

261. 자신을 과소평가하는 경향이 있다. ·····································(   )(   )

262. 책상 위나 서랍 안은 항상 깔끔히 정리한다. ·····································(   )(   )

263. 건성으로 일을 할 때가 자주 있다. ·····································(   )(   )

264. 남의 험남을 한 적이 없다. ·····································(   )(   )

265. 쉽게 화를 낸다는 말을 듣는다. ·····································(   )(   )

266. 초초하면 손을 떨고, 심장박동이 빨라진다. ···································( )( )

267. 토론하여 진 적이 한 번도 없다. ··( )( )

268. 덩달아 떠든다고 생각할 때가 자주 있다. ·····································( )( )

269. 아첨에 넘어가기 쉬운 편이다. ···( )( )

270. 주변 사람이 자기 험담을 하고 있다고 생각할 때가 있다. ···········( )( )

271. 이론만 내세우는 사람과 대화하면 짜증이 난다. ·························( )( )

272. 상처를 주는 것도, 받는 것도 싫다. ···( )( )

273. 매일 그날을 반성한다. ··( )( )

274. 주변 사람이 피곤해 하여도 자신은 원기왕성하다. ·····················( )( )

275. 친구를 재미있게 하는 것을 좋아한다. ··( )( )

276. 아침부터 아무것도 하고 싶지 않을 때가 있다. ··························( )( )

277. 지각을 하면 학교를 결석하고 싶어졌다. ····································( )( )

278. 이 세상에 없는 세계가 존재한다고 생각한다. ····························( )( )

279. 하기 싫은 것을 하고 있으면 무심코 불만을 말한다. ··················( )( )

280. 투지를 드러내는 경향이 있다. ···( )( )

281. 뜨거워지기 쉽고 식기 쉬운 성격이다. ·······································( )( )

282. 어떤 일이라도 헤쳐 나가는데 자신이 있다. ······························( )( )

283. 착한 사람이라는 말을 들을 때가 많다. ······································( )( )

284. 자신을 다른 사람보다 뛰어나다고 생각한다. ····························( )( )

285. 개성적인 사람이라는 말을 자주 듣는다. ·····································( )( )

286. 누구와도 편하게 대화할 수 있다. ··( )( )

287. 특정 인물이나 집단에서라면 가볍게 대화할 수 있다. ·················( )( )

288. 사물에 대해 깊이 생각하는 경향이 있다. ···································( )( )

289. 스트레스를 해소하기 위해 집에서 조용히 지낸다. ·····················( )( )

290. 계획을 세워서 행동하는 것을 좋아한다. ····································( )( )

291. 현실적인 편이다. ···( )( )

292. 주변의 일을 성급하게 해결한다. ···( )( )

293. 이성적인 사람이 되고 싶다고 생각한다. ····································( )( )

294. 생각한 일을 행동으로 옮기지 않으면 기분이 찜찜하다. ·············( )( )

295. 생각했다고 해서 꼭 행동으로 옮기는 것은 아니다. ··················( )( )

296. 목표 달성을 위해서는 온갖 노력을 다한다. ……………………………( )( )

297. 적은 친구랑 깊게 사귀는 편이다. …………………………………( )( )

298. 경쟁에서 절대로 지고 싶지 않다. …………………………………( )( )

299. 내일해도 되는 일을 오늘 안에 끝내는 편이다. ……………………( )( )

300. 새로운 친구를 곧 사귈 수 있다. ……………………………………( )( )

301. 문장은 미리 내용을 결정하고 나서 쓴다. …………………………( )( )

302. 사려 깊은 사람이라는 말을 듣는 편이다. …………………………( )( )

303. 활발한 사람이라는 말을 듣는 편이다. ……………………………( )( )

304. 기회가 있으면 꼭 얻는 편이다. ……………………………………( )( )

305. 외출이나 초면의 사람을 만나는 일은 잘 하지 못한다. …………( )( )

306. 단념하는 것은 있을 수 없다. ………………………………………( )( )

307. 위험성을 무릅쓰면서 성공하고 싶다고 생각하지 않는다. ………( )( )

308. 학창시절 체육수업을 좋아했다. ……………………………………( )( )

309. 휴일에는 집 안에서 편안하게 있을 때가 많다. ……………………( )( )

310. 무슨 일도 결과가 중요하다. ………………………………………( )( )

311. 성격이 유연하게 대응하는 편이다. ………………………………( )( )

312. 더 높은 능력이 요구되는 일을 하고 싶다. ………………………( )( )

313. 자기 능력의 범위 내에서 정확히 일을 하고 싶다. ………………( )( )

314. 새로운 사람을 만날 때는 두근거린다. ……………………………( )( )

315. '누군가 도와주지 않을까'라고 생각하는 편이다. …………………( )( )

316. 건강하고 활발한 사람을 동경한다. ………………………………( )( )

317. 친구가 적은 편이다. …………………………………………………( )( )

318. 문장을 쓰면서 생각한다. ……………………………………………( )( )

319. 정해진 친구만 교제한다. ……………………………………………( )( )

320. 한 우물만 파고 싶다. …………………………………………………( )( )

321. 여러가지 일을 경험하고 싶다. ……………………………………( )( )

322. 스트레스를 해소하기 위해 몸을 움직인다. ………………………( )( )

323. 사물에 대해 가볍게 생각하는 경향이 있다. ………………………( )( )

324. 기한이 정해진 일은 무슨 일이 있어도 끝낸다. …………………( )( )

325. 결론이 나도 여러 번 생각을 하는 편이다. ………………………( )( )

326. 일단 무엇이든지 도전하는 편이다. ································· (　)(　)

327. 쉬는 날은 외출하고 싶다. ····································· (　)(　)

328. 사교성이 있는 편이라고 생각한다. ····························· (　)(　)

329. 남의 앞에 나서는 것을 잘 하지 못하는 편이다. ················ (　)(　)

330. 모르는 것이 있어도 행동하면서 생각한다. ····················· (　)(　)

331. 납득이 안되면 행동이 안 된다. ······························ (　)(　)

332. 약속시간에 여유를 가지고 약간 빨리 나가는 편이다. ············ (　)(　)

333. 현실적이다. ··· (　)(　)

334. 끝까지 해내는 편이다. ······································· (　)(　)

335. 유연히 대응하는 편이다. ····································· (　)(　)

336. 휴일에는 운동 등으로 몸을 움직일 때가 많다. ················· (　)(　)

337. 학창시절 체육수업을 못했다. ································· (　)(　)

338. 성공을 위해서는 어느 정도의 위험성을 감수한다. ·············· (　)(　)

339. 단념하는 것이 필요할 때도 있다. ···························· (　)(　)

340. '내가 안하면 누가 할것인가'라고 생각하는 편이다. ············· (　)(　)

341. 새로운 사람을 만날 때는 용기가 필요하다. ···················· (　)(　)

342. 친구가 많은 편이다. ··· (　)(　)

343. 차분하고 사려깊은 사람을 동경한다. ························· (　)(　)

344. 결론이 나면 신속히 행동으로 옮겨진다. ······················· (　)(　)

345. 기한 내에 끝내지 못하는 일이 있다. ························· (　)(　)

346. 이유없이 불안할 때가 있다. ································· (　)(　)

347. 주위 사람의 의견을 생각해서 발언을 자제할 때가 있다. ········· (　)(　)

348. 자존심이 강한 편이다. ······································· (　)(　)

349. 생각없이 함부로 말하는 경우가 많다. ························· (　)(　)

350. 정리가 되지 않은 방에 있으면 불안하다. ······················ (　)(　)

351. 엉덩이가 무겁다. ·· (　)(　)

352. 행동력이 있다. ··· (　)(　)

353. 다른 사람 앞에서 이야기를 잘한다. ··························· (　)(　)

354. 열정적인 사람이다. ·· (　)(　)

355. 협동성이 있다. ··· (　)(　)

356. 잠자리에 들기 전 내일 할일을 확인한다. ·············· ( )( )

357. 꾸준히 노력한다. ···································· ( )( )

358. 성급하지 않다. ···································· ( )( )

359. 평가하는 것을 좋아한다. ······················ ( )( )

360. 소극적이다. ······································ ( )( )

361. 귀찮아할 때가 많다. ··························· ( )( )

362. 평범한 인생을 살고 싶다. ···················· ( )( )

363. 예상하지 못한 일이 벌어져도 당황하지 않는다. ······· ( )( )

364. 포기도 필요하고 생각한다. ···················· ( )( )

365. 침착하다는 말을 자주 듣는다. ··············· ( )( )

366. 이윤이 윤리보다 중요하다고 생각한다. ········ ( )( )

367. 사교적이다. ······································ ( )( )

368. 모험보다는 안전한 길을 선택한다. ·············· ( )( )

369. 지위에 맞는 행동이 있다고 생각한다. ·········· ( )( )

360. 외출 시 문을 잠갔는지 재차 확인한다. ·········· ( )( )

371. 결정한 일에 구속받지 않는다. ··············· ( )( )

372. 땀을 흘리는 것보다 머리를 쓰는 일이 좋다. ······· ( )( )

373. 질문을 받으면 바로바로 대답한다. ·············· ( )( )

374. 사람과 만날 약속이 즐겁다. ··················· ( )( )

375. 한꺼번에 많은 일을 떠맡으면 부담스럽다. ······· ( )( )

376. 좋은 사람이 되고 싶다. ······················ ( )( )

377. 좋다고 생각하면 바로 행동한다. ·············· ( )( )

378. 성격이 시원시원하다. ··························· ( )( )

379. 나쁜 소식을 들으면 절망한다. ··············· ( )( )

380. 실패가 걱정되어 전전긍긍하는 편이다. ········· ( )( )

381. 다수결에 따르는 것을 좋아한다. ·············· ( )( )

382. 혼밥을 즐긴다. ·································· ( )( )

383. 승부근성이 강하다. ··························· ( )( )

384. 자주 흥분하는 편이다. ······················ ( )( )

385. 타인에게 폐를 끼치는 것이 싫다. ·············· ( )( )

	YES	NO

386. 자신에 대해 안 좋은 소문이 돌까 걱정스럽다. ·······( )( )

387. 자존감이 낮다. ·······( )( )

388. 변덕스러운 편이다. ·······( )( )

389. 사람은 누구나 고독하다고 생각한다. ·······( )( )

390. 거짓말을 한 적이 없다. ·······( )( )

391. 문제가 생기면 해결될 때까지 고민한다. ·······( )( )

392. 감성적이다. ·······( )( )

393. 자신만의 신념이 있다. ·······( )( )

394. 다른 사람을 바보 같다고 생각한 적이 있다. ·······( )( )

395. 생각한 것을 금방 말해버린다. ·······( )( )

396. 싫어하는 사람이 없다. ·······( )( )

397. 지구 종말을 걱정한 적이 있다. ·······( )( )

398. 고생을 사서 하는 편이다. ·······( )( )

399. 항상 무언가를 생각한다. ·······( )( )

400. 문제를 해결하기 위해 여러 사람과 상의한다. ·······( )( )

401. 내 방식대로 일을 한다. ·······( )( )

402. 영화를 보고 우는 일이 많다. ·······( )( )

403. 화를 잘 내지 않는다. ·······( )( )

404. 사소한 충고에도 걱정을 한다. ·······( )( )

405. 자신은 도움이 안 되는 사람이라고 생각한다. ·······( )( )

406. 금방 싫증을 내는 편이다. ·······( )( )

407. 나만의 개성이 있다. ·······( )( )

408. 자기주장이 강하다. ·······( )( )

409. 산만하다는 말을 들은 적이 있다. ·······( )( )

410. 학교에 가기 싫은 날이 한 번도 없었다. ·······( )( )

411. 대인관계가 어렵다. ·······( )( )

412. 사려가 깊다. ·······( )( )

413. 몸을 움직이는 것을 좋아한다. ·······( )( )

414. 끈기가 있다. ·······( )( )

415. 신중하다. ·······( )( )

416. 인생의 목표는 클수록 좋다. ·· (　　)(　　)

417. 어떤 일이라도 바로 시작하는 편이다. ··· (　　)(　　)

418. 낯을 가린다. ·· (　　)(　　)

419. 생각한 뒤 행동한다. ·· (　　)(　　)

420. 쉬는 날엔 밖에 나가지 않는다. ··· (　　)(　　)

421. 시작한 일은 반드시 끝을 본다. ··· (　　)(　　)

422. 면밀하게 계획을 세운 여행을 좋아한다. ·· (　　)(　　)

423. 야망이 있는 사람이다. ·· (　　)(　　)

424. 활동력이 있다. ··· (　　)(　　)

425. 왁자지껄한 자리를 좋아하지 않는다. ·· (　　)(　　)

426. 돈을 허비한 적이 있다. ·· (　　)(　　)

427. 소풍 전날 기대로 잠을 이루지 못했다. ·· (　　)(　　)

428. 하나의 취미에 열중한다. ··· (　　)(　　)

429. 모임에서 회장을 한 적이 있다. ·· (　　)(　　)

430. 성공신화에 대한 이야기를 좋아한다. ·· (　　)(　　)

431. 어떤 일에도 의욕적으로 임한다. ·· (　　)(　　)

432. 학급에서 존재가 희미했다. ··· (　　)(　　)

433. 무언가에 깊이 몰두하는 편이다. ·· (　　)(　　)

434. 칭찬을 듣는 것을 좋아한다. ··· (　　)(　　)

435. 흐린 날은 외출 시 우산을 반드시 챙긴다. ··· (　　)(　　)

436. 조연배우보다는 주연배우를 좋아한다. ·· (　　)(　　)

437. 공격적인 성향이 있다. ·· (　　)(　　)

438. 리드를 받는 편이다. ··· (　　)(　　)

439. 너무 신중해서 기회를 놓친 적이 있다. ·· (　　)(　　)

440. 굼뜨다는 말을 들어 본 적이 있다. ·· (　　)(　　)

441. 야근을 해서라도 할당된 일을 끝내야 맘이 편하다. ····························· (　　)(　　)

442. 누군가를 방문할 때는 반드시 사전에 약속을 잡는다. ························· (　　)(　　)

443. 노력해도 결과가 따르지 않으면 의미가 없다. ····································· (　　)(　　)

444. 무조건 행동해야 한다. ·· (　　)(　　)

445. 유행에 둔감하다고 생각한다. ·· (　　)(　　)

	YES	NO

446. 정해진 대로 움직이는 것은 시시하다. ·······································( )( )

447. 이루고 싶은 꿈이 있다. ···( )( )

448. 질서보다는 자유가 중요하다. ··( )( )

449. 같이 하는 취미보다 혼자서 하는 취미를 즐긴다. ··················( )( )

450. 직관적으로 판단하는 편이다. ··( )( )

PART

III

NCS 직업기초능력평가

01 의사소통능력

1 의사소통과 의사소통능력

(1) 의사소통

① **개념** … 사람들 간에 생각이나 감정, 정보, 의견 등을 교환하는 총체적인 행위로, 직장생활에서의 의사소통은 조직과 팀의 효율성과 효과성을 성취할 목적으로 이루어지는 구성원 간의 정보와 지식 전달 과정이라고 할 수 있다.

② **기능** … 공동의 목표를 추구해 나가는 집단 내의 기본적 존재 기반이며 성과를 결정하는 핵심 기능이다.

③ **의사소통의 종류**
　㉠ 언어적인 것 : 대화, 전화통화, 토론 등
　㉡ 문서적인 것 : 메모, 편지, 기획안 등
　㉢ 비언어적인 것 : 몸짓, 표정 등

④ **의사소통을 저해하는 요인** … 정보의 과다, 메시지의 복잡성 및 메시지 간의 경쟁, 상이한 직위와 과업지향형, 신뢰의 부족, 의사소통을 위한 구조상의 권한, 잘못된 매체의 선택, 폐쇄적인 의사소통 분위기 등

(2) 의사소통능력

① **개념** … 의사소통능력은 직장생활에서 문서나 상대방이 하는 말의 의미를 파악하는 능력, 자신의 의사를 정확하게 표현하는 능력, 간단한 외국어 자료를 읽거나 외국인의 의사표시를 이해하는 능력을 포함한다.

② **의사소통능력 개발을 위한 방법**
　㉠ 사후검토와 피드백을 활용한다.
　㉡ 명확한 의미를 가진 이해하기 쉬운 단어를 선택하여 이해도를 높인다.
　㉢ 적극적으로 경청한다.
　㉣ 메시지를 감정적으로 곡해하지 않는다.

2 의사소통능력을 구성하는 하위능력

(1) 문서이해능력

① 문서와 문서이해능력

  ㉠ 문서 : 제안서, 보고서, 기획서, 이메일, 팩스 등 문자로 구성된 것으로 상대방에게 의사를 전달하여 설득하는 것을 목적으로 한다.

  ㉡ 문서이해능력 : 직업현장에서 자신의 업무와 관련된 문서를 읽고, 내용을 이해하고 요점을 파악할 수 있는 능력을 말한다.

예제 1

다음은 신용카드 약관의 주요내용이다. 규정 약관을 제대로 이해하지 못한 사람은?

> [부가서비스]
> 카드사는 법령에서 정한 경우를 제외하고 상품을 새로 출시한 후 1년 이내에 부가서비스를 줄이거나 없앨 수가 없다. 또한 부가서비스를 줄이거나 없앨 경우에는 그 세부내용을 변경일 6개월 이전에 회원에게 알려주어야 한다.
>
> [중도 해지 시 연회비 반환]
> 연회비 부과기간이 끝나기 이전에 카드를 중도해지하는 경우 남은 기간에 해당하는 연회비를 계산하여 10 영업일 이내에 돌려줘야 한다. 다만, 카드 발급 및 부가서비스 제공에 이미 지출된 비용은 제외된다.
>
> [카드 이용한도]
> 카드 이용한도는 카드 발급을 신청할 때에 회원이 신청한 금액과 카드사의 심사 기준을 종합적으로 반영하여 회원이 신청한 금액 범위 이내에서 책정되며 회원의 신용도가 변동되었을 때에는 카드사는 회원의 이용한도를 조정할 수 있다.
>
> [부정사용 책임]
> 카드 위조 및 변조로 인하여 발생된 부정사용 금액에 대해서는 카드사가 책임을 진다. 다만, 회원이 비밀번호를 다른 사람에게 알려주거나 카드를 다른 사람에게 빌려주는 등의 중대한 과실로 인해 부정사용이 발생하는 경우에는 회원이 그 책임의 전부 또는 일부를 부담할 수 있다.

① 혜수 : 카드사는 법령에서 정한 경우를 제외하고는 1년 이내에 부가서비스를 줄일 수 없어.

② 진성 : 카드 위조 및 변조로 인하여 발생된 부정사용 금액은 일괄 카드사가 책임을 지게 돼.

③ 영훈 : 회원의 신용도가 변경되었을 때 카드사가 이용한도를 조정할 수 있어.

④ 영호 : 연회비 부과기간이 끝나기 이전에 카드를 중도 해지하는 경우에는 남은 기간에 해당하는 연회비를 카드사는 돌려줘야 해.

답 ②

② 문서의 종류
  ㉠ 공문서 : 정부기관에서 공무를 집행하기 위해 작성하는 문서로, 단체 또는 일반회사에서 정부기관을 상대로 사업을 진행할 때 작성하는 문서도 포함된다. 엄격한 규격과 양식이 특징이다.
  ㉡ 기획서 : 아이디어를 바탕으로 기획한 프로젝트에 대해 상대방에게 전달하여 시행하도록 설득하는 문서이다.
  ㉢ 기안서 : 업무에 대한 협조를 구하거나 의견을 전달할 때 작성하는 사내 공문서이다.
  ㉣ 보고서 : 특정한 업무에 관한 현황이나 진행 상황, 연구·검토 결과 등을 보고하고자 할 때 작성하는 문서이다.
  ㉤ 설명서 : 상품의 특성이나 작동 방법 등을 소비자에게 설명하기 위해 작성하는 문서이다.
  ㉥ 보도자료 : 정부기관이나 기업체 등이 언론을 상대로 자신들의 정보를 기사화 되도록 하기 위해 보내는 자료이다.
  ㉦ 자기소개서 : 개인이 자신의 성장과정이나, 입사 동기, 포부 등에 대해 구체적으로 기술하여 자신을 소개하는 문서이다.
  ㉧ 비즈니스 레터(E-mail) : 사업상의 이유로 고객에게 보내는 편지다.
  ㉨ 비즈니스 메모 : 업무상 확인해야 할 일을 메모형식으로 작성하여 전달하는 글이다.
③ 문서이해의 절차 … 문서의 목적 이해 → 문서 작성 배경·주제 파악 → 정보 확인 및 현안문제 파악 → 문서 작성자의 의도 파악 및 자신에게 요구되는 행동 분석 → 목적 달성을 위해 취해야 할 행동 고려 → 문서 작성자의 의도를 도표나 그림 등으로 요약·정리

(2) 문서작성능력

① 작성되는 문서에는 대상과 목적, 시기, 기대효과 등이 포함되어야 한다.

② 문서작성의 구성요소
  ㉠ 짜임새 있는 골격, 이해하기 쉬운 구조
  ㉡ 객관적이고 논리적인 내용
  ㉢ 명료하고 설득력 있는 문장
  ㉣ 세련되고 인상적인 레이아웃

③ 문서의 종류에 따른 작성방법

　㉠ 공문서
　　• 육하원칙이 드러나도록 써야 한다.
　　• 날짜는 반드시 연도와 월, 일을 함께 언급하며, 날짜 다음에 괄호를 사용할 때는 마침표를 찍지 않는다.
　　• 대외문서이며, 장기간 보관되기 때문에 정확하게 기술해야 한다.
　　• 내용이 복잡할 경우 '-다음-', '-아래-'와 같은 항목을 만들어 구분한다.
　　• 한 장에 담아내는 것을 원칙으로 하며, 마지막엔 반드시 '끝'자로 마무리 한다.

　㉡ 설명서
　　• 정확하고 간결하게 작성한다.
　　• 이해하기 어려운 전문용어의 사용은 삼가고, 복잡한 내용은 도표화 한다.
　　• 명령문보다는 평서문을 사용하고, 동어 반복보다는 다양한 표현을 구사하는 것이 바람직하다.

　㉢ 기획서
　　• 상대를 설득하여 기획서가 채택되는 것이 목적이므로 상대가 요구하는 것이 무엇인지 고려하여 작성하며, 기획의 핵심을 잘 전달하였는지 확인한다.
　　• 분량이 많을 경우 전체 내용을 한눈에 파악할 수 있도록 목차구성을 신중히 한다.
　　• 효과적인 내용 전달을 위한 표나 그래프를 적절히 활용하고 산뜻한 느낌을 줄 수 있도록 한다.
　　• 인용한 자료의 출처 및 내용이 정확해야 하며 제출 전 충분히 검토한다.

ⓔ 보고서
- 도출하고자 한 핵심내용을 구체적이고 간결하게 작성한다.
- 내용이 복잡할 경우 도표나 그림을 활용하고, 참고자료는 정확하게 제시한다.
- 제출하기 전에 최종점검을 하며 질의를 받을 것에 대비한다.

예제 3

다음 중 공문서 작성에 대한 설명으로 가장 적절하지 못한 것은?

① 공문서나 유가증권 등에 금액을 표시할 때에는 한글로 기재하고 그 옆에 괄호를 넣어 숫자로 표기한다.
② 날짜는 숫자로 표기하되 년, 월, 일의 글자는 생략하고 그 자리에 온점(.)을 찍어 표시한다.
③ 첨부물이 있는 경우에는 붙임 표시문 끝에 1자 띄우고 "끝."이라고 표시한다.
④ 공문서의 본문이 끝났을 경우에는 1자를 띄우고 "끝."이라고 표시한다.

[출제의도]
업무를 할 때 필요한 공문서 작성법을 잘 알고 있는지를 측정하는 문항이다.
[해설]
공문서 금액 표시
아라비아 숫자로 쓰고, 숫자 다음에 괄호를 하여 한글로 기재한다.
예) 금 123,456원(금 일십이만삼천 사백오십육원)

답 ①

---

④ 문서작성의 원칙
　　㉠ 문장은 짧고 간결하게 작성한다(간결체 사용).
　　㉡ 상대방이 이해하기 쉽게 쓴다.
　　㉢ 불필요한 한자의 사용을 자제한다.
　　㉣ 문장은 긍정문의 형식을 사용한다.
　　㉤ 간단한 표제를 붙인다.
　　㉥ 문서의 핵심내용을 먼저 쓰도록 한다(두괄식 구성).

⑤ 문서작성 시 주의사항
　　㉠ 육하원칙에 의해 작성한다.
　　㉡ 문서 작성시기가 중요하다.
　　㉢ 한 사안은 한 장의 용지에 작성한다.
　　㉣ 반드시 필요한 자료만 첨부한다.
　　㉤ 금액, 수량, 일자 등은 기재에 정확성을 기한다.
　　㉥ 경어나 단어사용 등 표현에 신경 쓴다.
　　㉦ 문서작성 후 반드시 최종적으로 검토한다.

⑥ 효과적인 문서작성 요령

    ㉠ **내용이해** : 전달하고자 하는 내용과 핵심을 정확하게 이해해야 한다.

    ㉡ **목표설정** : 전달하고자 하는 목표를 분명하게 설정한다.

    ㉢ **구성** : 내용 전달 및 설득에 효과적인 구성과 형식을 고려한다.

    ㉣ **자료수집** : 목표를 뒷받침할 자료를 수집한다.

    ㉤ **핵심전달** : 단락별 핵심을 하위목차로 요약한다.

    ㉥ **대상파악** : 대상에 대한 이해와 분석을 통해 철저히 파악한다.

    ㉦ **보충설명** : 예상되는 질문을 정리하여 구체적인 답변을 준비한다.

    ㉧ **문서표현의 시각화** : 그래프, 그림, 사진 등을 적절히 사용하여 이해를 돕는다.

(3) 경청능력

① **경청의 중요성** … 경청은 다른 사람의 말을 주의 깊게 들으며 공감하는 능력으로 경청을 통해 상대방을 한 개인으로 존중하고 성실한 마음으로 대하게 되며, 상대방의 입장에 공감하고 이해하게 된다.

② **경청을 방해하는 습관** … 짐작하기, 대답할 말 준비하기, 걸러내기, 판단하기, 다른 생각하기, 조언하기, 언쟁하기, 옳아야만 하기, 슬쩍 넘어가기, 비위 맞추기 등

③ **효과적인 경청방법**

    ㉠ **준비하기** : 강연이나 프레젠테이션 이전에 나누어주는 자료를 읽어 미리 주제를 파악하고 등장하는 용어를 익혀둔다.

    ㉡ **주의 집중** : 말하는 사람의 모든 것에 집중해서 적극적으로 듣는다.

    ㉢ **예측하기** : 다음에 무엇을 말할 것인가를 추측하려고 노력한다.

    ㉣ **나와 관련짓기** : 상대방이 전달하고자 하는 메시지를 나의 경험과 관련지어 생각해 본다.

    ㉤ **질문하기** : 질문은 듣는 행위를 적극적으로 하게 만들고 집중력을 높인다.

    ㉥ **요약하기** : 주기적으로 상대방이 전달하려는 내용을 요약한다.

    ㉦ **반응하기** : 피드백을 통해 의사소통을 점검한다.

다음은 면접스터디 중 일어난 대화이다. 민아의 고민을 해소하기 위한 조언으로 가장 적절한 것은?

> 지섭 : 민아씨, 어디 아파요? 표정이 안 좋아 보여요.
> 민아 : 제가 원서 넣은 공단이 내일 면접이어서요. 그동안 스터디를 통해서 면접 연습을 많이 했는데도 벌써부터 긴장이 되네요.
> 지섭 : 민아씨는 자기 의견도 명확히 피력할 줄 알고 조리 있게 설명을 잘 하시니 걱정 안하셔도 될 것 같아요. 아, 손에 꽉 쥐고 계신 건 뭔가요?
> 민아 : 아, 제가 예상 답변을 정리해서 모아둔거에요. 내용은 거의 외웠는데 이렇게 쥐고 있지 않으면 불안해서
> 지섭 : 그 정도로 준비를 철저히 하셨으면 걱정할 이유 없을 것 같아요.
> 민아 : 그래도 압박면접이거나 예상치 못한 질문이 들어오면 어떻게 하죠?
> 지섭 : _____

① 시선을 적절히 처리하면서 부드러운 어투로 말하는 연습을 해보는 건 어때요?
② 공식적인 자리인 만큼 옷차림을 신경 쓰는 게 좋을 것 같아요.
③ 당황하지 말고 질문자의 의도를 잘 파악해서 침착하게 대답하면 되지 않을까요?
④ 예상 질문에 대한 답변을 좀 더 정확하게 외워보는 건 어떨까요?

[출제의도]
상대방이 하는 말을 듣고 질문 의도에 따라 올바르게 답하는 능력을 측정하는 문항이다.
[해설]
민아는 압박질문이나 예상치 못한 질문에 대해 걱정을 하고 있으므로 침착하게 대응하라고 조언을 해주는 것이 좋다.

답 ③

(4) 의사표현능력

① 의사표현의 개념과 종류

  ㉠ 개념 : 화자가 자신의 생각과 감정을 청자에게 음성언어나 신체언어로 표현하는 행위이다.

  ㉡ 종류

  • 공식적 말하기 : 사전에 준비된 내용을 대중을 대상으로 말하는 것으로 연설, 토의, 토론 등이 있다.

  • 의례적 말하기 : 사회 · 문화적 행사에서와 같이 절차에 따라 하는 말하기로 식사, 주례, 회의 등이 있다.

  • 친교적 말하기 : 친근한 사람들 사이에서 자연스럽게 주고받는 대화 등을 말한다.

② 의사표현의 방해요인

  ㉠ 연단공포증 : 연단에 섰을 때 가슴이 두근거리거나 땀이 나고 얼굴이 달아오르는 등의 현상으로 충분한 분석과 준비, 더 많은 말하기 기회 등을 통해 극복할 수 있다.

ⓛ 말 : 말의 장단, 고저, 발음, 속도, 쉼 등을 포함한다.

ⓒ 음성 : 목소리와 관련된 것으로 음색, 고저, 명료도, 완급 등을 의미한다.

ⓔ 몸짓 : 비언어적 요소로 화자의 외모, 표정, 동작 등이다.

ⓜ 유머 : 말하기 상황에 따른 적절한 유머를 구사할 수 있어야 한다.

③ 상황과 대상에 따른 의사표현법

ⓝ 잘못을 지적할 때 : 모호한 표현을 삼가고 확실하게 지적하며, 당장 꾸짖고 있는 내용에만 한정한다.

ⓛ 칭찬할 때 : 자칫 아부로 여겨질 수 있으므로 센스 있는 칭찬이 필요하다.

ⓒ 부탁할 때 : 먼저 상대방의 사정을 듣고 응하기 쉽게 구체적으로 부탁하며 거절을 당해도 싫은 내색을 하지 않는다.

ⓔ 요구를 거절할 때 : 먼저 사과하고 응해줄 수 없는 이유를 설명한다.

ⓜ 명령할 때 : 강압적인 말투보다는 '○○을 이렇게 해주는 것이 어떻겠습니까?'와 같은 식으로 부드럽게 표현하는 것이 효과적이다.

ⓗ 설득할 때 : 일방적으로 강요하기보다는 먼저 양보해서 이익을 공유하겠다는 의지를 보여주는 것이 좋다.

ⓢ 충고할 때 : 충고는 가장 최후의 방법이다. 반드시 충고가 필요한 상황이라면 예화를 들어 비유적으로 깨우쳐주는 것이 바람직하다.

ⓞ 질책할 때 : 샌드위치 화법(칭찬의 말 + 질책의 말 + 격려의 말)을 사용하여 청자의 반발을 최소화 한다.

예제 5

당신은 팀장님께 업무 지시내용을 수행하고 결과물을 보고 드렸다. 하지만 팀장님께서는 "최대리 업무를 이렇게 처리하면 어떡하나? 누락된 부분이 있지 않은가."라고 말하였다. 이에 대해 당신이 행할 수 있는 가장 부적절한 대처 자세는?

① "죄송합니다. 제가 잘 모르는 부분이라 이수혁 과장님께 부탁을 했는데 과장님께서 실수를 하신 것 같습니다."

② "주의를 기울이지 못해 죄송합니다. 어느 부분을 수정보완하면 될까요?"

③ "지시하신 내용을 제가 충분히 이해하지 못하였습니다. 내용을 다시 한 번 여쭤보아도 되겠습니까?"

④ "부족한 내용을 보완하는 자료를 취합하기 위해서 하루정도가 더 소요될 것 같습니다. 언제까지 재작성하여 드리면 될까요?"

[출제의도]
상사가 잘못을 지적하는 상황에서 어떻게 대처해야 하는지를 묻는 문항이다.

[해설]
상사가 부탁한 지시사항을 다른 사람에게 부탁하는 것은 옳지 못하며 설사 그렇다고 해도 그 일의 과오에 대해 책임을 전가하는 것은 지양해야 할 자세이다.

답 ①

④ 원활한 의사표현을 위한 지침

 ㉠ 올바른 화법을 위해 독서를 하라.

 ㉡ 좋은 청중이 되라.

 ㉢ 칭찬을 아끼지 마라.

 ㉣ 공감하고, 긍정적으로 보이게 하라.

 ㉤ 겸손은 최고의 미덕임을 잊지 마라.

 ㉥ 과감하게 공개하라.

 ㉦ 뒷말을 숨기지 마라.

 ㉧ 첫마디 말을 준비하라.

 ㉨ 이성과 감성의 조화를 꾀하라.

 ㉩ 대화의 룰을 지켜라.

 ㉪ 문장을 완전하게 말하라.

⑤ 설득력 있는 의사표현을 위한 지침

 ㉠ 'Yes'를 유도하여 미리 설득 분위기를 조성하라.

 ㉡ 대비 효과로 분발심을 불러 일으켜라.

 ㉢ 침묵을 지키는 사람의 참여도를 높여라.

 ㉣ 여운을 남기는 말로 상대방의 감정을 누그러뜨려라.

 ㉤ 하던 말을 갑자기 멈춤으로써 상대방의 주의를 끌어라.

 ㉥ 호칭을 바꿔서 심리적 간격을 좁혀라.

 ㉦ 끄집어 말하여 자존심을 건드려라.

 ㉧ 정보전달 공식을 이용하여 설득하라.

 ㉨ 상대방의 불평이 가져올 결과를 강조하라.

 ㉩ 권위 있는 사람의 말이나 작품을 인용하라.

 ㉪ 약점을 보여 주어 심리적 거리를 좁혀라.

 ㉫ 이상과 현실의 구체적 차이를 확인시켜라.

 ㉬ 자신의 잘못도 솔직하게 인정하라.

 ㉭ 집단의 요구를 거절하려면 개인의 의견을 물어라.

 ⓐ 동조 심리를 이용하여 설득하라.

 ⓑ 지금까지의 노고를 치하한 뒤 새로운 요구를 하라.

 ⓒ 담당자가 대변자 역할을 하도록 하여 윗사람을 설득하게 하라.

 ⓓ 겉치레 양보로 기선을 제압하라.

 ⓔ 변명의 여지를 만들어 주고 설득하라.

 ⓕ 혼자 말하는 척하면서 상대의 잘못을 지적하라.

(5) 기초외국어능력

① 기초외국어능력의 개념과 필요성
  ㉠ 개념 : 기초외국어능력은 외국어로 된 간단한 자료를 이해하거나, 외국인과의 전화응대
    와 간단한 대화 등 외국인의 의사표현을 이해하고, 자신의 의사를 기초외국어로 표현
    할 수 있는 능력이다.
  ㉡ 필요성 : 국제화 · 세계화 시대에 다른 나라와의 무역을 위해 우리의 언어가 아닌 국제적
    인 통용어를 사용하거나 그들의 언어로 의사소통을 해야 하는 경우가 생길 수 있다.

② 외국인과의 의사소통에서 피해야 할 행동
  ㉠ 상대를 볼 때 흘겨보거나, 노려보거나, 아예 보지 않는 행동
  ㉡ 팔이나 다리를 꼬는 행동
  ㉢ 표정이 없는 것
  ㉣ 다리를 흔들거나 펜을 돌리는 행동
  ㉤ 맞장구를 치지 않거나 고개를 끄덕이지 않는 행동
  ㉥ 생각 없이 메모하는 행동
  ㉦ 자료만 들여다보는 행동
  ㉧ 바르지 못한 자세로 앉는 행동
  ㉨ 한숨, 하품, 신음소리를 내는 행동
  ㉩ 다른 일을 하며 듣는 행동
  ㉪ 상대방에게 이름이나 호칭을 어떻게 부를지 묻지 않고 마음대로 부르는 행동

③ 기초외국어능력 향상을 위한 공부법
  ㉠ 외국어공부의 목적부터 정하라.
  ㉡ 매일 30분씩 눈과 손과 입에 밸 정도로 반복하라.
  ㉢ 실수를 두려워하지 말고 기회가 있을 때마다 외국어로 말하라.
  ㉣ 외국어 잡지나 원서와 친해져라.
  ㉤ 소홀해지지 않도록 라이벌을 정하고 공부하라.
  ㉥ 업무와 관련된 주요 용어의 외국어는 꼭 알아두자.
  ㉦ 출퇴근 시간에 외국어 방송을 보거나, 듣는 것만으로도 귀가 트인다.
  ㉧ 어린이가 단어를 배우듯 외국어 단어를 암기할 때 그림카드를 사용해 보라.
  ㉨ 가능하면 외국인 친구를 사귀고 대화를 자주 나눠 보라.

▌1~2▌ 다음 글을 읽고 이어지는 물음에 답하시오.

경쟁의 승리는 다른 사람의 재산권을 침탈하지 않으면서 이기는 경쟁자의 능력, 즉 경쟁력에 달려 있다. 공정경쟁에서 원하는 물건의 소유주로부터 선택을 받으려면 소유주가 원하는 대가를 치를 능력이 있어야 하고 남보다 먼저 신 자원을 개발하거나 신 발상을 창안하려면 역시 그렇게 해낼 능력을 갖추어야 한다. 다른 기업보다 더 좋은 품질의 제품을 더 값싸게 생산하는 기업은 시장경쟁에서 이긴다. 우수한 자질을 타고났고, 탐사 또는 연구개발에 더 많은 노력을 기울인 개인이나 기업은 새로운 자원이나 발상을 대체로 남보다 앞서서 찾아낸다.

개인의 능력은 천차만별한데 그 차이는 타고나기도 하고 후천적 노력에 의해 결정되기도 한다. 능력이 후천적 노력만의 소산이라면 능력의 우수성에 따라 결정되는 경쟁 결과를 불공정하다고 불평하기는 어렵다. 그런데 능력의 많은 부분은 타고난 것이거나 부모에게서 직간접적으로 물려받은 유무형적 재산에 의한 것이다. 후천적 재능 습득에서도 그 성과는 보통 개발자가 타고난 자질에 따라 서로 다르다. 타고난 재능과 후천적 능력을 딱 부러지게 구분하기도 쉽지 않은 것이다.

어쨌든 내가 능력 개발에 소홀했던 탓에 경쟁에서 졌다면 패배를 승복해야 마땅하다. 그러나 순전히 타고난 불리함 때문에 불이익을 당했다면 억울함이 앞선다. 이 점을 내세워 타고난 재능으로 벌어들이는 소득은 그 재능 보유자의 몫으로 인정할 수 없다는 필자의 의견에 동의하는 학자도 많다. 자신의 재능을 발휘하여 경쟁에서 승리하였다 하더라도 해당 재능이 타고난 것이라면 승자의 몫이 온전히 재능 보유자의 것일 수 없고 마땅히 사회에 귀속되어야 한다는 말이다.

그런데 재능도 노동해야 발휘할 수 있으므로 재능발휘를 유도하려면 그 노고를 적절히 보상해주어야 한다. 이론상으로는 재능발휘로 벌어들인 수입에서 노고에 대한 보상만큼은 재능보유자의 소득으로 인정하고 나머지만 사회에 귀속시키면 된다.

1 윗글을 읽고 나눈 다음 대화의 ㈀~㈁ 중, 글의 내용에 따른 합리적인 의견 제기로 볼 수 없는 것은?

> A : "타고난 재능과 후천적 노력에 대하여 어떻게 보아야 할지에 대한 필자의 의견이 담겨 있는 글입니다."
> B : "맞아요. 이 글 대로라면 앞으로 ㈀ 선천적인 재능에 대한 경쟁이 더욱 치열해질 것 같습니다."
> A : "그런데 우리가 좀 더 확인해야 할 것은, ㈁ 과연 얼마만큼의 보상이 재능발휘 노동의 제공에 대한 몫이냐 하는 점입니다."
> B : "그와 함께, ㈂ 얻어진 결과물에서 어떻게 선천적 재능에 의한 부분을 구별해낼 수 있을까에 대한 물음 또한 과제로 남아 있다고 볼 수 있겠죠."
> A : "그뿐이 아닙니다. ㈃ 타고난 재능이 어떤 방식으로 사회에 귀속되어야 공정한 것인지, ㈄ 특별나게 열심히 재능을 발휘할 유인은 어떻게 찾을 수 있을지에 대한 고민도 함께 이루어져야 하겠죠."

① ㈀

② ㈁

③ ㈂

④ ㈃

⑤ ㈄

 타고난 재능은 인정하지 않고 재능을 발휘한 노동의 부분에 대해서만 그 소득을 인정하게 된다면 특별나게 열심히 재능을 발휘할 유인을 찾기 어려워 결국 그 재능은 상당 부분 사장되고 말 것이다. 따라서 이러한 사회에서 ㈀과 같이 선천적 재능 경쟁이 치열해진다고 보는 의견은 글의 내용에 따른 논리적인 의견 제기로 볼 수 없다.

2 윗글에서 필자가 주장하는 내용과 견해가 다른 것은?

① 경쟁에서 승리하기 위해서는 능력이 필요하다.

② 능력에 의한 경쟁 결과가 불공정하다고 불평할 수 없다.

③ 선천적인 능력이 우수한 사람은 경쟁에서 이길 수 있는 확률이 높다.

④ 후천적인 능력이 모자란 결과에 대해서는 승복해야 한다.

⑤ 타고난 재능에 의해 얻은 승자의 몫은 일정 부분 사회에 환원해야 한다.

 필자가 언급하는 '능력'은 선천적인 것과 후천적인 것이 있다고 말하고 있으며, 후천적인 능력에 따른 결과에는 승복해야 하지만 선천적인 능력에 따른 결과에 대해서는 일정 부분 사회에 환원하는 것이 마땅하다는 것이 필자의 주장이다. 따라서 능력에 의한 경쟁 결과가 반드시 불평의 여지가 없이 공정하다고만은 볼 수 없다는 것이 필자의 견해라고 할 수 있다.

Answer⌐→ 1.① 2.②

┃3~4┃ 다음은 어느 공사의 윤리강령에 관한 일부 내용이다. 이를 보고 물음에 답하시오.

임직원의 기본윤리
- 제4조 : 임직원은 공사의 경영이념과 비전을 공유하고 공사가 추구하는 목표와 가치에 공감하여 창의적인 정신과 성실한 자세로 맡은바 책임을 다하여야 한다.
- 제7조 : 임직원은 직무를 수행함에 있어 공사의 이익에 상충되는 행위나 이해관계를 하여서는 아니 된다.
- 제8조 : 임직원은 직무와 관련하여 사회통념상 용인되는 범위를 넘어 공정성을 저해할 수 있는 금품 및 향응 등을 직무관련자에게 제공하거나 직무관련자로부터 제공받아서는 아니 된다.
- 제12조 : 임직원은 모든 정보를 정당하고 투명하게 취득·관리하여야 하며 회계기록 등의 정보는 정확하고 정직하게 기록·관리하여야 한다.

고객에 대한 윤리
- 제13조 : 임직원은 고객이 공사의 존립이유이며 목표라는 인식하에서 항상 고객을 존중하고 고객의 입장에서 생각하며 고객을 모든 행동의 최우선의 기준으로 삼는다.
- 제14조 : 임직원은 고객의 요구와 기대를 정확하게 파악하여 이에 부응하는 최고의 상품과 최상의 서비스를 제공하기 위해 노력한다.

경쟁사 및 거래업체에 대한 윤리
- 제16조 : 임직원은 모든 사업 및 업무활동을 함에 있어서 제반법규를 준수하고 국내외 상거래관습을 존중한다.
- 제17조 : 임직원은 자유경쟁의 원칙에 따라 시장경제 질서를 존중하고 경쟁사와는 상호존중을 기반으로 정당한 선의의 경쟁을 추구한다.
- 제18조 : 임직원은 공사가 시행하는 공사·용역·물품구매 등의 입찰 및 계약체결 등에 있어서 자격을 구비한 모든 개인 또는 단체에게 평등한 기회를 부여한다.

임직원에 대한 윤리
- 제19조 : 공사는 임직원에 대한 믿음과 애정을 가지고 임직원 개개인을 존엄한 인격체로 대하며, 임직원 개인의 종교적·정치적 의사와 사생활을 존중한다.
- 제20조 : 공사는 교육 및 승진 등에 있어서 임직원 개인의 능력과 자질에 따라 균등한 기회를 부여하고, 성과와 업적에 대해서는 공정하게 평가하고 보상하며, 성별·학력·연령·종교·출신지역·장애 등을 이유로 차별하거나 우대하지 않는다.
- 제21조 : 공사는 임직원의 능력개발을 적극 지원하여 전문적이고 창의적인 인재로 육성하고, 임직원의 독창적이고 자율적인 사고와 행동을 촉진하기 위하여 모든 임직원이 자유롭게 제안하고 의사표현을 할 수 있는 여건을 조성한다.

3 공사의 윤리강령을 보고 이해한 내용으로 가장 적절하지 않은 것은?

① 윤리강령은 윤리적 판단의 기준을 임직원에게 제공하기 위해 작성되었다.

② 국가와 사회에 대한 윤리는 위의 윤리강령에 언급되지 않았다.

③ 임직원이 지켜야 할 행동 기준뿐만 아니라 공사가 임직원을 어떻게 대해야 하는지에 관한 윤리도 포함되었다.

④ 강령에 저촉된 행위를 한 임직원에 대하여는 징계 조치를 취할 수 있다.

⑤ 공사는 임직원에 대하여 성별·학력·연령·종교·출신지역·장애 등을 이유로 차별하거나 우대하지 않는다.

> (Tip) ④ 윤리강령을 나열하였을 뿐, 징계 조치에 관한 부분은 나와 있지 않다.

4 위의 '임직원의 기본윤리' 중 언급되지 않은 항목은?

① 이해충돌 회피　　　　　② 부당이득 수수금지

③ 투명한 정보관리　　　　④ 책임완수

⑤ 자기계발

> (Tip) 제4조는 책임완수, 제7조는 이해충돌 회피, 제8조는 부당이득 수수 금지, 제12조는 투명한 정보관리에 관한 내용이다. 자기계발에 관한 부분은 언급되지 않았다.

Answer⌐➔ 3.④　4.⑤

5 중의적 표현에 대한 다음 설명을 참고할 때, 구조적 중의성의 사례가 아닌 것은?

> 　중의적 표현(중의성)이란 하나의 표현이 두 가지 이상의 의미로 해석되는 표현을 일컫는다. 그 특징은 해학이나 풍자 등에 활용되며, 의미의 다양성으로 문학 작품의 예술성을 높이는 데 기여한다. 하지만 의미 해석의 혼동으로 인해 원활한 의사소통에 방해를 줄 수도 있다.
> 　이러한 중의성은 어휘적 중의성과 구조적 중의성으로 크게 구분할 수 있다. 어휘적 중의성은 다시 세 가지 부류로 나누는데 첫째, 다의어에 의한 중의성이다. 다의어는 의미를 복합적으로 가지고 있는데, 기본 의미를 가지고 있는 동시에 파생적 의미도 가지고 있어서 그 어휘의 기본적 의미가 내포되어 있는 상태에서 다른 의미로도 쓸 수 있다. 둘째, 어휘적 중의성으로 동음어에 의한 중의적 표현이 있다. 동음어에 의한 중의적 표현은 순수한 동음어에 의한 중의적 표현과 연음으로 인한 동음이의어 현상이 있다. 셋째, 동사의 상적 속성에 의한 중의성이 있다.
> 　구조적 중의성은 문장의 구조 특성으로 인해 중의성이 일어나는 것을 말하는데, 이러한 중의성은 수식 관계, 주어의 범위, 서술어와 호응하는 논항의 범위, 수량사의 지배범위, 부정문의 지배범주 등에 의해 일어난다.

① 나이 많은 길동이와 을순이가 결혼을 한다.

② 그 녀석은 나와 아버지를 만났다.

③ 영희는 친구들을 기다리며 장갑을 끼고 있었다.

④ 그녀가 보고 싶은 친구들이 참 많다.

⑤ 그건 오래 전부터 아끼던 그녀의 선물이다.

　③ 영희가 장갑을 이미 낀 상태인지, 장갑을 끼는 동작을 진행 중인지 의미가 확실치 않은 동사의 상적 속성에 의한 중의성의 사례가 된다.

　① 수식어에 의한 중의성의 사례로, 길동이가 나이가 많은 것인지, 길동이와 을순이 모두가 나이가 많은 것인지가 확실치 않은 중의성을 포함하고 있다.

　② 접속어에 의한 중의성의 사례로, '그 녀석'이 나와 함께 가서 아버지를 만난건지, 나와 아버지를 각각 만난건지, 나와 아버지 둘을 같이 만난건지가 확실치 않은 중의성을 포함하고 있다.

　④ 명사구 사이 동사에 의한 중의성의 사례로, 그녀가 친구들을 보고 싶어 하는 것인지 친구들이 그녀를 보고 싶어 하는 것인지가 확실치 않은 중의성을 포함하고 있다.

　⑤ 수식어에 의한 중의성의 사례로, '아끼던'의 수식을 받는 말이 그녀인지 선물인지가 확실치 않은 중의성을 포함하고 있다.

6 다음의 괄호 안에 들어갈 가장 알맞은 말은?

> 시장은 일상적인 공간이 아니라 많은 사람이 일시에 모였다가 흩어지는 특별한 공간이다. 그러므로 시장이라는 공간은 경우에 따라서는 체면을 차리지 않아도 되는 익명성을 갖는 공간이 된다. 체면을 버리지 못할 것이 없으므로 '(   )'라는 속담은 바로 시장만이 갖는 이와 같은 특성에서 비롯된 말임에 틀림없다. 이러한 시장의 익명성은 시장에 출입하는 사람들을 타산적으로 만들고 급기야는 서로 속이고 속는 경험까지 하게 한다.

① 밥 빌어먹기는 장타령이 제일이라.
② 양반 못된 것이 장에 가 호령한다.
③ 읍에서 매 맞고 장거리에서 눈 흘긴다.
④ 남이 장에 간다고 하니 거름 지고 나선다.
⑤ 누워서 침 뱉기

 체면을 버리면 못할 것이 없고, 사람들이 타산적이며, 서로 속고 속이는 행태를 잘 드러내 주는 속담을 찾는다.
② 못난 사람이 만만한 곳에 가서 잘난 체 한다는 뜻이다.
③ 어떤 일을 당하고 나서 엉뚱한 곳에 화풀이한다는 뜻이다.
④ 주관 없이 남이 하는 대로 따라함을 의미한다.
⑤ 남을 해치려고 하다가 도리어 자기가 해를 입게 된다는 것을 의미한다.

Answer → 5.③ 6.①

7 다음은 항공보안 자율신고제도의 FAQ이다. 잘못 이해한 사람은?

Q 누가 신고하나요?

A 누구든지 신고할 수 있습니다.
- 승객(공항이용자) : 여행 중에 항공보안에 관한 불편사항 및 제도개선에 필요한 내용 등을 신고해 주세요.
- 보안업무 종사자 : 업무 수행 중에 항공보안 위해요인 및 항공보안을 해칠 우려가 있는 사항 등을 신고해 주세요.
- 일반업무 종사자 : 공항 및 항공기 안팎에서 업무 수행 중에 항공보안 분야에 도움이 될 사항 등을 신고해 주세요.

Q 무엇을 신고하나요?

A 항공보안 관련 내용은 무엇이든지 가능합니다.
- 항공기내 반입금지 물품이 보호구역(보안검색대 통과 이후 구역) 또는 항공기 안으로 반입된 경우
- 승객과 승객이 소지한 휴대물품 등에 대해 보안검색이 미흡하게 실시된 경우
- 상주직원과 그 직원이 소지한 휴대물품 등에 대해 보안검색이 미흡하게 실시된 경우
- 검색 받은 승객과 받지 않은 승객이 섞이는 경우
- X-ray 및 폭발물흔적탐지장비 등 보안장비가 정상적으로 작동이 되지 않은 상태로 검색이 된 경우
- 공항운영자의 허가를 받지 아니하고 보호구역에 진입한 경우
- 항공기 안에서의 소란 · 흡연 · 폭언 · 폭행 · 성희롱 등 불법행위가 발생된 경우
- 항공보안 기준 위반사항을 인지하거나 국민불편 해소 및 제도개선이 필요한 경우

Q 신고자의 비밀은 보장되나요?

A 「항공보안법」 제33의2에 따라 다음과 같이 신고자와 신고내용이 철저히 보호됩니다.
- 누구든지 자율신고 내용 등을 이유로 신고자에게 불이익한 조치를 하는 경우 1천만 원 이하 과태료 부과
- 신고자의 의사에 반하여 개인정보를 공개할 수 없으며, 신고내용은 보안사고 예방 및 항공보안 확보 목적 이외의 용도로 사용금지

Q 신고한 내용은 어디에 활용되나요?

A 신고내용은 위험분석 및 평가와 개선대책 마련을 통해 국가항공보안 수준을 향상시키는데 활용됩니다.

Q 마시던 음료수는 보안검색대를 통과할 수 있나요?

A 국제선을 이용하실 때에는 100ml 이하 용기에 한해 투명지퍼백(1L)에 담아야 반입이 가능합니다.

① 甲 : 공항직원이 아니라도 공항이용자라면 누구든지 신고가 가능하군.

② 乙 : 기내에서 담배를 피우는 사람을 발견하면 신고해야겠네.

③ 丙 : 자율신고자에게 불이익한 조치를 하면 1천만 원 이하의 과태료에 처해질 수 있군.

④ 丁 : 500㎖ 물병에 물이 100㎖ 이하로 남았을 경우 1L 투명지퍼백에 담으면 국제선에 반입이 가능하네.

⑤ 戊 : 자율신고를 통해 국가항공보안 수준을 향상시키려는 좋은 제도구나.

 ④ 100㎖ 이하 용기에 한함으로 500㎖ 물병에 들어있는 물은 국제선 반입이 불가능하다.

8 다음 제시된 글의 주제로 가장 적합한 것은?

> 만약 영화관에서 영화가 재미없다면 중간에 나오는 것이 경제적일까, 아니면 끝까지 보는 것이 경제적일까? 아마 지불한 영화 관람료가 아깝다고 생각한 사람은 영화가 재미없어도 끝까지 보고 나올 것이다. 과연 그러한 행동이 합리적일까? 영화관에 남아서 영화를 계속 보는 것은 영화관에 남아 있으면서 기회비용을 포기하는 것이다. 이 기회비용은 영화관에서 나온다면 할 수 있는 일들의 가치와 동일하다. 영화관에서 나온다면 할 수 있는 유용하고 즐거운 일들은 얼마든지 있으므로, 영화를 계속 보면서 치르는 기회비용은 매우 크다고 할 수 있다. 결국 영화관에 남아서 재미없는 영화를 계속 보는 행위는 더 큰 기회와 잠재적인 이익을 포기하는 것이므로 합리적인 경제 행위라고 할 수 없다.
> 경제 행위의 의사 결정에서 중요한 것은 과거의 매몰비용이 아니라 현재와 미래의 선택기회를 반영하는 기회비용이다. 매몰비용이 발생하지 않도록 신중해야 한다는 교훈은 의미가 있지만 이미 발생한 매몰비용, 곧 돌이킬 수 없는 과거의 일에 얽매이는 것은 어리석은 짓이다. 과거는 과거일 뿐이다. 지금 얼마를 손해 보았는지가 중요한 것이 아니라, 지금 또는 앞으로 얼마나 이익을 또는 손해를 보게 될지가 중요한 것이다. 매몰비용은 과감하게 잊어버리고, 현재와 미래를 위한 삶을 살 필요가 있다. 경제적인 삶이란, 실패한 과거에 연연하지 않고 현재를 합리적으로 사는 것이기 때문이다.

① 돌이킬 수 없는 과거의 매몰비용에 얽매이는 것은 어리석은 짓이다.

② 경제 행위의 의사결정에서 중요한 것은 미래의 선택기회를 반영하는 기회비용이다.

③ 매몰비용은 과감하게 잊어버리고, 기회비용을 고려할 필요가 있다.

④ 실패한 과거에 연연하지 않고 현재를 합리적으로 사는 경제적인 삶을 살아가는 것이 중요하다.

⑤ 기회비용을 고려하지 않아도 된다.

 ④ 기회비용과 매몰비용이라는 경제용어와 에피소드를 통해 경제적인 삶의 방식에 대해서 말하고 있다.

Answer ↝ 7.④ 8.④

제6조(보증사고)

① 보증사고라 함은 아래에 열거된 보증사고 사유 중 하나를 말합니다.

1. 보증채권자가 전세계약기간 종료 후 1월까지 정당한 사유 없이 전세보증금을 반환받지 못하였을 때

2. 전세계약 기간 중 전세목적물에 대하여 경매 또는 공매가 실시되어, 배당 후 보증채권자가 전세보증금을 반환받지 못하였을 때

② 제1항 제1호의 보증사고에 있어서는 전세계약기간이 갱신(묵시적 갱신을 포함합니다)되지 않은 경우에 한합니다.

제7조(보증이행 대상이 아닌 채무)

보증회사는 다음 각 호의 어느 하나에 해당하는 사유가 있는 경우에는 보증 채무를 이행하지 아니합니다.

1. 천재지변, 전쟁, 내란 기타 이와 비슷한 사정으로 주채무자가 전세계약을 이행하지 못함으로써 발생한 채무

2. 주채무자의 전세보증금 반환의무 지체에 따른 이자 및 지연손해금

3. 주채무자가 실제 거주하지 않는 명목상 임차인 등 정상계약자가 아닌 자에게 부담하는 채무

4. 보증채권자가 보증채무이행을 위한 청구서류를 제출하지 아니하거나 협력의무를 이행하지 않는 등 보증채권자의 책임 있는 사유로 발생하거나 증가된 채무 등

제9조(보증채무 이행청구시 제출서류)

① 보증채권자가 보증채무의 이행을 청구할 때에는 보증회사에 다음의 서류를 제출하여야 합니다.

1. 보증채무이행청구서

2. 신분증 사본

3. 보증서 또는 그 사본(보증회사가 확인 가능한 경우에는 생략할 수 있습니다)

4. 전세계약이 해지 또는 종료되었음을 증명하는 서류

5. 명도확인서 또는 퇴거예정확인서

6. 배당표 등 전세보증금 중 미수령액을 증명하는 서류(경·공매시)

7. 회사가 요구하는 그 밖의 서류

② 보증채권자는 보증회사로부터 전세계약과 관계있는 서류사본의 교부를 요청받은 때에는 이에 응하여야 합니다.

③ 보증채권자가 제1항 내지 제2항의 서류 중 일부를 누락하여 이행을 청구한 경우 보증회사는 서면으로 기한을 정하여 서류보완을 요청할 수 있습니다.

제18조(분실·도난 등)

보증채권자는 이 보증서를 분실·도난 또는 멸실한 경우에는 즉시 보증회사에 신고하여야 합니다. 만일 신고하지 아니함으로써 일어나는 제반 사고에 대하여 보증회사는 책임을 부담하지 아니합니다.

9 이 회사의 사원 L은 약관을 읽고 질의응답에 답변을 했다. 질문에 대한 답변으로 옳지 않은 것은?

① Q : 2년 전세 계약이 만료되고 묵시적으로 계약이 연장되었는데, 이 경우도 보증사고에 해당하는 건가요?

A : 묵시적으로 전세계약기간이 갱신된 경우에는 보증사고에 해당하지 않습니다.

② Q : 보증서를 분실하였는데 어떻게 해야 하나요?

A : 즉시 보증회사에 신고하여야 합니다. 그렇지 않다면 제반 사고에 대하여 보증회사는 책임지지 않습니다.

③ Q : 주채무자가 전세보증금 반환의무를 지체하는 바람에 생긴 지연손해금도 보증회사에서 이행하는 건가요?

A : 네. 주채무자의 전세보증금 반환의무 지체에 따른 이자 및 지연손해금도 보증 채무를 이행하고 있습니다.

④ Q : 보증회사에 제출해야 하는 서류는 어떤 것들이 있나요?

A : 보증채무이행청구서, 신분증 사본, 보증서 또는 그 사본, 전세계약이 해지 또는 종료되었음을 증명하는 서류, 명도확인서 또는 퇴거예정확인서, 배당표 등 전세보증금중 미수령액을 증명하는 서류(경·공매시) 등이 있습니다.

⑤ Q : 여름 홍수로 인해서 주채무자가 전세계약을 이행하지 못하고 있습니다. 이 경우에도 보증회사가 보증 채무를 이행하는 건가요?

A : 천재지변의 사유가 있는 경우에는 보증 채무를 이행하지 아니합니다.

> (Tip) ③ 주채무자의 전세보증금 반환의무 지체에 따른 이자 및 지연손해금은 보증 채무를 이행하지 아니한다(제7조 제2호).

Answer ↦ 9.③

10 다음과 같은 상황이 발생하여 적용되는 약관을 찾아보려고 한다. 적용되는 약관의 조항과 그에 대한 대응방안으로 옳은 것은?

> 보증채권자인 A는 보증채무 이행을 청구하기 위하여 보증채무이행청구서, 신분증 사본, 보증서 사본, 명도확인서를 제출하였다. 이를 검토해 보던 사원 L은 A가 전세계약이 해지 또는 종료되었음을 증명하는 서류를 제출하지 않은 것을 알게 되었다. 이 때, 사원 L은 어떻게 해야 하는가?

① 제9조 제2항, 청구가 없었던 것으로 본다.
② 제9조 제2항, 기간을 정해 서류보완을 요청한다.
③ 제9조 제3항, 청구가 없었던 것으로 본다.
④ 제9조 제3항, 기간을 정해 서류보완을 요청한다.
⑤ 제9조 제3항, 처음부터 청구를 다시 하도록 한다.

> (Tip) 보증채권자가 서류 중 일부를 누락하여 이행을 청구한 경우 보증회사는 서면으로 기한을 정하여 서류보완을 요청할 수 있다.

11 다음은 해외이주자의 외화송금에 대한 설명이다. 옳지 않은 것은?

> 1. 필요서류
>   • 여권 또는 여권 사본
>   • 비자 사본 또는 영주권 사본
>   • 해외이주신고확인서(환전용) – 국내로부터 이주하는 경우
>   • 현지이주확인서(이주비환전용) – 현지이주의 경우
>   • 세무서장이 발급한 자금출처 확인서 – 해외이주비 총액이 10만 불 초과 시
>
> 2. 송금한도 등
>   한도 제한 없음
>
> 3. 송금방법
>   A은행 영업점을 거래외국환은행으로 지정한 후 송금 가능
>
> 4. 알아야 할 사항
>   • 관련법규에 의해 해외이주자로 인정받은 날로부터 3년 이내에 지정거래외국환은행을 통해 해외이주비를 지급받아야 함
>   • 해외이주자에게는 해외여행경비를 지급할 수 없음

① 송금 한도에는 제한이 없다.
② 국내로부터 이주하는 경우 해외이주신고확인서(환전용)가 필요하다.
③ 관련법규에 의해 해외이주자로 인정받은 날로부터 3년 이내에 지정거래외국환은행을 통해 해외이주비를 지급받아야 한다.
④ A은행 영업점을 거래외국환은행으로 지정한 후 송금이 가능하다.
⑤ 해외이주자의 외화송금에서 반드시 필요한 서류 중 하나는 세무서장이 발급한 자금출처 확인서다.

 ⑤ 세무서장이 발급한 자금출처 확인서는 해외이주비 총액이 10만 불을 초과할 때 필요한 서류다.

Answer↱ 10.④ 11.⑤

12 다음 자료는 H전자 50주년 기념 프로모션에 대한 안내문이다. 안내문을 보고 이해한 내용으로 틀린 사람을 모두 고른 것은?

H전자 50주년 기념행사 안내

50년이라는 시간동안 저희 H전자를 사랑해주신 고객여러분들께 감사의 마음을 전하고자 아래와 같이 행사를 진행합니다. 많은 이용 부탁드립니다.

– 아래 –

1. 기간 : 20××년 12월 1일~ 12월 15일
2. 대상 : 전 구매고객
3. 내용 : 구매 제품별 혜택 상이

제품명		혜택	비고
노트북	H-100	• 15% 할인	현금결제 시 할인 금액의 5% 추가 할인
	H-105	• 2년 무상 A/S • 사은품 : 노트북 파우치 or 5GB USB(택1)	
세탁기	H 휘롬	• 20% 할인 • 사은품 : 세제 세트, 고급 세탁기커버	전시상품 구매 시 할인 금액의 5% 추가 할인
TV	스마트 H TV	• 46in 구매시 LED TV 21.5in 무상 증정	
스마트폰	H-Tab20	• 10만 원 할인(H카드 사용 시) • 사은품 : 샤오밍 10000mAh 보조배터리	–
	H-V10	• 8만 원 할인(H카드 사용 시) • 사은품 : 샤오밍 5000mAh 보조배터리	–

4. 기타 : 기간 내에 H카드로 매장 방문 20만 원 이상 구매고객에게 1만 서비스 포인트를 더 드립니다.
5. 추첨행사 안내 : 매장 방문고객 모두에게 추첨권을 드립니다(1인 1매).

등수	상품
1등상(1명)	H캠-500D
2등상(10명)	샤오밍 10000mAh 보조배터리
3등상(500명)	스타베네 상품권(1만 원)

※ 추첨권 당첨자는 20××년 12월 25일 www.H-digital.co.kr에서 확인하실 수 있습니다.

> ⊙ 수미 : H-100 노트북을 현금으로 사면 20%나 할인 받을 수 있구나.
> ⓛ 병진 : 스마트폰 할인을 받으려면 H카드가 있어야 해.
> ⓒ 지수 : 46in 스마트 H TV를 사면 같은 기종의 작은 TV를 사은품으로 준대.
> ⓔ 효정 : H전자에서 할인 혜택을 받으려면 H카드나 현금만 사용해야 하나봐.

① 수미
② 병진, 지수
③ 수미, 효정
④ 수미, 병진, 효정
⑤ 수미, 지수, 효정

 ⊙ 15% 할인 후 가격에서 5%가 추가로 할인되는 것이므로 20%보다 적게 할인된다.
ⓛ 위 안내문과 일치한다.
ⓒ 같은 기종이 아닌 LED TV가 증정된다.
ⓔ 노트북, 세탁기, TV는 따로 H카드를 사용해야 한다는 항목이 없으므로 옳지 않다.

▌13~14 ▌ 다음 글을 순서대로 바르게 배열한 것을 고르시오.

13

> ㉠ 언어문화의 차이로 인하여 소통의 어려움을 겪는 일은 비일비재하다.
>
> ㉡ 이 말은 즉시 중립국 보도망을 통해 'ignore'라는 말로 번역되어 연합국 측에 전달되었고 연합국 측은 곧바로 원폭투하를 결정하였다.
>
> ㉢ 일본어 '묵살(黙殺)'은 '크게 문제시 하지 않는다.'는 정도의 소극적 태도를 의미하는 말인데 반해 'ignore'는 '주의를 기울이는 것을 거부한다.'는 명백한 거부의사의 표시였기 때문에 이런 성급한 결론에 도달하게 되었다는 것이다.
>
> ㉣ 1945년 7월 포츠담 선언이 발표되었을 때 일본정부는 '묵살(黙殺)'한다고 발표했다.

① ㉠㉡㉢㉣

② ㉠㉣㉡㉢

③ ㉡㉢㉣㉠

④ ㉣㉢㉠㉡

⑤ ㉣㉢㉡㉠

 ㉠ 언어문화의 차이로 소통의 어려움을 겪는 일이 잦음(도입·전제) → ㉣ 포츠담 선언에서 사용한 '묵살(黙殺)'이라는 표현(전개·예시) → ㉡ 문화의 차이로 인해 생긴 결과(부연) → ㉢ 사건발생의 원인이 된 언어문화의 차이에 대한 설명(결론)

14

> 제약 산업은 1960년대 냉전 시대부터 지금까지 이윤율 1위를 계속 고수해 온 고수익 산업이다.
>
> (가) 또 미국은 미-싱가폴 양자 간 무역 협정을 통해 특허 기간을 20년에서 50년으로 늘렸고, 이를 다른 나라와의 무역 협정에도 적용하려 하고 있다.
>
> (나) 다국적 제약사를 갖고 있는 미국 등 선진국들이 지적 재산권을 적극적으로 주장하는 핵심적인 이유도 이런 독점을 이용한 이윤 창출에 있다.
>
> (다) 이 이윤율의 크기는 의약품 특허에 따라 결정되는데 독점적인 특허권을 바탕으로 '마음대로' 정해진 가격이 유지되고 있다.
>
> (라) 이를 위해 다국적 제약 회사와 해당 국가들은 지적 재산권을 제도화하고 의약품 특허를 더욱 강화하고 있다.
>
> (마) 제약 산업은 냉전 시대에는 군수 산업보다 높은 이윤을 창출하였고, 신자유주의 시대인 지금은 은행보다 더 높은 평균이윤율을 자랑하고 있다.

① (나) - (라) - (가) - (마) - (다)

② (다) - (가) - (라) - (나) - (마)

③ (다) - (라) - (나) - (가) - (마)

④ (마) - (나) - (다) - (라) - (가)

⑤ (마) - (다) - (나) - (라) - (가)

 첫 번째 문장에 제약 산업에 관한 글이 제시되었다. 제약 산업에 관한 연결된 글로 (마)가 적절하다. (마)에서 제시된 평균이윤율을 (다)에서 '이 이윤율'이라고 하여 설명하고 있으므로 (마) - (다)의 순서가 된다. (나)의 '이런 독점'이라는 단어를 통해 (다)의 독점을 이용한 이윤 창출이라는 말과 연결된다는 것을 알 수 있다. (라)의 '이를 위해'는 (나)의 '이런 독점을 이용한 이윤 창출'과 연결되고, (가)에서는 (라)의 구체적 사례를 들고 있다.

15 다음 글을 통해 답을 찾을 수 없는 질문은?

사진은 자신의 주관대로 끌고 가야 한다. 일정한 규칙이 없는 사진 문법으로 의사 소통을 하고자 할 때 필요한 것은 대상이 되는 사물의 객관적 배열이 아니라 주관적 조합이다. 어떤 사물을 어떻게 조합해서 어떤 생각이나 느낌을 나타내는가 하는 것은 작가의 주관적 판단에 의할 수밖에 없다. 다만 철저하게 주관적으로 엮어야 한다는 것만은 확실하다.

주관적으로 엮고, 사물을 조합한다고 해서 소위 '만드는 사진'처럼 합성을 하고 이중 촬영을 하라는 뜻은 아니다. 특히 요즈음 디지털 사진이 보편화되면서 포토샵을 이용한 합성이 많이 보이지만, 그런 것을 권하려는 것이 아니다. 사물을 있는 그대로 찍되, 주위 환경과 어떻게 어울리게 하여 어떤 의미로 살려 낼지를 살펴서 그들끼리 연관을 지을 줄 아는 능력을 키우라는 뜻이다.

사람들 중에는 아직도 사진이 객관적인 매체라고 오해하는 사람들이 퍽 많다. 그러나 사진의 형태만 보면 객관적일 수 있지만, 내용으로 들어가 보면 객관성은 한 올도 없다. 어떤 대상을 찍을 것인가 하는 것부터가 주관적인 선택 행위이다. 아름다움을 표현하기 위해서 꽃을 찍는 사람이 있는가 하면 꽃 위를 나는 나비를 찍는 사람도 있을 것이고 그 곁의 여인을 찍는 사람도 있을 것이다. 이처럼 어떤 대상을 택하는가 하는 것부터가 주관적인 작업이며, 이것이 사진이라는 것을 머리에 새겨 두고 사진에 임해야 한다. 특히 그 대상을 어떻게 찍을 것인가로 들어가면 이제부터는 전적으로 주관적인 행위일 수밖에 없다. 렌즈의 선택, 셔터 스피드나 조리개 값의 결정, 대상과의 거리 정하기 등 객관적으로는 전혀 찍을 수 없는 것이 사진이다. 그림이나 조각만이 주관적 예술은 아니다.

때로 객관적이고자 하는 마음으로 접근할 수도 있기는 하다. 특히 다큐멘터리 사진의 경우 상황을 객관적으로 파악, 전달하고자 하는 마음은 이해가 되지만, 어떤 사람도 완전히 객관적으로 접근할 수는 없다. 그 객관이라는 것도 그 사람 입장에서의 객관이지 절대적 객관이란 이 세상에 있을 수가 없는 것이다. 더구나 예술로서의 사진으로 접근함에 있어서야 말할 것도 없는 문제이다. 객관적이고자 하는 시도도 과거의 예술에서 있기는 했지만, 그 역시 객관적이고자 실험을 해 본 것일 뿐 객관적 예술을 이루었다는 것은 아니다.

예술이 아닌 단순 매체로서의 사진이라 해도 객관적일 수는 없다. 그 이유는 간단하다. 사진기가 저 혼자 찍으면 모를까, 찍는 사람이 있는 한 그 사람의 생각과 느낌은 어떻게든지 그 사진에 작용을 한다. 하다못해 무엇을 찍을 것인가 하는 선택부터가 주관적인 행위이다. 더구나 예술로서, 창작으로서의 사진은 주관을 배제하고는 존재조차 할 수 없다는 사실을 깊이 새겨서, 언제나 '나는 이렇게 보았다. 이렇게 생각한다. 이렇게 느꼈다.'라는 점에 충실하도록 노력해야 할 것이다.

① 사진의 주관성을 염두에 두어야 하는 까닭은 무엇인가?

② 사진으로 의사 소통을 하고자 할 때 필요한 것은 무엇인가?

③ 단순 매체로서의 사진도 객관적일 수 없는 까닭은 무엇인가?

④ 사진의 객관성을 살리기 위해서는 구체적으로 어떤 작업을 해야 하는가?

⑤ 사진을 찍을 때 사물을 주관적으로 엮고 조합하라는 것은 어떤 의미인가?

 ④ 이 글에서는 사진의 주관성에 대해 설명하면서 주관적으로 사진을 찍어야 함을 강조하고 있을 뿐, 사진을 객관적으로 찍으려면 어떻게 작업해야 한다는 구체적인 정보는 나와 있지 않다.

16 다음은 주문과 다른 물건을 배송 받은 Mr. Hopkins에게 보내는 사과문이다. 순서를 바르게 나열한 것은?

> Dear Mr. Hopkins
> a. We will send you the correct items free of delivery charge.
> b. We are very sorry to hear that you received the wrong order.
> c. Once again, please accept our apologies for the inconvenience, and we look forward to serving you again in the future.
> d. Thank you for your letter dated October 23 concerning your recent order.
> e. Apparently, this was caused by a processing error.

① c － e － a － d － b

② d － b － e － a － c

③ b － c － a － e － d

④ e － a － b － d － c

⑤ a － e － d － b － c

 「Mr. Hopkins에게
d. 당신의 최근 주문에 관한 10월 23일의 편지 감사합니다.
b. 당신이 잘못된 주문을 받았다니 매우 유감스럽습니다.
e. 듣자 하니, 이것은 프로세싱 오류로 인해 야기되었습니다.
a. 우리는 무료배송으로 당신에게 정확한 상품을 보낼 것입니다.
c. 다시 한 번, 불편을 드린 것에 대한 저희의 사과를 받아주시길 바라오며, 장래에 다시 서비스를 제공할 수 있기를 기대합니다.」

Answer ☞ 15.④ 16.②

17 다음은 안전한 스마트뱅킹을 위한 스마트폰 정보보호 이용자 6대 인전수칙이다. 다음 안전수칙에
따르지 않은 행동은?

---

1. 의심스러운 애플리케이션 다운로드하지 않기
   스마트폰용 악성코드는 위·변조된 애플리케이션에 의해 유포될 가능성이 있습니다.
   따라서 의심스러운 애플리케이션의 다운로드를 자제하시기 바랍니다.
2. 신뢰할 수 없는 사이트 방문하지 않기
   의심스럽거나 알려지지 않은 사이트를 방문할 경우 정상 프로그램으로 가장한 악성
   프로그램이 사용자 몰래 설치될 수 있습니다. 인터넷을 통해 단말기가 악성코드에 감
   염되는 것을 예방하기 위해서 신뢰할 수 없는 사이트에는 방문 하지 않도록 합니다.
3. 발신인이 불명확하거나 의심스러운 메시지 및 메일 삭제하기
   멀티미디어메세지(MMS)와 이메일은 첨부파일 기능을 제공하기 때문에 스마트폰 악성
   코드를 유포하기 위한 좋은 수단으로 사용되고 있습니다. 해커들은 게임이나 공짜 경
   품지급, 혹은 유명인의 사생활에 대한 이야기 등 자극적이거나 흥미로운 내용을 전달
   하여 사용자를 현혹하는 방법으로 악성코드를 유포하고 있습니다. 발신인이 불명확하
   거나 의심스러운 메시지 및 메일은 열어보지 마시고 즉시 삭제하시기 바랍니다.
4. 블루투스 등 무선인터페이스는 사용 시에만 켜놓기
   지금까지 국외에서 발생한 스마트폰 악성코드의 상당수가 무선인터페이스의 일종인
   블루투스(Bluetooth) 기능을 통해 유포된 것으로 조사되고 있습니다. 따라서 블루투
   스나 무선랜을 사용하지 않을 경우에는 해당 기능을 비활성화(꺼놓음) 하는 것이 필
   요합니다. 이로써 악성코드 감염 가능성을 줄일 뿐만 아니라 단말기의 불필요한 배터
   리 소모를 막을 수 있습니다.
5. 다운로드한 파일은 바이러스 유무를 검사한 후 사용하기
   스마트폰용 악성프로그램은 인터넷을 통해 특정 프로그램이나 파일에 숨겨져 유포될
   수 있으므로, 프로그램이나 파일을 다운로드하여 실행하고자 할 경우 가급적 스마트
   폰용 백신프로그램으로 바이러스 유무를 검사한 후 사용하는 것이 좋습니다.
6. 비밀번호 설정 기능을 이용하고 정기적으로 비밀번호 변경하기
   단말기를 분실 혹은 도난당했을 경우 개인정보가 유출되는 것을 방지하기 위하여 단
   말기 비밀번호를 설정하여야 합니다. 또한 단말기를 되찾은 경우라도 악의를 가진 누
   군가에 의해 악성코드가 설치될 수 있기 때문에 비밀번호 설정은 중요합니다. 제품출
   시 시 기본으로 제공되는 비밀번호(예 : "0000")를 반드시 변경하여 사용하시기 바라
   며, 비밀번호를 설정할 때에는 유추하기 쉬운 비밀번호(예 : "1111", "1234" 등)는 사용
   하지 않도록 합니다.

---

① 봉순이는 유명인 A씨에 대한 사생활 내용이 담긴 MMS를 받아서 열어보고선 삭제했다.
② 형식이는 개인정보 유출을 방지하기 위해 1개월에 한 번씩 비밀번호를 변경하고 있다.
③ 음악을 즐겨듣는 지수는 블루투스를 사용하지 않을 때에는 항상 블루투스를 꺼놓는다.
④ 평소 의심이 많은 봉기는 신뢰할 수 없는 사이트는 절대 방문하지 않는다.
⑤ 해진이는 스마트폰으로 파일을 다운로드 한 경우는 반드시 바이러스 유무를 검사한
후 사용한다.

18 다음 밑줄 친 말 중, ⊙과 가장 유사한 의미로 쓰인 것은?

> 과학이 주장하는 모든 지식은 장차 언제나 기각될 수 있는 운명을 가진 불완전한 지식에 불과하다는 것을 말해 준다. 천동설은 지동설로, 케플러는 뉴턴으로, 뉴턴은 아인슈타인으로, 상대성 이론은 장차 또 다른 대체 이론으로 계속 변해 갈 운명을 ⊙안고 있는 것이다. 과학의 명제들은 적어도 경험적 관찰에 의해 반증될 가능성을 갖고 있다.

① 꽃다발을 <u>안고</u> 멀리서 걸어오는 그녀가 보였다.

② 그 말이 너무 우스워서 우리는 모두 배를 <u>안고</u> 웃었다.

③ 큰 충격을 받고 뛰쳐나간 나는 바람을 <u>안고</u> 하염없이 걸었다.

④ 사장님의 기대가 너무 커서 신입사원들은 부담을 <u>안고</u> 일을 시작했다.

⑤ 민준이는 서현이를 <u>안고</u>, 그 자리에 서 있었다.

 ⊙은 '운명을 안다'에 쓰인 '안다'이므로, 그 뜻이 '손해나 빚 또는 책임, 운명 등을 맡다'라고 볼 수 있다. 이와 가장 유사한 것은 ④의 '부담감을 안다'라고 할 수 있다.

19 다음 글의 핵심적인 논지를 바르게 정리한 것은?

주먹과 손바닥으로 상징되는 이항 대립 체계는 롤랑 바르트도 지적하고 있듯이 서구 문화의 뿌리를 이루고 있는 기본 체계이다. 천사와 악마, 영혼과 육신, 선과 악, 괴물을 죽여야 공주와 행복한 결혼을 한다는 이른바 세인트 조지 콤플렉스가 바로 서구 문화의 본질이었다고 할 수 있다. 그러니까 서양에는 이항 대립의 중간항인 가위가 결핍되어 있었던 것이다. 주먹과 보자기만 있는 대립항에서는 어떤 새로운 변화도 일어나지 않는다. 항상 이기는 보자기와 지는 주먹의 대립만이 존재한다.

서양에도 가위바위보와 같은 민속놀이가 있긴 하지만 그것은 동아시아에서 들어온 것이라고 한다. 그들은 이런 놀이를 들여옴으로써 서양 문화가 논리적 배중률이니 모순율이니 해서 극력 배제하려고 했던 가위의 힘, 말하자면 세 손가락은 닫혀 있고 두 손가락은 펴 있는 양쪽의 성질을 모두 갖춘 중간항을 발견하였다. 열려 있으면서도 닫혀 있는 가위의 존재, 그 때문에 이항 대립의 주먹과 보자기의 세계에 새로운 생기와 긴장감이 생겨난다. 주먹은 가위를 이기고 가위는 보자기를 이기며 보자기는 주먹을 이기는, 그 어느 것도 정상에 이를 수 없으며 그 어느 것도 밑바닥에 깔리지 않는 서열 없는 관계가 형성되는 것이다.

유교에서 말하는 중용(中庸)도 가위의 기호 체계로 보면 정태론이 아니라 강력한 동태적 생성력으로 해석될 수 있을 것이다. 그것은 단순한 균형이나 조화가 아니라 주먹과 보자기의 가치 시스템을 파괴하고 새로운 질서를 끌어내는 혁명의 원리라고도 볼 수 있다. 〈역경(易經)〉을 서양 사람들이 변화의 서(書)라고 부르듯이 중용 역시 변화를 전제로 한 균형이며 조화라는 것을 잊어서는 안 된다. 쥐구멍에도 볕들 날이 있다는 희망은 이와 같이 변화의 상황에서만 가능한 꿈이라고 할 수 있다.

요즘 서구에서 일고 있는 '제3의 길'이란 것은 평등과 자유가 이항 대립으로 치닫고 있는 것을 새로운 가위의 패러다임으로 바꾸려는 시도라고 풀이할 수 있다. 지난 냉전 체제는 바로 정치 원리인 평등을 극단적으로 추구하는 구소련의 체제와 경제 원리인 자유를 극대화한 미국 체제의 충돌이었다고 할 수 있다. 이 '바위-보'의 대립 구조에 새로운 가위가 끼어들면서 구소련은 붕괴하고 자본주의는 승리라기보다 새로운 패러다임의 전환점에 서 있게 된 것이다. 새 천년의 21세기는 새로운 게임, 즉 가위바위보의 게임으로 상징된다고도 볼 수 있다. 화식과 생식의 요리 모델밖에 모르는 서구 문화에 화식(火食)도 생식(生食)도 아닌 발효식의 한국 김치가 들어가게 되면 바로 그러한 가위 문화가 생겨나게 되는 것이다.

역사학자 홉스봄의 지적대로 20세기는 극단의 시대였다. 이런 대립적인 상황이 열전이나 냉전으로 나타나 1억 8천만 명의 전사자를 낳는 비극을 만들었다. 전쟁만이 아니라 정신과 물질의 양극화로 환경은 파괴되고 세대의 갈등과 양성의 대립은 가족의 붕괴, 윤리의 붕괴를 일으키고 있다. 원래 예술과 기술은 같은 것이었으나 그것이 양극화되어 이상과 현실의 간극처럼 되고 인간 생활의 균형을 깨뜨리고 말았다. 이런 위기에서 벗어나기 위해 우리는 주먹과 보자기의 대립을 조화시키고 융합하는 방법을 찾아야 할 것이다.

① 예술과 기술의 조화를 이룬 발전을 이루어야 한다.

② 미래의 사회는 자유와 평등을 함께 구현하여야 한다.

③ 동양 문화의 장점을 살려 새로운 문화를 창조해야 한다.

④ 이분법적인 사고에서 벗어나 새로운 발상을 하여야 한다.

⑤ 냉전 시대의 해체로 화합과 조화의 자세가 요구되고 있다.

 ④ 이분법적인 사고를 바탕으로 한 이항 대립의 한계(서구 문화)를 극복하고, 새로운 패러다임(중간항의 존재)으로 전환해야 한다는 논지를 전개하고 있다.

20 다음 밑줄 친 문구를 어법에 맞게 수정한 내용으로 적절하지 않은 것은?

> A : 지속가능보고서를 2007년 창간 이래 <u>매년 발간에 의해</u> 이해 관계자와의 소통이 좋아졌다.
> B : 2012년부터 시행되는 신재생에너지 공급의무제는 회사의 <u>주요 리스크로</u> 이를 기회로 승화시키기 위한 노력을 하고 있다.
> C : 전력은 필수적인 에너지원이므로 과도한 사용을 <u>삼가야 한다.</u>
> D : <u>녹색 기술 연구 개발 투자 확대</u> 및 녹색 생활 실천 프로그램을 시행하여 온실가스 감축에 전 직원의 역량을 결집하고 있다.
> E : 녹색경영위원회를 설치하여 전문가들과 함께하는 토론을 주기적으로 하고 있으며, 내 · 외부 <u>전문가의 의견 자문을 구하고 있다.</u>

① A : '매년 발간에 의해'가 어색하므로 문맥에 맞게 '매년 발간함으로써'로 고친다.
② B : '주요 리스크로'는 조사의 쓰임이 어울리지 않으므로, '주요 리스크이지만'으로 고친다.
③ C : '삼가야 한다'는 어법상 맞지 않으므로 '삼가해야 한다'로 고친다.
④ D : '및'의 앞은 명사구로 되어 있고 뒤는 절로 되어 있어 구조가 대등하지 않으므로, 앞 부분을 '녹색 기술 연구 개발에 대한 투자를 확대하고'로 고친다.
⑤ E : '전문가의 의견 자문을 구하고 있다'는 어법에 맞지 않으므로, '전문가들에게 의견을 자문하고 있다'로 고친다.

 ③ '몸가짐이나 언행을 조심하다.'는 의미를 가진 표준어는 '삼가다'로, '삼가야 한다'는 어법에 맞는 표현이다. 자주 틀리는 표현 중 하나로 '삼가해 주십시오' 등으로 사용하지 않도록 주의해야 한다.
　① 어떤 일의 수단이나 도구를 나타내는 격조사 '-로써'로 고치는 것이 적절하다.
　② 어떤 사실이나 내용을 시인하면서 그에 반대되는 내용을 말하거나 조건을 붙여 말할 때에 쓰는 연결 어미인 '-지마는(-지만)'이 오는 것이 적절하다.
　④ '및'은 '그리고', '그 밖에', '또'의 뜻으로, 문장에서 같은 종류의 성분을 연결할 때 쓰는 말이다. 따라서 앞뒤로 이어지는 표현의 구조가 대등해야 한다.
　⑤ '자문하다'는 '어떤 일을 좀 더 효율적이고 바르게 처리하려고 그 방면의 전문가나, 전문가들로 이루어진 기구에 의견을 묻다.'라는 뜻으로 '～에/에게 ～을 자문하다' 형식으로 쓴다.

21 다음은 고령화 시대의 노인 복지 문제라는 제목으로 글을 쓰기 위해 수집한 자료이다. 자료를 모두 종합하여 설정할 수 있는 논지 전개 방향으로 가장 적절한 것은?

㉠ 노령화 지수 추이(통계청)

연도	1990	2000	2010	2020	2030
노령화 지수	20.0	34.3	62.0	109.0	186.6

※ 노령화 지수 : 유년인구 100명당 노령인구

㉡ 경제 활동 인구 한 명당 노인 부양 부담이 크게 증가할 것으로 예상된다. 노인 인구에 대한 의료비 증가로 건강 보험 재정도 위기 상황에 처할 수 있을 것으로 보인다. 향후 노인 요양 시설 및 재가(在家) 서비스를 위해 부담해야 할 투자비용도 막대하다.

– 00월 00일 ○○뉴스 중 –

㉢ 연금 보험이나 의료 보험 같은 혜택도 중요하지만 우리 같은 노인이 경제적으로 독립할 수 있도록 일자리를 만들어 주는 것이 더 중요한 것 같습니다.

– 정년 퇴직자의 인터뷰 중 –

---

① 노인 인구의 증가 속도에 맞춰 노인 복지 예산 마련이 시급한 상황이다. 노인 복지 예산을 마련하기 위한 구체적 방안은 무엇인가?

② 노인 인구의 급격한 증가로 여러 가지 사회 문제가 나타날 것으로 예상된다. 이러한 상황의 심각성을 사람들에게 어떻게 인식시킬 것인가?

③ 노인 인구의 증가가 예상되면서 노인 복지 대책 또한 절실히 요구되고 있다. 이러한 상황에서 노인 복지 정책의 바람직한 방향은 무엇인가?

④ 노인 인구가 증가하면서 노인 복지 정책에 대한 노인들의 불만도 높아지고 있다. 이러한 불만을 해소하기 위해서 정부는 어떠한 노력을 해야 하는가?

⑤ 현재 정부의 노인 복지 정책이 마련되어 있기는 하지만 실질적인 복지 혜택으로 이어지지 않고 있다. 이러한 현상이 나타나게 된 근본 원인은 무엇인가?

(Tip) ㉠㉡을 통해 노인인구 증가에 대한 문제제기를 제기하고, ㉢을 통해 노인 복지 정책의 바람직한 방향을 금전적인 복지보다는 경제적인 독립, 즉 일자리 창출 등으로 잡아야 한다고 논지를 전개해야 한다.

Answer → 20.③ 21.③

22 다음 글의 내용으로 옳지 않은 것은?

> 걷기는 현대사회에서 새로운 웰빙 운동으로 각광받고 있다. 장소나 시간에 신경 쓸 필요 없이 언제 어디서든 쉽게 할 수 있기 때문이다. 하지만 사람들은 걷기가 너무 쉬운 운동인 탓에 걷기의 중요성을 망각하기 일쑤이다. 서울의 한 대형병원의 이모 교수는 "걷기는 남녀노소 누구나 아무런 장비도 없이 언제 어디서든 쉽게 할 수 있는 가장 좋은 운동이다. 특히 걷기는 최근 연구에 따르면 전속력으로 빨리 달리며 운동하는 것보다 몸의 무리는 적게 주면서 더 많은 칼로리를 소모할 수 있는 운동"이라며 걷기 예찬을 하고 있다. 하지만 걷기도 나름대로의 규칙을 가지고 있다. 걸을 때 허리는 꼿꼿이 펴고, 팔은 앞뒤로 힘차게 움직이고 속도는 자신이 걸을 수 있는 최대한 빠른 속도여야 한다. 이런 규칙을 어기고 그냥 평소처럼 걷는다면 그건 단순한 산책일 뿐이다.

① 걷기는 남녀노소 누구나 쉽게 할 수 있는 운동이다.
② 사람들은 걷기가 너무 쉽다는 이유로 걷기의 중요성을 쉽게 생각한다.
③ 제대로 걸을 경우 걷기는 빨리 달리며 운동하는 것보다 더 많은 칼로리를 소모할 수 있다.
④ 걷기는 규칙에 상관없이 평소 그냥 걷는 대로 걸으면 저절로 운동이 된다.
⑤ 걷기는 현대사회에서 각광받고 있다.

(Tip) ④ 제시된 지문 중 밑에서 셋째 줄에 있는 '하지만 걷기도 나름대로의 규칙을 가지고 있다.'라는 내용을 통해 걷기에도 엄연히 규칙이 존재함을 알 수 있다.

23 문화체육관광부 홍보팀에 근무하는 김문화씨는 '탈춤'에 관한 영상물을 제작하는 프로젝트를 맡게 되었다. 제작계획서 중 다음의 제작 회의 결과가 제대로 반영되지 않은 것은?

- 제목 : 탈춤 체험의 기록임이 나타나도록 표현
- 주 대상층 : 탈춤에 무관심한 젊은 세대
- 내용 : 실제 경험을 통해 탈춤을 알아가고 가까워지는 과정을 보여 주는 동시에 탈춤에 대한 정보를 함께 제공
- 구성 : 간단한 이야기 형식으로 구성
- 전달방식 : 정보들을 다양한 방식으로 전달

〈제작계획서〉

제목		'기획 특집 – 탈춤 속으로 떠나는 10일간의 여행'	①
제작 의도		젊은 세대에게 우리 고유의 문화유산인 탈춤에 대한 관심을 불러일으킨다.	②
전체 구성	중심 얼개	• 대학생이 우리 문화 체험을 위해 탈춤이 전승되는 마을을 찾아가는 상황을 설정한다. • 탈춤을 배우기 시작하여 마지막 날에 공연으로 마무리한다는 줄거리로 구성한다.	③
	보조 얼개	탈춤에 대한 정보를 별도로 구성하여 중간 중간에 삽입한다.	
전달 방식	해설	내레이션을 통해 탈춤에 대한 학술적 이견들을 깊이 있게 제시하여 탈춤에 조예가 깊은 시청자들의 흥미를 끌도록 한다.	④
	영상 편집	• 탈에 대한 정보를 시각 자료로 제시한다. • 탈춤의 종류, 지역별 탈춤의 특성 등에 대한 그래픽 자료를 보여 준다. • 탈춤 연습 과정과 공연 장면을 현장감 있게 보여 준다.	⑤

 ④ 해당 영상물의 제작 의도는 탈춤에 무관심한 젊은 세대를 대상으로 하여 우리 고유의 문화유산인 탈춤에 대한 관심을 불러일으키기 위한 것이다. 따라서 탈춤에 대한 학술적 이견들을 깊이 있게 제시하는 것은 제작 의도와 맞지 않는다.

1874년 모네가 평범한 항구의 모습을 그린 「인상, 해돋이」라는 작품을 출품했을 당시, 이 그림에 대한 미술계의 반응은 혹평 일색이었다. 비평가 루이 르루아는 비아냥거리는 의미로 모네의 작품명에서 명칭을 따와 모네와 그의 동료들을 인상파라고 불렀다. ⊙인상파 이전의 19세기 화가들은 배경지식 없이는 이해하기 힘든 특별한 사건이나 인물, 사상 등을 주제로 하여 그림을 그렸다. 그들은 주제를 드러내는 상징적 대상을 잘 짜인 구도 속에 배치하였고, 정교한 채색과 뚜렷한 윤곽선을 중요하게 여겼다. 그들의 입장에서 보면 대상을 의도적인 배치 없이 눈에 보이는 대로 거칠게 그린 듯한 ⓒ인상파 화가들의 그림은 주제를 알 수 없는 미완성품이었다.

그렇다면 인상파 화가들의 그림 주제는 무엇일까? 인상파 화가들이 주제로 삼은 것은 빛이었다. 이들은 햇빛과 대기의 상태에 따라 대상의 색과 대상에 대한 인상이 달라진다는 사실에 주목하여 이를 그림으로 표현했다. 이들은 어두운 작업실 대신 밝은 야외로 나가 햇빛 속에 보이는 일상적인 풍경과 평범한 사람들의 모습을 그렸다.

인상파 화가들은 시간에 따라 달라지는 빛을 표현하기 위하여 새로운 기법으로 그림을 그렸다. 동일한 대상이라도 빛의 변화에 따라 색이 다르게 보이므로 사과의 빨간색이나 나뭇잎의 초록색 같은 대상의 고유한 색은 부정되었다. 이전의 화가들과 달리 이들은 자연광을 이루는 무지개의 일곱 가지 기본색과 무채색만을 사용하여 모든 색을 표현하였다. 서로 다른 색을 캔버스 위에 흩어 놓으면 멀리서 볼 때 밝은 빛의 느낌을 자연스럽게 표현할 수 있기 때문에 이들은 물감을 섞는 대신 캔버스 위에 원색을 직접 칠했다. 또한 대상의 순간적인 인상을 표현하기 위해 빠른 속도로 그려 나갔고 그 결과 화면에는 짧고 거친 붓자국이 가득하게 되었다. 대상의 윤곽선 역시 주변의 색과 섞여 흐릿하게 표현되었는데, 이는 시시각각 다르게 보이는 대상의 미묘한 변화와 그 인상까지 그림에 표현되는 효과를 낳게 되었다.

인상파 화가들은 빛과 대상의 색, 그리고 대상이 주는 느낌을 그림의 주제로 삼으면서 그림이 다룰 수 있는 대상의 폭을 '주변에서 보이는 일상적인 풍경과 평범한 사람들의 모습'으로 넓혔다. 이전의 그림과 달리 인상파 그림은 주제를 이해하기 위한 배경지식을 더 이상 필요로 하지 않았다. 그저 눈으로 보고 느낄 수 있으면 될 뿐이었다. 보다 많은 사람들이 눈으로 보고 즐기는 그림이 미술사에 등장한 것이다.

24 윗글을 통해 답을 확인할 수 있는 질문이 아닌 것은?

① 인상파라는 명칭에 대해 인상파 화가들은 어떤 반응을 보였을까?

② 인상파 화가들은 대상의 색채를 어떤 방식으로 표현했을까?

③ 인상파 그림은 등장 당시에 왜 혹평을 받았을까?

④ 인상파 그림의 미술사적 의의는 무엇일까?

⑤ 인상파라는 명칭은 어떻게 붙여진 것일까?

 이 글은 인상파 이전의 회화의 경향과 함께 새로운 형태의 그림을 그린 인상파 화가들의 회화의 특징을 설명한 후 인상파의 미술사적 의미를 밝히고 있으나 인상파 화가들이 인상파라는 명칭에 대해 어떤 반응을 보였는가에 대해서는 제시되어 있지 않다.

25 ㉠과 ㉡을 비교한 내용으로 적절한 것은?

① ㉠과 달리 ㉡은 대상의 고유한 색을 중요하게 여겼다.

② ㉠과 달리 ㉡은 배경지식 없이 이해할 수 있는 그림을 그렸다.

③ ㉡과 달리 ㉠은 일상적인 풍경과 평범한 사람들을 주로 그렸다.

④ ㉡과 달리 ㉠은 자연광을 이루는 기본색과 무채색만으로 그림을 채색했다.

⑤ ㉠과 ㉡은 모두 정교한 채색을 중요하게 여겼다.

 '인상파 그림은 주제를 이해하기 위한 배경 지식을 더 이상 필요로 하지 않는다.'라는 내용과 '인상파 이전의 19세기 화가들은 배경지식 없이는 이해하기 힘든 특별한 사건이나 인물, 사상 등을 주제로 하여 그림을 그렸다.'는 내용을 통해 이전의 화가들과 인상파 화가들의 회화에 대한 입장 차이를 알 수 있다.

Answer⤵ 24.① 25.②

02 문제해결능력

1 문제와 문제해결

(1) 문제의 정의와 분류

① 정의 … 문제란 업무를 수행함에 있어서 답을 요구하는 질문이나 의논하여 해결해야 되는 사항이다.

② 문제의 분류

구분	창의적 문제	분석적 문제
문제제시 방법	현재 문제가 없더라도 보다 나은 방법을 찾기 위한 문제 탐구→문제 자체가 명확하지 않음	현재의 문제점이나 미래의 문제로 예견될 것에 대한 문제 탐구→문제 자체가 명확함
해결방법	창의력에 의한 많은 아이디어의 작성을 통해 해결	분석, 논리, 귀납과 같은 논리적 방법을 통해 해결
해답 수	해답의 수가 많으며, 많은 답 가운데 보다 나은 것을 선택	답의 수가 적으며 한정되어 있음
주요특징	주관적, 직관적, 감각적, 정성적, 개별적, 특수성	객관적, 논리적, 정량적, 이성적, 일반적, 공통성

(2) 업무수행과정에서 발생하는 문제 유형

① 발생형 문제(보이는 문제) … 현재 직면하여 해결하기 위해 고민하는 문제이다. 원인이 내재되어 있기 때문에 원인지향적인 문제라고도 한다.
  ㉠ 일탈문제 : 어떤 기준을 일탈함으로써 생기는 문제
  ㉡ 미달문제 : 어떤 기준에 미달하여 생기는 문제

② 탐색형 문제(찾는 문제) … 현재의 상황을 개선하거나 효율을 높이기 위한 문제이다. 방치할 경우 큰 손실이 따르거나 해결할 수 없는 문제로 나타나게 된다.
  ㉠ 잠재문제 : 문제가 잠재되어 있어 인식하지 못하다가 확대되어 해결이 어려운 문제
  ㉡ 예측문제 : 현재로는 문제가 없으나 현 상태의 진행 상황을 예측하여 찾아야 앞으로 일어날 수 있는 문제가 보이는 문제
  ㉢ 발견문제 : 현재로서는 담당 업무에 문제가 없으나 선진기업의 업무 방법 등 보다 좋은 제도나 기법을 발견하여 개선시킬 수 있는 문제

③ 설정형 문제(미래 문제) … 장래의 경영전략을 생각하는 것으로 앞으로 어떻게 할 것인가 하는 문제이다. 문제해결에 창조적인 노력이 요구되어 창조적 문제라고도 한다.

예제 1

D회사 신입사원으로 입사한 귀하는 신입사원 교육에서 업무수행과정에서 발생하는 문제 유형 중 설정형 문제를 하나씩 찾아오라는 지시를 받았다. 이에 대해 귀하는 교육받은 내용을 다시 복습하려고 한다. 설정형 문제에 해당하는 것은?

① 현재 직면하여 해결하기 위해 고민하는 문제
② 현재의 상황을 개선하거나 효율을 높이기 위한 문제
③ 앞으로 어떻게 할 것인가 하는 문제
④ 원인이 내재되어 있는 원인지향적인 문제

[출제의도]
업무수행 중 문제가 발생하였을 때 문제 유형을 구분하는 능력을 측정하는 문항이다.
[해설]
업무수행과정에서 발생하는 문제 유형으로는 발생형 문제, 탐색형 문제, 설정형 문제가 있으며 ①④는 발생형 문제이며 ②는 탐색형 문제, ③이 설정형 문제이다.

답 ③

---

(3) 문제해결

① 정의 … 목표와 현상을 분석하고 이 결과를 토대로 과제를 도출하여 최적의 해결책을 찾아 실행 · 평가해 가는 활동이다.

② 문제해결에 필요한 기본적 사고
  ㉠ 전략적 사고 : 문제와 해결방안이 상위 시스템과 어떻게 연결되어 있는지를 생각한다.
  ㉡ 분석적 사고 : 전체를 각각의 요소로 나누어 그 의미를 도출하고 우선순위를 부여하여 구체적인 문제해결방법을 실행한다.
  ㉢ 발상의 전환 : 인식의 틀을 전환하여 새로운 관점으로 바라보는 사고를 지향한다.
  ㉣ 내 · 외부자원의 활용 : 기술, 재료, 사람 등 필요한 자원을 효과적으로 활용한다.

③ 문제해결의 장애요소
  ㉠ 문제를 철저하게 분석하지 않는 경우
  ㉡ 고정관념에 얽매이는 경우
  ㉢ 쉽게 떠오르는 단순한 정보에 의지하는 경우
  ㉣ 너무 많은 자료를 수집하려고 노력하는 경우

④ 문제해결방법
　　㉠ 소프트 어프로치 : 문제해결을 위해서 직접적인 표현보다는 무언가를 시사하거나 암시를 통하여 의사를 전달하여 문제해결을 도모하고자 한다.
　　㉡ 하드 어프로치 : 상이한 문화적 토양을 가지고 있는 구성원을 가정하고, 서로의 생각을 직설적으로 주장하고 논쟁이나 협상을 통해 서로의 의견을 조정해 가는 방법이다.
　　㉢ 퍼실리테이션(facilitation) : 촉진을 의미하며 어떤 그룹이나 집단이 의사결정을 잘 하도록 도와주는 일을 의미한다.

2 문제해결능력을 구성하는 하위능력

(1) 사고력

① 창의적 사고 … 개인이 가지고 있는 경험과 지식을 통해 새로운 가치 있는 아이디어를 산출하는 사고능력이다.
　　㉠ 창의적 사고의 특징
　　　• 정보와 정보의 조합
　　　• 사회나 개인에게 새로운 가치 창출
　　　• 창조적인 가능성

예제 2

M사 홍보팀에서 근무하고 있는 귀하는 입사 5년차로 창의적인 기획안을 제출하기로 유명하다. S부장은 이번 신입사원 교육 때 귀하에게 창의적인 사고란 무엇인지 교육을 맡아달라고 부탁하였다. 창의적인 사고에 대한 귀하의 설명으로 옳지 않은 것은?

① 창의적인 사고는 새롭고 유용한 아이디어를 생산해 내는 정신적인 과정이다.
② 창의적인 사고는 특별한 사람들만이 할 수 있는 대단한 능력이다.
③ 창의적인 사고는 기존의 정보들을 특정한 요구조건에 맞거나 유용하도록 새롭게 조합시킨 것이다.
④ 창의적인 사고는 통상적인 것이 아니라 기발하거나, 신기하며 독창적인 것이다.

[출제의도]
창의적 사고에 대한 개념을 정확히 파악하고 있는지를 묻는 문항이다.
[해설]
흔히 사람들은 창의적인 사고에 대해 특별한 사람들만이 할 수 있는 대단한 능력이라고 생각하지만 그리 대단한 능력이 아니며 이미 알고 있는 경험과 지식을 해체하여 다시 새로운 정보로 결합하여 가치 있는 아이디어를 산출하는 사고라고 할 수 있다.

답 ②

ⓛ 발산적 사고 : 창의적 사고를 위해 필요한 것으로 자유연상법, 강제연상법, 비교발상법 등을 통해 개발할 수 있다.

구분	내용
자유연상법	생각나는 대로 자유롭게 발상 ex) 브레인스토밍
강제연상법	각종 힌트에 강제적으로 연결 지어 발상 ex) 체크리스트
비교발상법	주제의 본질과 닮은 것을 힌트로 발상 ex) NM법, Synectics

Point ≫ 브레인스토밍
　ⓐ 진행방법
　　•주제를 구체적이고 명확하게 정한다.
　　•구성원의 얼굴을 볼 수 있는 좌석 배치와 큰 용지를 준비한다.
　　•구성원들의 다양한 의견을 도출할 수 있는 사람을 리더로 선출한다.
　　•구성원은 다양한 분야의 사람들로 5~8명 정도로 구성한다.
　　•발언은 누구나 자유롭게 할 수 있도록 하며, 모든 발언 내용을 기록한다.
　　•아이디어에 대한 평가는 비판해서는 안 된다.
　ⓑ 4대 원칙
　　•비판엄금(Support) : 평가 단계 이전에 결코 비판이나 판단을 해서는 안 되며 평가는 나중까지 유보한다.
　　•자유분방(Silly) : 무엇이든 자유롭게 말하고 이런 바보 같은 소리를 해서는 안 된다는 등의 생각은 하지 않아야 한다.
　　•질보다 양(Speed) : 질에는 관계없이 가능한 많은 아이디어들을 생성해내도록 격려한다.
　　•결합과 개선(Synergy) : 다른 사람의 아이디어에 자극되어 보다 좋은 생각이 떠오르고, 서로 조합하면 재미있는 아이디어가 될 것 같은 생각이 들면 즉시 조합시킨다.

② 논리적 사고 … 사고의 전개에 있어 전후의 관계가 일치하고 있는가를 살피고 아이디어를 평가하는 사고능력이다.

　ⓐ 논리적 사고를 위한 5가지 요소 : 생각하는 습관, 상대 논리의 구조화, 구체적인 생각, 타인에 대한 이해, 설득

　ⓑ 논리적 사고 개발 방법

　　•피라미드 구조 : 하위의 사실이나 현상부터 사고하여 상위의 주장을 만들어가는 방법

　　•so what기법 : '그래서 무엇이지?'하고 자문자답하여 주어진 정보로부터 가치 있는 정보를 이끌어 내는 사고 기법

③ 비판적 사고 … 어떤 주제나 주장에 대해서 적극적으로 분석하고 종합하며 평가하는 능동적인 사고이다.

　ⓐ 비판적 사고 개발 태도 : 비판적 사고를 개발하기 위해서는 지적 호기심, 객관성, 개방성, 융통성, 지적 회의성, 지적 정직성, 체계성, 지속성, 결단성, 다른 관점에 대한 존중과 같은 태도가 요구된다.

ⓛ 비판적 사고를 위한 태도
  • 문제의식 : 비판적인 사고를 위해서 가장 먼저 필요한 것은 바로 문제의식이다. 자신이 지니고 있는 문제와 목적을 확실하고 정확하게 파악하는 것이 비판적인 사고의 시작이다.
  • 고정관념 타파 : 지각의 폭을 넓히는 일은 정보에 대한 개방성을 가지고 편견을 갖지 않는 것으로 고정관념을 타파하는 일이 중요하다.

(2) 문제처리능력과 문제해결절차

① 문제처리능력 … 목표와 현상을 분석하고 이를 토대로 문제를 도출하여 최적의 해결책을 찾아 실행·평가하는 능력이다.

② 문제해결절차 … 문제 인식 → 문제 도출 → 원인 분석 → 해결안 개발 → 실행 및 평가
  ㉠ 문제 인식 : 문제해결과정 중 'what'을 결정하는 단계로 환경 분석 → 주요 과제 도출 → 과제 선정의 절차를 통해 수행된다.
    • 3C 분석 : 환경 분석 방법의 하나로 사업환경을 구성하고 있는 요소인 자사(Company), 경쟁사(Competitor), 고객(Customer)을 분석하는 것이다.

예제 3

L사에서 주력 상품으로 밀고 있는 TV의 판매 이익이 감소하고 있는 상황에서 귀하는 B부장으로부터 3C분석을 통해 해결방안을 강구해 오라는 지시를 받았다. 다음 중 3C에 해당하지 않는 것은?

① Customer
② Company
③ Competitor
④ Content

[출제의도]
3C의 개념과 구성요소를 정확히 숙지하고 있는지를 측정하는 문항이다.
[해설]
3C 분석에서 사업 환경을 구성하고 있는 요소인 자사(Company), 경쟁사(Competitor), 고객을 3C (Customer)라고 한다. 3C 분석에서 고객 분석에서는 '고객은 자사의 상품·서비스에 만족하고 있는지를, 자사 분석에서는 '자사가 세운 달성목표와 현상 간에 차이가 없는지를 경쟁사 분석에서는 '경쟁기업의 우수한 점과 자사의 현상과 차이가 없는지'에 대한 질문을 통해서 환경을 분석하게 된다.

답 ④

- SWOT 분석 : 기업내부의 강점과 약점, 외부환경의 기회와 위협요인을 분석·평가하여 문제해결 방안을 개발하는 방법이다.

		내부환경요인	
		강점(Strengths)	약점(Weaknesses)
외부환경요인	기회 (Opportunities)	SO 내부강점과 외부기회 요인을 극대화	WO 외부기회를 이용하여 내부약점을 강점으로 전환
	위협 (Threat)	ST 외부위협을 최소화하기 위해 내부강점을 극대화	WT 내부약점과 외부위협을 최소화

ⓛ 문제 도출 : 선정된 문제를 분석하여 해결해야 할 것이 무엇인지를 명확히 하는 단계로, 문제 구조 파악 → 핵심 문제 선정 단계를 거쳐 수행된다.

- Logic Tree : 문제의 원인을 파고들거나 해결책을 구체화할 때 제한된 시간 안에서 넓이와 깊이를 추구하는데 도움이 되는 기술로 주요 과제를 나무모양으로 분해·정리하는 기술이다.

ⓒ 원인 분석 : 문제 도출 후 파악된 핵심 문제에 대한 분석을 통해 근본 원인을 찾는 단계로 Issue 분석 → Data 분석 → 원인 파악의 절차로 진행된다.

ⓔ 해결안 개발 : 원인이 밝혀지면 이를 효과적으로 해결할 수 있는 다양한 해결안을 개발하고 최선의 해결안을 선택하는 것이 필요하다.

ⓜ 실행 및 평가 : 해결안 개발을 통해 만들어진 실행계획을 실제 상황에 적용하는 활동으로 실행계획 수립 → 실행 → Follow-up의 절차로 진행된다.

예제 4

C사는 최근 국내 매출이 지속적으로 하락하고 있어 사내 분위기가 심상치 않다. 이에 대해 Y부장은 이 문제를 극복하고자 문제처리 팀을 구성하여 해결방안을 모색하도록 지시하였다. 문제처리 팀의 문제해결 절차를 올바른 순서로 나열한 것은?

① 문제 인식 → 원인 분석 → 해결안 개발 → 문제 도출 → 실행 및 평가
② 문제 도출 → 문제 인식 → 해결안 개발 → 원인 분석 → 실행 및 평가
③ 문제 인식 → 원인 분석 → 문제 도출 → 해결안 개발 → 실행 및 평가
④ 문제 인식 → 문제 도출 → 원인 분석 → 해결안 개발 → 실행 및 평가

[출제의도]
실제 업무 상황에서 문제가 일어났을 때 해결 절차를 알고 있는지를 측정하는 문항이다.
[해설]
일반적인 문제해결절차는 '문제 인식 → 문제 도출 → 원인 분석 → 해결안 개발 → 실행 및 평가'로 이루어진다.

답 ④

1 다음 논증에 대한 평가로 적절한 것만을 모두 고른 것은?

> 평범한 사람들은 어떤 행위가 의도적이었는지의 여부를 어떻게 판단할까? 다음 사례를 생각해보자.
>
> 사례 1 : "새로운 사업을 시작하면 수익을 창출할 것이지만, 환경에 해를 끼치게 될 것입니다."하는 보고를 받은 어느 회사의 사장은 다음과 같이 대답을 하였다. "환경에 해로운지 따위는 전혀 신경 쓰지 않습니다. 가능한 한 많은 수익을 내기를 원할 뿐입니다. 그 사업을 시작합시다." 회사는 새로운 사업을 시작하였고, 환경에 해를 입혔다.
>
> 사례 2 : "새로운 사업을 시작하면 수익을 창출할 것이고, 환경에 도움이 될 것입니다"라는 보고를 받은 어느 회사의 사장은 다음과 같이 대답하였다. "환경에 도움이 되는지 따위는 전혀 신경 쓰지 않습니다. 가능한 한 많은 수익을 내기를 원할 뿐입니다. 그 사업을 시작합시다." 회사는 새로운 사업을 시작했고, 환경에 도움이 되었다.
>
> 위 사례들에서 사장이 가능한 한 많은 수익을 내는 것을 의도했다는 것은 분명하다. 그렇다면 사례 1의 사장은 의도적으로 환경에 해를 입혔는가? 사례 2의 사장은 의도적으로 환경에 도움을 주었는가? 일반인을 대상으로 한 설문조사 결과, 사례 1의 경우 '의도적으로 환경에 해를 입혔다.'고 답한 사람은 82%에 이르렀지만, 사례 2의 경우 '의도적으로 환경에 도움을 주었다.'고 답한 사람은 23%에 불과하였다. 따라서 특정 행위 결과를 행위자가 의도했는가에 대한 사람들의 판단은 그 행위 결과의 도덕성 여부에 대한 판단에 의존한다고 결론을 내릴 수 있다.

- ㉠ 위 설문조사에 응한 사람들의 대부분이 환경에 대한 영향과 도덕성은 무관하다고 생각한다는 사실은 위 논증을 약화한다.
- ㉡ 위 설문조사 결과는, 부도덕한 의도를 가지고 부도덕한 결과를 낳는 행위를 한 행위자가 그런 의도 없이 같은 결과를 낳는 행위를 한 행위자보다 그 행위 결과에 대해 더 큰 도덕적 책임을 갖는다는 것을 지지한다.
- ㉢ 두 행위자가 동일한 부도덕한 결과를 의도했음이 분명한 경우, 그러한 결과를 달성하지 못한 행위자는 도덕적 책임을 갖지 않지만 그러한 결과를 달성한 행위자는 도덕적 책임을 갖는다고 판단하는 사람이 많다는 사실은 위 논증을 강화한다.

① ㉠   ② ㉡
③ ㉠㉢   ④ ㉡㉢
⑤ ㉠㉡㉢

 내용을 잘 읽어보면 '특정 행위 결과를 행위자가 의도했는가에 대한 사람들의 판단은 그 행위 결과의 도덕적 여부에 대한 판단에 의존한다'가 결론임을 알 수 있다.
㉡의 경우 부도덕한 의도를 가지고 부도덕한 결과를 낳는 행위는 위 지문에 나와 있지 않으므로 무관한 내용이다.
㉢의 경우 두 행위자가 동일한 부도덕한 결과를 의도했음이 분명한 경우에 대한 내용이 위 지문에서 찾을 수 없으므로 무관한 내용이다.

Answer␣⟶ 1.①

┃2~3┃ 다음은 지방자치단체(지자체) 경전철 사업분석의 결과로서 분야별 문제점을 정리한 것이다. 다음 물음에 답하시오.

분야	문제점
추진주체 및 방식	• 기초지자체 중심(선심성 공약 남발)의 무리한 사업추진으로 인한 비효율 발생 • 지자체의 사업추진 역량부족으로 지방재정 낭비심화 초래 • 종합적 표준지침 부재로 인한 각 지자체마다 개별적으로 추진
타당성 조사 및 계획수립	• 사업주관 지자체의 행정구역만을 고려한 폐쇄적 계획 수립 • 교통수요 예측 및 사업타당성 검토의 신뢰성·적정성 부족 • 이해관계자 참여를 통한 사업계획의 정당성 확보 노력 미흡
사업자 선정 및 재원지원	• 토목 및 건설자 위주 지분참여로 인한 고비용·저효율 시공 초래 • 민간투자사업 활성화를 위한 한시적 규제유예 효과 미비
노선건설 및 차량시스템 선정	• 건설시공 이익 검토미흡으로 인한 재원낭비 심화 • 국내개발 시스템 도입 활성화를 위한 방안 마련 부족

2 다음 〈보기〉에서 '추진주체 및 방식'의 문제점에 대한 개선방안을 모두 고르면?

〈보기〉
㉠ 이해관계자 의견수렴 활성화를 통한 사업추진 동력 확보
㉡ 지자체 역량 강화를 통한 사업관리의 전문성·효율성 증진
㉢ 교통수요 예측 정확도 제고 등 타당성 조사 강화를 위한 여건 조성
㉣ 경전철 사업관련 업무처리 지침 마련 및 법령 보완
㉤ 무분별한 해외시스템 도입 방지 및 국산기술·부품의 활성화 전략 수립
㉥ 상위교통계획 및 생활권과의 연계강화를 통한 사업계획의 체계성 확보
㉦ 시공이익에 대한 적극적 검토를 통해 총사업비 절감 효과 도모

① ㉠㉡
② ㉡㉣
③ ㉡㉣㉦
④ ㉣㉤㉥
⑤ ㉥㉦

 ㉡ : '지자체의 사업추진 역량부족으로 지방재정 낭비심화 초래'에 대한 개선방안이다.
㉣ : '종합적 표준지침 부재로 인한 각 지자체마다 개별적으로 추진'에 대한 개선방안이다.

3 다음 〈보기〉에서 '타당성 조사 및 계획수립'의 문제점에 대한 개선방안을 모두 고르면?

> ㉠ 이해관계자 의견수렴 활성화를 통한 사업추진 동력 확보
> ㉡ 지자체 역량 강화를 통한 사업관리의 전문성·효율성 증진
> ㉢ 교통수요 예측 정확도 제고 등 타당성 조사 강화를 위한 여건 조성
> ㉣ 경전철 사업관련 업무처리 지침 마련 및 법령 보완
> ㉤ 무분별한 해외시스템 도입 방지 및 국산기술·부품의 활성화 전략 수립
> ㉥ 상위교통계획 및 생활권과의 연계강화를 통한 사업계획의 체계성 확보
> ㉦ 시공이익에 대한 적극적 검토를 통해 총사업비 절감 효과 도모

① ㉠㉢㉥
② ㉠㉢㉦
③ ㉡㉢㉤
④ ㉡㉢㉥
⑤ ㉤㉥㉦

 ㉠ : '이해관계자 참여를 통한 사업계획의 정당성 확보 노력 미흡'에 대한 개선방안이다.
㉢ : '교통수요 예측 및 사업타당성 검토의 신뢰성·적정성 부족'에 대한 개선방안이다.
㉥ : '사업주관 지자체의 행정구역만을 고려한 폐쇄적 계획 수립'에 대한 개선방안이다.

Answer 2.② 3.①

4 A기업 기획팀에서는 새로운 프로젝트를 추진하면서 업무추진력이 높은 직원은 프로젝트의 팀장으로 발탁하려고 한다. 성취행동 경향성이 높은 사람을 업무추진력이 높은 사람으로 규정할 때, 아래의 정의를 활용해서 〈보기〉의 직원들을 업무추진력이 높은 사람부터 순서대로 바르게 나열한 것은?

> 성취행동 경향성(TACH)의 강도는 성공추구 경향성(Ts)에서 실패회피 경향성(Tf)을 뺀 점수로 계산할 수 있다(TACH = Ts − Tf). 성공추구 경향성에는 성취동기(Ms)라는 잠재적 에너지의 수준이 영향을 준다. 왜냐하면 성취동기는 성과가 우수하다고 평가받고 싶어 하는 것으로 어떤 사람의 포부수준, 노력 및 끈기를 결정하기 때문이다. 어떤 업무에 대해서 사람들이 제각기 다양한 방식으로 행동하는 것은 성취동기가 다른 데도 원인이 있지만, 개인이 처한 환경요인이 서로 다르기 때문이기도 하다. 이 환경요인은 성공기대확률(Ps)과 성공결과의 가치(Ins)로 이루어진다. 즉 성공추구 경향성은 이 세 요소의 곱으로 결정된다(Ts = Ms × Ps × Ins).
>
> 한편 실패회피 경향성은 실패회피동기, 실패기대확률 그리고 실패결과의 가치의 곱으로 결정된다. 이때 성공기대확률과 실패기대확률의 합은 1이며, 성공결과의 가치와 실패결과의 가치의 합도 1이다.

> 〈보기〉
> • A는 성취동기가 3이고, 실패회피동기가 1이다. 그는 국제환경협약에 대비한 공장건설 환경규제안을 만들었는데, 이 규제안의 실현가능성을 0.7로 보며, 규제안이 실행될 때의 가치를 0.2로 보았다.
> • B는 성취동기가 2이고, 실패회피동기가 1이다. 그는 도시고속화도로 건설안을 기획하였는데, 이 기획안의 실패가능성을 0.7로 보며, 도로건설사업이 실패하면 0.3의 가치를 갖는다고 보았다.
> • C는 성취동기가 3이고, 실패회피동기가 2이다. 그는 △△지역의 도심재개발계획을 주도하였는데, 이 계획의 실현가능성을 0.4로 보며, 재개발사업이 실패하는 경우의 가치를 0.3으로 보았다.

① A, B, C

② B, A, C

③ B, C, A

④ C, A, B

⑤ C, B, A

직원	성공추구 경향성과 실패회피 경향성	성취행동 경향성
A	성공추구 경향성 = 3 × 0.7 × 0.2 = 0.42	= 0.42 − 0.24 = 0.18
	실패회피 경향성 = 1 × 0.3 × 0.8 = 0.24	
B	성공추구 경향성 = 2 × 0.3 × 0.7 = 0.42	= 0.42 − 0.21 = 0.21
	실패회피 경향성 = 1 × 0.7 × 0.3 = 0.21	
C	성공추구 경향성 = 3 × 0.4 × 0.7 = 0.84	= 0.84 − 0.36 = 0.48
	실패회피 경향성 = 2 × 0.6 × 0.3 = 0.36	

5 ○○기업 직원인 A는 2018년 1월 1일 거래처 직원인 B와 전화통화를 하면서 ○○기업 소유 X물건을 1억 원에 매도하겠다는 청약을 하고, 그 승낙 여부를 2018년 1월 15일까지 통지해 달라고 하였다. 다음 날 A는 "2018년 1월 1일에 했던 청약을 철회합니다."라고 B와 전화통화를 하였는데, 같은 해 1월 12일 B는 "X물건에 대한 A의 청약을 승낙합니다."라는 내용의 서신을 발송하여 같은 해 1월 14일 A에게 도달하였다. 다음 법 규정을 근거로 판단할 때, 옳은 것은?

> 제○○조
> ① 청약은 상대방에게 도달한 때에 효력이 발생한다.
> ② 청약은 철회될 수 없는 것이더라도, 철회의 의사표시가 청약의 도달 전 또는 그와 동시에 상대방에게 도달하는 경우에는 철회될 수 있다.
> 제○○조 청약은 계약이 체결되기까지는 철회될 수 있지만, 상대방이 승낙의 통지를 발송하기 전에 철회의 의사표시가 상대방에게 도달되어야 한다. 다만 승낙기간의 지정 또는 그 밖의 방법으로 청약이 철회될 수 없음이 청약에 표시되어 있는 경우에는 청약은 철회될 수 없다.
> 제○○조
> ① 청약에 대한 동의를 표시하는 상대방의 진술 또는 그 밖의 행위는 승낙이 된다. 침묵이나 부작위는 그 자체만으로 승낙이 되지 않는다.
> ② 청약에 대한 승낙은 동의의 의사표시가 청약자에게 도달하는 시점에 효력이 발생한다. 청약자가 지정한 기간 내에 동의의 의사표시가 도달하지 않으면 승낙의 효력이 발생하지 않는다.
> 제○○조 계약은 청약에 대한 승낙의 효력이 발생한 시점에 성립된다.
> 제○○조 청약, 승낙, 그 밖의 의사표시는 상대방에게 구두로 통고된 때 또는 그 밖의 방법으로 상대방 본인, 상대방의 영업소나 우편주소에 전달된 때, 상대방이 영업소나 우편주소를 가지지 아니한 경우에는 그의 상거소(장소에 주소를 정하려는 의사 없이 상당기간 머무는 장소)에 전달된 때에 상대방에게 도달된다.

① 계약은 2018년 1월 15일에 성립되었다.

② 계약은 2018년 1월 14일에 성립되었다.

③ A의 청약은 2018년 1월 2일에 철회되었다.

④ B의 승낙은 2018년 1월 1일에 효력이 발생하였다.

⑤ B의 승낙은 2018년 1월 12일에 효력이 발생하였다.

 ①② 계약은 청약에 대한 승낙의 효력이 발생한 시점에 성립되므로 B의 승낙이 A에게 도달한 2018년 1월 14일에 성립된다.
③ 2018년 1월 15일까지 승낙 여부를 통지해 달라고 승낙기간을 지정하였으므로 청약은 철회될 수 없다.
④⑤ 청약에 대한 승낙은 동의의 의사표시가 청약자에게 도달하는 시점에 효력이 발생하므로 B의 승낙이 A에게 도달한 2018년 1월 14일에 성립된다.

Answer 4.⑤ 5.②

6 공연기획사인 A사는 이번에 주최한 공연을 보러 오는 관객을 기차역에서 공연장까지 버스로 수송하기로 하였다. 다음의 표와 같이 공연 시작 4시간 전부터 1시간 단위로 전체 관객 대비 기차역에 도착하는 관객의 비율을 예측하여 버스를 운행하고자 하며, 공연 시작 시간까지 관객을 모두 수송해야 한다. 다음을 바탕으로 예상한 수송 시나리오 중 옳은 것을 모두 고르면?

▣ 전체 관객 대비 기차역에 도착하는 관객의 비율

시각	전체 관객 대비 비율(%)
공연 시작 4시간 전	a
공연 시작 3시간 전	b
공연 시작 2시간 전	c
공연 시작 1시간 전	d
계	100

• 전체 관객 수는 40,000명이다.
• 버스는 한 번에 대당 최대 40명의 관객을 수송한다.
• 버스가 기차역과 공연장 사이를 왕복하는 데 걸리는 시간은 6분이다.

▣ 예상 수송 시나리오
㉠ a = b = c = d = 25라면, 회사가 전체 관객을 기차역에서 공연장으로 수송하는 데 필요한 버스는 최소 20대이다.
㉡ a = 10, b = 20, c = 30, d = 40이라면, 회사가 전체 관객을 기차역에서 공연장으로 수송하는 데 필요한 버스는 최소 40대이다.
㉢ 만일 공연이 끝난 후 2시간 이내에 전체 관객을 공연장에서 기차역까지 버스로 수송해야 한다면, 이때 회사에게 필요한 버스는 최소 50대이다.

① ㉠
② ㉡
③ ㉠, ㉡
④ ㉠, ㉢
⑤ ㉡, ㉢

 ㉠ a = b = c = d = 25라면, 1시간당 수송해야 하는 관객의 수는 40,000 × 0.25 = 10,000명이다. 버스는 한 번에 대당 최대 40명의 관객을 수송하고 1시간에 10번 수송 가능하므로, 1시간 동안 1대의 버스가 수송할 수 있는 관객의 수는 400명이다. 따라서 10,000명의 관객을 수송하기 위해서는 최소 25대의 버스가 필요하다.
㉡ d = 40이라면, 공연 시작 1시간 전에 기차역에 도착하는 관객의 수는 16,000명이다. 16,000명을 1시간 동안 모두 수송하기 위해서는 최소 40대의 버스가 필요하다.
㉢ 공연이 끝난 후 2시간 이내에 전체 관객을 공연장에서 기차역까지 수송하려면 시간당 20,000명의 관객을 수송해야 한다. 따라서 회사에게 필요한 버스는 최소 50대이다.

7 다음은 건물주 甲이 판단한 입주 희망 상점에 대한 정보이다. 다음에 근거하여 건물주 甲이 입주시킬 두 상점을 고르면?

<표> 입주 희망 상점 정보

상점	월세(만 원)	폐업위험도	월세 납부일 미준수비율
중국집	90	중	0.3
한식집	100	상	0.2
분식집	80	중	0.15
편의점	70	하	0.2
영어학원	80	하	0.3
태권도학원	90	상	0.1

※ 음식점 : 중국집, 한식집, 분식집
※ 학원 : 영어학원, 태권도학원

<정보>
- 건물주 甲은 자신의 효용을 극대화하는 상점을 입주시킨다.
- 甲의 효용 : 월세(만 원)×입주 기간(개월)－월세 납부일 미준수비율×입주 기간(개월)×100 (만 원)
- 입주 기간 : 폐업위험도가 '상'인 경우 입주 기간은 12개월, '중'인 경우 15개월, '하'인 경우 18개월
- 음식점 2개를 입주시킬 경우 20만 원의 효용이 추가로 발생한다.
- 학원 2개를 입주시킬 경우 30만 원의 효용이 추가로 발생한다.

① 중국집, 한식집
② 한식집, 분식집
③ 분식집, 태권도학원
④ 영어학원, 태권도학원
⑤ 분식집, 영어학원

 중국집 : $90 \times 15 - 0.3 \times 15 \times 100 = 900$
한식집 : $100 \times 12 - 0.2 \times 12 \times 100 = 960$
분식집 : $80 \times 15 - 0.15 \times 15 \times 100 = 975$
편의점 : $70 \times 18 - 0.2 \times 18 \times 100 = 900$
영어학원 : $80 \times 18 - 0.3 \times 18 \times 100 = 900$
태권도학원 : $90 \times 12 - 0.1 \times 12 \times 100 = 960$
분식집의 효용이 가장 높고, 한식집과 태권도학원이 960으로 같다. 음식점 2개를 입주시킬 경우 20만원의 효용이 추가로 발생하므로 분식집과 한식집을 입주시킨다.

Answer ➝ 6.⑤ 7.②

8 근로복지공단은 합숙 신입생 OT 4일간(월~목) 체력 훈련 A, B, C, D와 인문 특강 Ⅰ, Ⅱ, Ⅲ, Ⅳ 를 한 번씩 꼭 들어야 한다. A씨는 하루에 체력 훈련 한 가지와 인문 특강 한 가지를 하기로 계획하였고, 다음 〈원칙〉을 지키기로 하였다. 훈련 D와 특강 Ⅱ를 목요일에 하기로 계획했을 때 반드시 참인 것은?

〈원칙〉

㉠ 훈련 A와 특강 Ⅱ를 같은 날에 할 수 없다.

㉡ 훈련 B와 특강 Ⅲ를 같은 날에 해야 한다.

㉢ 훈련 C를 한 날 바로 다음 날 훈련 A를 해야 한다.

㉣ 특강 Ⅳ를 한 날 이후에 특강 Ⅲ를 해야 한다.

---

① 훈련 A는 월요일에 해야 한다.

② 훈련 C는 화요일에 해야 한다.

③ 특강 Ⅰ은 수요일에 해야 한다.

④ 특강 Ⅲ는 수요일에 해야 한다.

⑤ 특강 Ⅳ는 월요일에 해야 한다.

 D와 Ⅱ는 목요일에 하고, B와 Ⅲ는 같은 날 하되 월요일에 할 수 없다. 그러므로 B와 Ⅲ를 화요일이나 수요일에 해야 하는데, C와 A를 연이어 해야 하므로, B와 Ⅲ를 화요일에 할 수 없고 수요일에 할 수 밖에 없다. 여기까지 도표로 정리하면 Ⅰ과 Ⅳ만 정해지지 않고 나머지는 모두 결정이 된다.

구분	월	화	수	목
체력 훈련 (A·B·C·D)	C	A	B	D
인문 특강 (Ⅰ·Ⅱ·Ⅲ·Ⅳ)			Ⅲ	Ⅱ

이때 주의할 점은 '특강 Ⅳ는 월요일에 해야 한다.'가 반드시 참은 아니라는 것이다. 특강 Ⅳ는 화요일에 할 수도 있다.

따라서 항상 참인 것은 ④ '특강 Ⅲ는 수요일에 해야 한다.'이다.

9 G 음료회사는 신제품 출시를 위해 시제품 3개를 만들어 전직원을 대상으로 블라인드 테스트를 진행한 후 기획팀에서 회의를 하기로 했다. 독창성, 대중성, 개인선호도 세 가지 영역에 총 15점 만점으로 진행된 테스트 결과가 다음과 같을 때, 기획팀 직원들의 발언으로 옳지 않은 것은?

	독창성	대중성	개인선호도	총점
시제품 A	5	2	3	10
시제품 B	4	4	4	12
시제품 C	2	5	5	12

① 우리 회사의 핵심가치 중 하나가 창의성 아닙니까? 저는 독창성 점수가 높은 A를 출시해야 한다고 생각합니다.

② 독창성이 높아질수록 총점이 낮아지는 것을 보지 못하십니까? 저는 그 의견에 반대합니다.

③ 무엇보다 현 시점에서 회사의 재정상황을 타개하기 위해서는 대중성을 고려하여 높은 이윤이 날 것으로 보이는 C를 출시해야 하지 않겠습니까?

④ 저도 대중성과 개인선호도가 높은 C를 출시해야 한다고 생각합니다.

⑤ 그럼 독창성과 대중성, 개인선호도 점수가 비슷한 B를 출시하는 것이 어떻겠습니까?

(Tip) ② 시제품 B는 C에 비해 독창성 점수가 2점 높지만 총점은 같다. 따라서 옳지 않은 발언이다.

10 영업팀 직원인 갑, 을, 병 3명은 어젯밤 과음을 한 것으로 의심되고 있다. 이에 대한 이들의 진술이 다음과 같을 때, 과음을 한 것이 확실한 직원과 과음을 하지 않은 것이 확실한 직원을 순서대로 바르게 짝지은 것은? (단, 과음을 한 직원은 거짓말을 하고, 과음을 하지 않은 직원은 사실을 말하였다)

> 갑 : "우리 중 1명만 거짓말을 하고 있습니다."
> 을 : "우리 중 2명이 거짓말을 하고 있습니다."
> 병 : "갑, 을 중 1명만 거짓말을 하고 있습니다."

① 갑, 을
② 을, 아무도 없음
③ 갑, 아무도 없음
④ 갑과 을, 병
⑤ 아무도 없음, 을

 갑, 을, 병의 진술과 과음을 한 직원의 수를 기준으로 표를 만들어 보면 다음과 같다.

진술자 \ 과음직원	0명	1명	2명	3명
갑	거짓	참	거짓	거짓
을	거짓	거짓	참	거짓
병	거짓	참	참	거짓

• 과음을 한 직원의 수가 0명인 경우, 갑, 을, 병 모두 거짓을 말한 것이 되어 결국 모두 과음을 한 것이 된다. 따라서 이 경우는 과음을 한 직원의 수가 0명이라는 전제와 모순이 생기게 된다.
• 과음을 한 직원의 수가 1명인 경우, 을만 거짓을 말한 것이므로 과음을 한 직원의 수가 1명이라는 전제에 부합한다. 이 경우에는 을이 과음을 한 것이 되며, 갑과 병은 과음을 하지 않은 것이 된다.
• 과음을 한 직원의 수가 2명인 경우, 갑만 거짓을 말한 것이 되므로 과음을 한 직원의 수가 1명이 된다. 따라서 이 역시 과음을 한 직원의 수가 2명이라는 전제와 모순이 생기게 된다.
• 과음을 한 직원의 수가 3명인 경우, 갑, 을, 병 모두 거짓을 말한 것이 되어 과음을 한 직원의 수가 3명이 될 것이며, 이는 전제와 부합하게 된다.

따라서 4가지의 경우 중 모순 없이 발생 가능한 경우는 과음을 한 직원의 수가 1명 또는 3명인 경우가 되는데, 이 두 경우에 모두 거짓을 말한 을은 과음을 한 직원이라고 확신할 수 있다. 그러나 이 두 경우에 모두 사실을 말한 사람은 없으므로, 과음을 하지 않은 것이 확실한 직원은 아무도 없다.

11 다음은 어느 레스토랑의 3C분석 결과이다. 이 결과를 토대로 하여 향후 해결해야 할 전략과제를 선택하고자 할 때 적절하지 않은 것은?

3C	상황 분석
고객 / 시장(Customer)	• 식생활의 서구화 • 유명브랜드와 기술제휴 지향 • 신세대 및 뉴패밀리 층의 출현 • 포장기술의 발달
경쟁 회사(Competitor)	• 자유로운 분위기와 저렴한 가격 • 전문 패밀리 레스토랑으로 차별화 • 많은 점포수 • 외국인 고용으로 인한 외국인 손님 배려
자사(company)	• 높은 가격대 • 안정적 자금 공급 • 업계 최고의 시장점유율 • 고객증가에 따른 즉각적 응대의 한계

① 원가 절감을 통한 가격 조정
② 유명브랜드와의 장기적인 기술제휴
③ 즉각적인 응대를 위한 인력 증대
④ 안정적인 자금 확보를 위한 자본구조 개선
⑤ 포장기술 발달을 통한 레스토랑 TO GO 점포 확대

 '안정적 자금 공급'이 자사의 강점이기 때문에 '안정적인 자금 확보를 위한 자본구조 개선'은 향후 해결해야 할 과제에 속하지 않는다.

12 다음은 특보의 종류 및 기준에 관한 자료이다. ㉠과 ㉡의 상황에 어울리는 특보를 올바르게 짝지은 것은?

〈특보의 종류 및 기준〉

종류	주의보	경보		
강풍	육상에서 풍속 14m/s 이상 또는 순간풍속 20m/s 이상이 예상될 때. 다만, 산지는 풍속 17m/s 이상 또는 순간풍속 25m/s 이상이 예상될 때	육상에서 풍속 21m/s 이상 또는 순간풍속 26m/s 이상이 예상될 때. 다만, 산지는 풍속 24m/s 이상 또는 순간풍속 30m/s 이상이 예상될 때		
호우	6시간 강우량이 70mm 이상 예상되거나 12시간 강우량이 110mm 이상 예상될 때	6시간 강우량이 110mm 이상 예상되거나 12시간 강우량이 180mm 이상 예상될 때		
태풍	태풍으로 인하여 강풍, 풍랑, 호우 현상 등이 주의보 기준에 도달할 것으로 예상될 때	태풍으로 인하여 풍속이 17m/s 이상 또는 강우량이 100mm 이상 예상될 때. 다만, 예상되는 바람과 비의 정도에 따라 아래와 같이 세분한다.		
			3급	2급	1급

		3급	2급	1급
바람(m/s)		17~24	25~32	33이상
비(mm)		100~249	250~399	400이상

종류	주의보	경보
폭염	6월~9월에 일최고기온이 33℃ 이상이고, 일최고열지수가 32℃ 이상인 상태가 2일 이상 지속될 것으로 예상될 때	6월~9월에 일최고기온이 35℃ 이상이고, 일최고열지수가 41℃ 이상인 상태가 2일 이상 지속될 것으로 예상될 때

> ㉠ 태풍이 남해안에 상륙하여 울산지역에 270mm의 비와 함께 풍속 26m/s의 바람이 예상된다.
> ㉡ 지리산에 오후 3시에서 오후 9시 사이에 약 130mm의 강우와 함께 순간풍속 28m/s가 예상된다.

	㉠	㉡
①	태풍경보 1급	호우주의보
②	태풍경보 2급	호우경보+강풍주의보
③	태풍주의보	강풍주의보
④	태풍경보 2급	호우경보+강풍경보
⑤	태풍경보 1급	강풍주의보

Tip ㉠ : 태풍경보 표를 보면 알 수 있다. 비가 270mm이고 풍속 26m/s에 해당하는 경우는 태풍경보 2급이다.
㉡ : 6시간 강우량이 130mm 이상 예상되므로 호우경보에 해당하며 산지의 경우 순간풍속 28m/s 이상이 예상되므로 강풍주의보에 해당한다.

13 다음 진술이 참이 되기 위해 꼭 필요한 전제를 〈보기〉에서 고르면?

> 팀장은 회사에서 인기가 많다.

⊙ 머리가 좋은 팀원 중 몇 명은 회사에서 인기가 많다.
ⓒ 성격이 좋은 팀원 중 몇 명은 회사에서 인기가 많다.
ⓒ 팀장은 머리가 좋다.
ⓔ 팀장은 성격이 좋다.
ⓜ 머리가 좋거나 성격이 좋으면 회사에서 인기가 많다.
ⓗ 머리가 좋고 성격이 좋으면 회사에서 인기가 많다.

---

① ⊙ⓒ   ② ⓒⓔ
③ ⓒⓗ   ④ ⓔⓜ
⑤ ⓔⓗ

 팀장은 머리가 좋다. 또는 팀장은 성격이 좋다(ⓒ 또는 ⓔ).
머리가 좋거나 성격이 좋으면 회사에서 인기가 많다(ⓜ).
∴팀장은 회사에서 인기가 많다.
※ ⓗ의 경우 머리도 좋고 성격도 좋아야 회사에서 인기가 많다는 의미이므로 주어진 진술이 반드시 참이 되지 않는다.

Answer ⟶ 12.②   13.④

▌14~15 ▌ 다음 글은 어린이집 입소기준에 대한 규정이다. 다음 글을 읽고 물음에 답하시오.

어린이집 입소기준
• 어린이집의 장은 당해시설에 결원이 생겼을 때마다 '명부 작성방법' 및 '입소 우선순위'를 기준으로 작성된 명부의 선 순위자를 우선 입소조치 한다.

명부작성방법
• 동일 입소신청자가 1·2순위 항목에 중복 해당되는 경우, 해당 항목별 점수를 합하여 점수가 높은 순으로 명부를 작성함
• 1순위 항목당 100점, 2순위 항목당 50점 산정
 – 다만, 2순위 항목만 있는 경우 점수합계가 1순위 항목이 있는 자보다 같거나 높더라도 1순위 항목이 있는 자보다 우선순위가 될 수 없으며, 1순위 항목점수가 동일한 경우에 한하여 2순위 항목에 해당될 경우 추가합산 가능함
• 영유가 2자녀 이상 가구가 동일 순위일 경우 다자녀가구 자녀가 우선입소
• 대기자 명부 조정은 매분기 시작 월 1일을 기준으로 함

입소 우선순위
• 1순위
 – 국민기초생활보장법에 따른 수급자
 – 국민기초생활보장법 제24조의 규정에 의한 차상위계층의 자녀
 – 장애인 중 보건복지부령이 정하는 장애 등급 이상에 해당하는 자의 자녀
 – 아동복지시설에서 생활 중인 영유아
 – 다문화가족의 영유아
 – 자녀가 3명 이상인 가구 또는 영유아가 2자녀 가구의 영유아
 – 산업단지 입주기업체 및 지원기관 근로자의 자녀로서 산업 단지에 설치된 어린이집을 이용하는 영유아
• 2순위
 – 한부모 가족의 영유아
 – 조손 가족의 영유아
 – 입양된 영유아

14 어린이집에 근무하는 A씨가 접수합계를 내보니, 두 영유아가 1순위 항목에서 동일한 점수를 얻었다. 이 경우에는 어떻게 해야 하는가?

① 두 영유아 모두 입소조치 한다.

② 다자녀가구 자녀를 우선 입소조치 한다.

③ 한부모 가족의 영유아를 우선 입소조치 한다.

④ 2순위 항목에 해당될 경우 1순위 항목에 추가합산 한다.

⑤ 두 영유아 모두 입소조치 하지 않는다.

 명부작성방법에서 1순위 항목점수가 동일한 경우에 한하여 2순위 항목에 해당될 경우 추가합산 가능하다고 나와 있다.

15 다음에 주어진 영유아들의 입소순위로 높은 것부터 나열한 것은?

> ㉠ 혈족으로는 할머니가 유일하나, 현재는 아동복지시설에서 생활 중인 영유아
>
> ㉡ 아버지를 여의고 어머니가 근무하는 산업단지에 설치된 어린이집을 동생과 함께 이용하는 영유아
>
> ㉢ 동남아에서 건너온 어머니와 가장 높은 장애 등급을 가진 한국인 아버지가 국민기초생활보장법에 의한 차상위 계층에 해당되는 영유아

① ㉠ − ㉡ − ㉢   ② ㉡ − ㉠ − ㉢

③ ㉡ − ㉢ − ㉠   ④ ㉢ − ㉠ − ㉡

⑤ ㉢ − ㉡ − ㉠

 ㉢ 300점
㉡ 250점
㉠ 150점

▌16~17 ▌ 다음 조건을 읽고 옳은 설명을 고르시오.

16

> • 국어를 못하는 사람은 영어도 못한다.
> • 수학을 못하는 사람은 미술도 못한다.
> • 영어를 잘하는 사람은 미술도 잘한다.

> A : 국어를 잘하는 사람은 영어를 잘한다.
> B : 영어를 잘하는 사람은 수학을 잘한다.

① A만 옳다.

② B만 옳다.

③ A와 B 모두 옳다.

④ A와 B 모두 그르다.

⑤ A와 B 모두 옳은지 그른지 알 수 없다.

 각 조건의 대우는 다음과 같다.
• 영어를 잘하는 사람은 국어를 잘한다.
• 미술을 잘하는 사람은 수학을 잘한다.
• 미술을 못하는 사람은 영어도 못한다.
주어진 세 번째 조건과, 두 번째 조건의 대우를 연결하면 '영어를 잘하는 사람은 미술을 잘하고, 미술을 잘하는 사람은 수학도 잘한다'가 되므로 B는 옳다. A는 알 수 없다.

17

> • 과일 A에는 씨가 2개, 과일 B에는 씨가 1개 있다.
> • 철수와 영수는 각각 과일 4개씩을 먹었다.
> • 철수는 영수보다 과일 A를 1개 더 먹었다.
> • 철수는 같은 수로 과일 A와 B를 먹었다.

> A : 영수는 B과일을 3개 먹었다.
> B : 두 사람이 과일을 다 먹고 나온 씨의 개수 차이는 1개이다.

① A만 옳다.

② B만 옳다.

③ A와 B 모두 옳다.

④ A와 B 모두 그르다.

⑤ A와 B 모두 옳은지 그른지 알 수 없다.

철수는 같은 수로 과일 A와 B를 먹었으므로 각각 2개씩 먹었다는 것을 알 수 있다. 철수는 영수보다 과일 A를 1개 더 먹었으므로, 영수는 과일 A를 1개 먹었다.

	A과일	B과일	씨의 개수
철수	2개	2개	6개
영수	1개	3개	5개

18 한국전자는 영업팀 6명의 직원(A~F)과 관리팀 4명의 직원(갑~정)이 매일 각 팀당 1명씩 총 2명이 당직 근무를 선다. 2일 날 A와 갑 직원이 당직 근무를 서고 팀별 순서(A~F, 갑~정)대로 돌아가며 근무를 선다면, E와 병이 함께 근무를 서는 날은 언제인가? (단, 근무를 서지 않는 날은 없다고 가정한다)

① 10일 ② 11일
③ 12일 ④ 13일
⑤ 14일

 주어진 조건에 따라 선택지의 날짜에 해당하는 당직 근무표를 정리해 보면 다음과 같다.

구분	갑	을	병	정
A	2일, 14일		8일	
B		3일		9일
C	10일		4일	
D		11일		5일
E	6일		12일	
F		7일		13일

따라서 A와 갑이 2일 날 당직 근무를 섰다면 E와 병은 12일 날 당직 근무를 서게 된다.

19 갑과 을, 병 세 사람은 면세점에서 A, B, C 브랜드 중 하나의 가방을 각각 구입하려고 한다. 소비자들이 가방을 구매하는데 고려하는 것은 브랜드명성, 디자인, 소재, 경제성의 네 가지 속성이다. 각 속성에 대한 평가는 0부터 10까지의 점수로 주어지며, 점수가 높을수록 소비자를 더 만족시킨다고 한다. 각 브랜드의 제품에 대한 평가와 갑, 을, 병 각자의 제품을 고르는 기준이 다음과 같을 때, 소비자들이 구매할 제품으로 바르게 짝지어진 것은?

〈브랜드별 소비자 제품평가〉

	A 브랜드	B 브랜드	C 브랜드
브랜드명성	10	7	7
경제성	4	8	5
디자인	8	6	7
소재	9	6	3

※ 각 평가에 부여하는 가중치 : 브랜드명성(0.4), 경제성(0.3), 디자인(0.2), 소재(0.1)

〈소비자별 구매기준〉

갑 : 가중치가 높은 순으로 가장 좋게 평가된 제품을 선택한다.

을 : 모든 속성을 가중치에 따라 평가(점수×가중치)하여 종합적으로 가장 좋은 대안을 선택한다.

병 : 모든 속성이 4점 이상인 제품을 선택한다. 2가지 이상이라면 디자인 점수가 높은 제품을 선택한다.

	갑	을	병			갑	을	병
①	A	A	A		②	A	A	B
③	A	B	C		④	B	C	B
⑤	B	A	B					

　　㉠ 갑 : 가중치가 가장 높은 브랜드명성이 가장 좋게 평가된 A 브랜드 제품을 선택한다.

　　㉡ 을 : 각 제품의 속성을 가중치에 따라 평가하면 다음과 같다.

　　　　A : 10(0.4)+4(0.3)+8(0.2)+9(0.1)=4+1.2+1.6+0.9=7.7

　　　　B : 7(0.4)+8(0.3)+6(0.2)+6(0.1)=2.8+2.4+1.2+0.6=7

　　　　C : 7(0.4)+5(0.3)+7(0.2)+3(0.1)=2.8+1.5+1.4+0.3=6

　　　　∴ A 브랜드 제품을 선택한다.

　　㉢ 병 : 모든 속성이 4점 이상인 A, B 브랜드 중 디자인 점수가 더 높은 A 브랜드 제품을 선택한다.

20 다음은 화재손해 발생 시 지급 보험금 산정방법과 피보험물건의 보험금액 및 보험가액에 대한 자료이다. 다음 조건에 따를 때, 지급 보험금이 가장 많은 피보험물건은?

〈표1〉 지급 보험금 산정방법

피보험물건의 유형	조건	지급 보험금
일반물건, 창고물건, 주택	보험금액 ≥ 보험가액의 80%	손해액 전액
	보험금액 < 보험가액의 80%	손해액 $\times \dfrac{\text{보험금액}}{\text{보험가액의 80\%}}$
공장물건, 동산	보험금액 ≥ 보험가액	손해액 전액
	보험금액 < 보험가액	손해액 $\times \dfrac{\text{보험금액}}{\text{보험가액}}$

※ 보험금액은 보험사고가 발생한 때에 보험회사가 피보험자에게 지급해야 하는 금액의 최고한도를 말한다.
※ 보험가액은 보험사고가 발생한 때에 피보험자에게 발생 가능한 손해액의 최고한도를 말한다.

〈표2〉 피보험물건의 보험금액 및 보험가액

피보험물건	피보험물건 유형	보험금액	보험가액	손해액
甲	동산	7천만 원	1억 원	6천만 원
乙	일반물건	8천만 원	1억 원	8천만 원
丙	창고물건	6천만 원	7천만 원	9천만 원
丁	공장물건	9천만 원	1억 원	6천만 원
戊	주택	6천만 원	8천만 원	8천만 원

① 甲

② 乙

③ 丙

④ 丁

⑤ 戊

① 甲 : 6천만 원 $\times \dfrac{7\text{천만 원}}{1\text{억 원}} = 4,200$만 원

② 乙 : 손해액 전액이므로 8,000만 원

③ 丙 : 손해액 전액이므로 9,000만 원

④ 丁 : 6천만 원 $\times \dfrac{9\text{천만 원}}{1\text{억 원}} = 5,400$만 원

⑤ 戊 : 8천만 원 $\times \dfrac{6\text{천만 원}}{6,400\text{만 원}} = 7,500$만 원

Answer → 19.① 20.③

21 G회사에 근무하는 박과장과 김과장은 점심시간을 이용해 과녁 맞추기를 하였다. 다음 〈조건〉에 근거하여 〈점수표〉의 빈칸을 채울 때 박과장과 김과장의 최종점수가 될 수 있는 것은?

〈조건〉

- 과녁에는 0점, 3점, 5점이 그려져 있다.
- 박과장과 김과장은 각각 10개의 화살을 쏘았고, 0점을 맞힌 화살의 개수만 〈점수표〉에 기록이 되어 있다.
- 최종 점수는 각 화살이 맞힌 점수의 합으로 한다.
- 박과장과 김과장이 쏜 화살 중에는 과녁 밖으로 날아간 화살은 없다.
- 박과장과 김과장이 5점을 맞힌 화살의 개수는 동일하다.

〈점수표〉

점수	박과장의 화살 수	김과장의 화살 수
0점	3	2
3점		
5점		

	박과장의 최종점수	김과장의 최종점수
①	25	29
②	26	29
③	27	30
④	28	30
⑤	29	30

 5점을 맞힌 화살의 개수가 동일하다고 했으므로 5점의 개수에 따라 점수를 정리하면 다음과 같다.

	1개	2개	3개	4개	5개	6개	7개
박과장	5+18=23	10+15=25	15+12=27	20+9=29	25+6=31	30+3=33	35+0=35
김과장	5+21=26	10+18=28	15+15=30	20+12=32	25+9=34	30+6=36	35+3=38

22 다음은 T기업 토론 면접상황이다. 다음 중 한 팀이 될 수 있는 사람들은 누구인가?

> • A, B, C, D, E, F의 여섯 명의 신입사원들이 있다.
> • 신입사원들은 모두 두 팀 중 한 팀에 속해야 한다.
> • 한 팀에 3명씩 두 팀으로 나눠야 한다.
> • A와 B는 한 팀이 될 수 없다.
> • E는 C 또는 F와 한 팀이 되어야 한다.

① A, B, C

② A, B, F

③ A, C, E

④ A, C, F

⑤ B, D, E

 우선 A와 B를 다른 팀에 배치하고 C, D, E, F를 두 명씩 각 팀에 배치하되 C, E, F는 한 팀이 될 수 없고 C와 E 또는 E와 F가 한 팀이 되어야 하므로 (A,C,E/B,D,F), (B,C,E/A,D,F), (A,E,F/B,C,D). (B,E,F/A,C,D)의 네 가지 경우로 나눌 수 있다.

23 다음은 공공기관을 구분하는 기준이다. 다음 규정에 따라 각 기관을 구분한 결과가 옳지 않은 것은?

<공공기관의 구분>

제00조 제1항
공공기관을 공기업·준정부기관과 기타공공기관으로 구분하여 지정한다. 직원 정원이 50인 이상인 공공기관은 공기업 또는 준정부기관으로, 그 외에는 기타공공기관으로 지정한다.

제00조 제2항
제1항의 규정에 따라 공기업과 준정부기관을 지정하는 경우 자체수입액이 총수입액의 2분의 1 이상인 기관은 공기업으로, 그 외에는 준정부기관으로 지정한다.

제00조 제3항
제1항 및 제2항의 규정에 따른 공기업을 다음의 구분에 따라 세분하여 지정한다.
• 시장형 공기업 : 자산규모가 2조 원 이상이고, 총 수입액 중 자체수입액이 100분의 85 이상인 공기업
• 준시장형 공기업 : 시장형 공기업이 아닌 공기업

<공공기관의 현황>

공공기관	직원 정원	자산규모	자체수입비율
A	70명	4조 원	90%
B	45명	2조 원	50%
C	65명	1조 원	55%
D	60명	1.5조 원	45%
E	40명	2조 원	60%

※ 자체수입비율 : 총 수입액 대비 자체수입액 비율

① A – 시장형 공기업
② B – 기타공공기관
③ C – 준정부기관
④ D – 준정부기관
⑤ E – 기타공공기관

 ③ C는 정원이 50명이 넘으므로 기타공공기관이 아니며, 자체수입비율이 55%이므로 자체수입액이 총수입액의 2분의 1 이상이기 때문에 공기업이다. 시장형 공기업 조건에 해당하지 않으므로 C는 준시장형 공기업이다.

24 다음 〈쓰레기 분리배출 규정〉을 준수한 것은?

〈쓰레기 분리배출 규정〉
- 배출 시간 : 수거 전날 저녁 7시~수거 당일 새벽 3시까지(월요일~토요일에만 수거함)
- 배출 장소 : 내 집 앞, 내 점포 앞
- 쓰레기별 분리배출 방법
  - 일반 쓰레기 : 쓰레기 종량제 봉투에 담아 배출
  - 음식물 쓰레기 : 단독주택의 경우 수분 제거 후 음식물 쓰레기 종량제 봉투에 담아서, 공동주택의 경우 음식물 전용용기에 담아서 배출
  - 재활용 쓰레기 : 종류별로 분리하여 투명 비닐봉투에 담아 묶어서 배출
    ① 1종(병류)
    ② 2종(캔, 플라스틱, 페트병 등)
    ③ 3종(폐비닐류, 과자 봉지, 1회용 봉투 등)
      ※ 1종과 2종의 경우 뚜껑을 제거하고 내용물을 비운 후 배출
      ※ 종이류 / 박스 / 스티로폼은 각각 별도로 묶어서 배출
  - 폐가전 · 폐가구 : 폐기물 스티커를 부착하여 배출
- 종량제 봉투 및 폐기물 스티커 구입 : 봉투판매소

① 甲은 토요일 저녁 8시에 일반 쓰레기를 쓰레기 종량제 봉투에 담아 자신의 집 앞에 배출하였다.
② 공동주택에 사는 乙은 먹다 남은 찌개를 그대로 음식물 쓰레기 종량제 봉투에 담아 주택 앞에 배출하였다.
③ 丙은 투명 비닐봉투에 캔과 스티로폼을 함께 담아 자신의 집 앞에 배출하였다.
④ 戊는 집에서 쓰던 냉장고를 버리기 위해 폐기물 스티커를 구입 후 부착하여 월요일 저녁 9시에 자신의 집 앞에 배출하였다.
⑤ 丁은 금요일 낮 3시에 병과 플라스틱을 분리하여 투명 비닐봉투에 담아 묶어서 배출하였다.

① 배출 시간은 수거 전날 저녁 7시부터 수거 당일 새벽 3시까지인데 일요일은 수거하지 않으므로 토요일 저녁 8시에 쓰레기를 내놓은 甲은 규정을 준수했다고 볼 수 없다.
② 공동주택에서 음식물 쓰레기를 배출할 경우 음식물 전용용기에 담아서 배출해야 한다.
③ 스티로폼은 별도로 묶어서 배출해야 하는 품목이다.
⑤ 저녁 7시부터 새벽 3시까지 배출해야 한다.

25 다음 글과 〈설립위치 선정 기준〉을 근거로 판단할 때, A사가 서비스센터를 설립하는 방식과 위치로 옳은 것은?

- 휴대폰 제조사 A는 B국에 고객서비스를 제공하기 위해 1개의 서비스센터 설립을 추진하려고 한다.
- 설립방식에는 (가) 방식과 (나) 방식이 있다.
- A사는 {(고객만족도 효과의 현재가치) − (비용의 현재가치)}의 값이 큰 방식을 선택한다.
- 비용에는 규제비용과 로열티비용이 있다.

구분		(가) 방식	(나) 방식
고객만족도 효과의 현재가치		5억 원	4.5억 원
비용의 현재가치	규제 비용	3억 원 (설립 당해 년도만 발생)	없음
	로열티 비용	없음	− 3년간 로열티비용을 지불함 − 로열티비용의 현재가치 환산액 : 설립 당해년도는 2억 원, 그 다음 해부터는 직전년도 로열티비용의 1/2씩 감액한 금액

※ 고객만족도 효과의 현재가치는 설립 당해연도를 기준으로 산정된 결과이다.

〈설립위치 선정 기준〉
- 설립위치로 B국의 甲, 乙, 丙 3곳을 검토 중이며, 각 위치의 특성은 다음과 같다.

위치	유동인구(만 명)	20~30대 비율(%)	교통혼잡성
甲	80	75	3
乙	100	50	1
丙	75	60	2

- A사는 {(유동인구) × (20~30대 비율) / (교통혼잡성)} 값이 큰 곳을 선정한다. 다만 A사는 제품의 특성을 고려하여 20~30대 비율이 50% 이하인 지역은 선정대상에서 제외한다.

	설립방식	설립위치
①	(가)	甲
②	(가)	丙
③	(나)	甲
④	(나)	乙
⑤	(가)	乙

　ⓖ 설립방식 : {(고객만족도 효과의 현재가치) − (비용의 현재가치)}의 값이 큰 방식 선택
　• (가) 방식 : 5억 원 − 3억 원 = 2억 원→선택
　• (나) 방식 : 4.5억 원 − (2억 원 + 1억 원 + 0.5억 원) = 1억 원
　ⓛ 설립위치 : {(유동인구) × (20~30대 비율) / (교통혼잡성)} 값이 큰 곳 선정(20~30대 비율이 50% 이하인 지역은 선정대상에서 제외)
　• 甲 : 80 × 75 / 3 = 2,000
　• 乙 : 20~30대 비율이 50%이므로 선정대상에서 제외
　• 丙 : 75 × 60 / 2 = 2,250→선택

Answer ↪ 25.②

03 자원관리능력

1 자원과 자원관리

(1) 자원

① 자원의 종류 … 시간, 돈, 물적자원, 인적자원

② 자원의 낭비요인 … 비계획적 행동, 편리성 추구, 자원에 대한 인식 부재, 노하우 부족

(2) 자원관리 기본 과정

① 필요한 자원의 종류와 양 확인

② 이용 가능한 자원 수집하기

③ 자원 활용 계획 세우기

④ 계획대로 수행하기

예제 1

당신은 A출판사 교육훈련 담당자이다. 조직의 효율성을 높이기 위해 전사적인 시간관리에 대한 교육을 실시하기로 하였지만 바쁜 일정 상 직원들을 집합교육에 동원할 수 있는 시간은 제한적이다. 다음 중 귀하가 최우선의 교육 대상으로 삼아야 하는 것은 어느 부분인가?

구분	긴급한 일	긴급하지 않은 일
중요한 일	제1사분면	제2사분면
중요하지 않은 일	제3사분면	제4사분면

[출제의도]

주어진 일들을 중요도와 긴급도에 따른 시간관리 매트릭스에서 우선 순위를 구분할 수 있는가를 측정하는 문항이다.

[해설]

교육훈련에서 최우선 교육대상으로 삼아야 하는 것은 긴급하지 않지만 중요한 일이다. 이를 긴급하지 않다고 해서 뒤로 미루다보면 급박하게 처리해야하는 업무가 증가하여 효율적인 시간관리가 어려워진다.

① 중요하고 긴급한 일로 위기사항이나 급박한 문제, 기간이 정해진 프로젝트 등이 해당되는 제1사분면

② 긴급하지는 않지만 중요한 일로 인간관계구축이나 새로운 기회의 발굴, 중장기 계획 등이 포함되는 제2사분면

③ 긴급하지만 중요하지 않은 일로 잠깐의 급한 질문, 일부 보고서, 눈 앞의 급박한 사항이 해당되는 제3사분면

④ 중요하지 않고 긴급하지 않은 일로 하찮은 일이나 시간낭비거리, 즐거운 활동 등이 포함되는 제4사분면

구분	긴급한 일	긴급하지 않은 일
중요한 일	위기사항, 급박한 문제, 기간이 정해진 프로젝트	인간관계구축, 새로운 기회의 발굴, 중장기계획
중요하지 않은 일	잠깐의 급한 질문, 일부 보고서, 눈앞의 급박한 사항	하찮은 일, 우편물, 전화, 시간낭비거리, 즐거운 활동

답 ②

2 자원관리능력을 구성하는 하위능력

(1) 시간관리능력

① 시간의 특성
  ㉠ 시간은 매일 주어지는 기적이다.
  ㉡ 시간은 똑같은 속도로 흐른다.
  ㉢ 시간의 흐름은 멈추게 할 수 없다.
  ㉣ 시간은 꾸거나 저축할 수 없다.
  ㉤ 시간은 사용하기에 따라 가치가 달라진다.

② 시간관리의 효과
  ㉠ 생산성 향상
  ㉡ 가격 인상
  ㉢ 위험 감소
  ㉣ 시장 점유율 증가

③ 시간계획
　㉠ 개념 : 시간 자원을 최대한 활용하기 위하여 가장 많이 반복되는 일에 가장 많은 시간을 분배하고, 최단시간에 최선의 목표를 달성하는 것을 의미한다.
　㉡ 60 : 40의 Rule

계획된 행동 (60%)	계획 외의 행동 (20%)	자발적 행동 (20%)
총 시간		

예제 2

유아용품 홍보팀의 사원 은이씨는 일산 킨텍스에서 열리는 유아용품박람회에 참여하고자 한다. 당일 회의 후 출발해야 하며 회의 종료 시간은 오후 3시이다.

장소	일시
일산 킨텍스 제2전시장	2016. 1. 20(금) PM 15:00~19:00 * 입장가능시간은 종료 2시간 전까지

오시는 길
지하철 : 4호선 대화역(도보 30분 거리)
버스 : 8109번, 8407번(도보 5분 거리)

• 회사에서 버스정류장 및 지하철역까지 소요시간

출발지	도착지		소요시간
회사	×× 정류장	도보	15분
		택시	5분
	지하철역	도보	30분
		택시	10분

• 일산 킨텍스 가는 길

교통편	출발지	도착지	소요시간
지하철	강남역	대화역	1시간 25분
버스	×× 정류장	일산 킨텍스 정류장	1시간 45분

위의 제시 상황을 보고 은이씨가 선택할 교통편으로 가장 적절한 것은?

① 도보 – 지하철
② 도보 – 버스
③ 택시 – 지하철
④ 택시 – 버스

[출제의도]
주어진 여러 시간정보를 수집하여 실제 업무 상황에서 시간자원을 어떻게 활용할 것인지 계획하고 할당하는 능력을 측정하는 문항이다.
[해설]
④ 택시로 버스정류장까지 이동해서 버스를 타고 가게 되면 택시(5분), 버스(1시간 45분), 도보(5분)으로 1시간 55분이 걸린다.
① 도보-지하철 : 도보(30분), 지하철(1시간 25분), 도보(30분)이므로 총 2시간 25분이 걸린다.
② 도보-버스 : 도보(15분), 버스(1시간 45분), 도보(5분)이므로 총 2시간 5분이 걸린다.
③ 택시-지하철 : 택시(10분), 지하철(1시간 25분), 도보(30분)이므로 총 2시간 5분이 걸린다.

답 ④

(2) 예산관리능력

① 예산과 예산관리

　　㉠ 예산 : 필요한 비용을 미리 헤아려 계산하는 것이나 그 비용

　　㉡ 예산관리 : 활동이나 사업에 소요되는 비용을 산정하고, 예산을 편성하는 것뿐만 아니라 예산을 통제하는 것 모두를 포함한다.

② 예산의 구성요소

비용	직접비용	재료비, 원료와 장비, 시설비, 여행(출장) 및 잡비, 인건비 등
	간접비용	보험료, 건물관리비, 광고비, 통신비, 사무비품비, 각종 공과금 등

③ 예산수립 과정 ⋯ 필요한 과업 및 활동 구명 → 우선순위 결정 → 예산 배정

예제 3

당신은 가을 체육대회에서 총무를 맡으라는 지시를 받았다. 다음과 같은 계획에 따라 예산을 진행하였으나 확보된 예산이 생각보다 적게 되어 불가피하게 비용항목을 줄여야 한다. 다음 중 귀하가 비용 항목을 없애기에 가장 적절한 것은 무엇인가?

〈○○산업공단 춘계 1차 워크숍〉

1. 해당부서 : 인사관리팀, 영업팀, 재무팀
2. 일　　정 : 2016년 4월 21일~23일(2박 3일)
3. 장　　소 : 강원도 속초 ○○연수원
4. 행사내용 : 바다열차탑승, 체육대회, 친교의 밤 행사, 기타

① 숙박비　　　　　　　　　　② 식비
③ 교통비　　　　　　　　　　④ 기념품비

[출제의도]
업무에 소요되는 예산 중 꼭 필요한 것과 예산을 감축해야할 때 삭제 또는 감축이 가능한 것을 구분해내는 능력을 묻는 문항이다.

[해설]
한정된 예산을 가지고 과업을 수행할 때에는 중요도를 기준으로 예산을 사용한다. 위와 같이 불가피하게 비용 항목을 줄여야 한다면 기본적인 항목인 숙박비, 식비, 교통비는 유지되어야 하기에 항목을 없애기 가장 적절한 정답은 ④번이 된다.

답 ④

(3) 물적관리능력

① 물적자원의 종류
　㉠ 자연자원 : 자연상태 그대로의 자원 **예** 석탄, 석유 등
　㉡ 인공자원 : 인위적으로 가공한 자원 **예** 시설, 장비 등

② 물적자원관리 ⋯ 물적자원을 효과적으로 관리할 경우 경쟁력 향상이 향상되어 과제 및 사업의 성공으로 이어지며, 관리가 부족할 경우 경제적 손실로 인해 과제 및 사업의 실패 가능성이 커진다.

③ 물적자원 활용의 방해요인
　㉠ 보관 장소의 파악 문제
　㉡ 훼손
　㉢ 분실

④ 물적자원관리 과정

과정	내용
사용 물품과 보관 물품의 구분	• 반복 작업 방지 • 물품활용의 편리성
동일 및 유사 물품으로의 분류	• 동일성의 원칙 • 유사성의 원칙
물품 특성에 맞는 보관 장소 선정	• 물품의 형상 • 물품의 소재

예제 4

S호텔의 외식사업부 소속인 K씨는 예약일정 관리를 담당하고 있다. 아래의 예약일정과 정보를 보고 K씨의 판단으로 옳지 않은 것은?

〈S호텔 일식 뷔페 1월 ROOM 예약 일정〉

* 예약 : ROOM 이름(시작시간)

SUN	MON	TUE	WED	THU	FRI	SAT
					1	2
					백합(16)	장미(11) 백합(15)
3	4	5	6	7	8	9
라일락(15)		백향목(10) 백합(15)	장미(10) 백향목(17)	백합(11) 라일락(18)	백향목(15)	장미(10) 라일락(15)

ROOM 구분	수용가능인원	최소투입인력	연회장 이용시간
백합	20	3	2시간
장미	30	5	3시간
라일락	25	4	2시간
백향목	40	8	3시간

- 오후 9시에 모든 업무를 종료함
- 한 타임 끝난 후 1시간씩 세팅 및 정리
- 동 시간 대 서빙 투입인력은 총 10명을 넘을 수 없음

안녕하세요. 1월 첫째 주 또는 둘째 주에 신년회 행사를 위해 ROOM을 예약하려고 하는데요. 저희 동호회의 총 인원은 27명이고 오후 8시쯤 마무리하려고 합니다. 신정과 주말, 월요일은 피하고 싶습니다. 예약이 가능할까요?

① 인원을 고려했을 때 장미ROOM과 백향목ROOM이 적합하겠군.
② 만약 2명이 안 온다면 예약 가능한 ROOM이 늘어나겠구나.
③ 조건을 고려했을 때 예약 가능한 ROOM은 5일 장미ROOM뿐이겠구나.
④ 오후 5시부터 8시까지 가능한 ROOM을 찾아야해.

[출제의도]
주어진 정보와 일정표를 토대로 이용 가능한 물적자원을 확보하여 이를 정확하게 안내할 수 있는 능력을 측정하는 문항이다. 고객이 제공한 정보를 정확하게 파악하고 그 조건 안에서 가능한 자원을 제공할 수 있어야 한다.

[해설]
③ 조건을 고려했을 때 5일 장미ROOM과 7일 장미ROOM이 예약 가능하다.
① 참석 인원이 27명이므로 30명 수용 가능한 장미ROOM과 40명 수용 가능한 백향목ROOM 두 곳이 적합하다.
② 만약 2명이 안 온다면 총 참석 인원 25명이므로 라일락ROOM, 장미ROOM, 백향목ROOM이 예약 가능하다.
④ 오후 8시에 마무리하려고 계획하고 있으므로 적절하다.

답 ③

(4) 인적자원관리능력

① 인맥 … 가족, 친구, 직장동료 등 자신과 직접적인 관계에 있는 사람들인 핵심인맥과 핵심인맥들로부터 알게 된 파생인맥이 존재한다.

② 인적자원의 특성 … 능동성, 개발가능성, 전략적 자원

③ 인력배치의 원칙

　　㉠ 적재적소주의 : 팀의 효율성을 높이기 위해 팀원의 능력이나 성격 등과 가장 적합한 위치에 배치하여 팀원 개개인의 능력을 최대로 발휘해 줄 것을 기대하는 것

　　㉡ 능력주의 : 개인에게 능력을 발휘할 수 있는 기회와 장소를 부여하고 그 성과를 바르게 평가하며 평가된 능력과 실적에 대해 그에 상응하는 보상을 주는 원칙

　　㉢ 균형주의 : 모든 팀원에 대한 적재적소를 고려

④ 인력배치의 유형

　　㉠ 양적 배치 : 부문의 작업량과 조업도, 여유 또는 부족 인원을 감안하여 소요인원을 결정하여 배치하는 것

　　㉡ 질적 배치 : 적재적소의 배치

　　㉢ 적성 배치 : 팀원의 적성 및 흥미에 따라 배치하는 것

| 예제 5

최근 조직개편 및 연봉협상 과정에서 직원들의 불만이 높아지고 있다. 온갖 루머가 난무한 가운데 인사팀원인 당신에게 사내 게시판의 직원 불만사항에 대한 진위여부를 파악하고 대안을 세우라는 팀장의 지시를 받았다. 다음 중 당신이 조치를 취해야 하는 직원은 누구인가?

① 사원 A는 팀장으로부터 업무 성과가 탁월하다는 평가를 받았는데도 조직개편으로 인한 부서 통합으로 인해 승진을 못한 것이 불만이다.

② 사원 B는 회사가 예년에 비해 높은 영업 이익을 얻었는데도 불구하고 연봉 인상에 인색한 것이 불만이다.

③ 사원 C는 회사가 급여 정책을 변경해서 고정급 비율을 낮추고 기본급과 인센티브를 지급하는 제도로 바꾼 것이 불만이다.

④ 사원 D는 입사 동기인 동료가 자신보다 업무 실적이 좋지 않고 불성실한 근무태도를 가지고 있는데, 팀장과의 친분으로 인해 자신보다 높은 평가를 받은 것이 불만이다.

[출제의도]
주어진 직원들의 정보를 통해 시급하게 진위여부를 가리고 조치하여 인력배치를 해야 하는 사항을 확인하는 문제이다.
[해설]
사원 A, B, C는 각각 조직 정책에 대한 불만이기에 논의를 통해 조직적으로 대처하는 것이 옳지만, 사원 D는 팀장의 독단적인 전횡에 대한 불만이기 때문에 조사하여 시급히 조치할 필요가 있다. 따라서 가장 적절한 답은 ④번이 된다.

답 ④

1 다음에 제시된 박 대리의 소비 패턴을 보고 적절하게 추론할 수 있는 것을 〈보기〉에서 모두 고른 것은?

> 합리적인 선택을 하는 박 대리는 외식, 책, 의류 구입을 위한 소비를 하였다. 지난주 외식, 책, 의류 구입 가격은 각각 2만 원, 3만 원, 2만 원이었고, 박 대리의 소비 횟수는 각각 7회, 3회, 6회였다. 이번 주말에 외식, 책, 의류 구입의 가격이 각각 3만 원, 2만 원, 3만 원으로 변하였고, 이에 따라 박 대리의 이번 주 소비 횟수도 5회, 4회, 4회로 바뀌었다.
> 박 대리는 매주 정해진 동일한 금액을 책정하여 남기지 않고 모두 사용하며, 최고의 만족도를 얻는 방향으로 소비한다.

> 〈보기〉
> (가) 지난주에 박 대리가 이번 주와 동일한 소비를 하기에는 책정한 돈이 부족하다.
> (나) 이번 주에 박 대리가 지난주와 동일한 소비를 하기에는 책정한 돈이 부족하다.
> (다) 박 대리가 이번 주 소비에서 얻는 만족도는 지난주 소비에서 얻는 만족도보다 높거나 같다.
> (라) 박 대리가 지난주 소비에서 얻는 만족도는 이번 주 소비에서 얻는 만족도보다 높거나 같다.

① (가), (나) 　　　　　　　　　② (가), (다)

③ (가), (라) 　　　　　　　　　④ (나), (다)

⑤ (나), (라)

 박 대리의 지난주와 이번 주의 소비 지출액은 각각 2만 × 7+3만 × 3+2만 × 6=35만 원과 3만 × 5+2만 × 4+3만 × 4=35만 원으로 같다.
　　(가) 만일 지난주에 이번 주와 같은 소비(외식 5회, 책 4회, 의류 구입 4회)를 선택하였다면 2만 × 5+3만 × 4+2만 × 4=30만 원이 들게 되므로 책정한 돈은 충분하다. (X)
　　(나) 반대로 이번 주에 지난주와 같은 소비(외식 7회, 책 3회, 의류 구입 6회)를 선택하였다면 3만 × 7+2만 × 3+3만 × 6=45만 원으로 돈이 부족하게 된다. (O)
　　(다)(라) 지난주에 이번 주와 같은 소비를 하였다면, 35만 원 중 5만 원이 남아 다른 소비가 가능해지는데, 그러지 않은 이유는 지난주 소비(외식 7회, 책 3회, 의류 구입 6회)를 통해 얻은 만족도가 이번 주 소비를 통해 얻은 만족도보다 높거나 같기 때문이라는 추론이 가능하다. 반면, 이번 주에 지난주처럼 소비하지 못한 것은 재화의 가격 변화로 책정한 돈이 부족해져 구매를 포기했다고 추론할 수 있다. 따라서 박 대리는 지난주에 비해 이번 주에 만족도가 떨어졌다을 것이라는 추론이 가능하다.

Answer 1.⑤

2 경비 집행을 담당하는 H대리는 이번 달 사용한 비용 내역을 다음과 같이 정리하였다. 이를 본 팀장은 H대리에게 이번 달 간접비의 비중이 직접비의 25%를 넘지 말았어야 했다고 말한다. 다음과 같이 H대리가 생각하는 내용 중 팀장이 이번 달 계획했던 비용 지출 계획과 어긋나는 것은?

〈이번 달 비용 내역〉

* 직원 급여 1,200만 원　　　　　　　* 출장비 200만 원
* 설비비 2,200만 원　　　　　　　　* 자재대금 400만 원
* 사무실 임대료 300만 원　　　　　　* 수도/전기세 35만 원
* 광고료 600만 원　　　　　　　　　* 비품 30만 원
* 직원 통신비 60만 원

---

① '비품을 다음 달에 살 걸 그랬네…'
② '출장비가 80만 원만 더 나왔어도 팀장님이 원하는 비중대로 되었을 텐데…'
③ '어쩐지 수도/전기세를 다음 달에 몰아서 내고 싶더라…'
④ '직원들 통신비를 절반으로 줄이기만 했어도…'
⑤ '가만, 내가 설비비 부가세를 포함했는지 확인해야겠다. 그것만 포함되면 될텐데…'

 제시된 항목 중 직접비는 직원 급여, 출장비, 설비비, 자재대금으로 총액 4,000만 원이며, 간접비는 사무실 임대료, 수도/전기세, 광고료, 비품, 직원 통신비로 총액 1,025만 원이다. 따라서 출장비가 280만 원이 되면 직접비 총액이 4,080만 원이 되므로 여전히 간접비는 직접비의 25%가 넘게 된다.
① 30만 원이 절약되므로 간접비는 직접비의 25% 이하가 된다.
③ 간접비가 35만 원 절약되므로 팀장의 지시 사항에 어긋나지 않게 된다.
④ 간접비 총액이 1,000만원 밑으로 내려가므로 팀장의 지시 사항에 어긋나지 않게 된다.
⑤ 직접비가 220만 원 상승하므로 팀장의 지시 사항에 어긋나지 않게 된다.

3 다음은 공무원에게 적용되는 '병가' 규정의 일부이다. 다음을 참고할 때, 규정에 맞게 병가를 사용한 것으로 볼 수 없는 사람은?

병가(복무규정 제18조)

▲ 병가사유
- 질병 또는 부상으로 인하여 직무를 수행할 수 없을 때
- 감염병의 이환으로 인하여 그 공무원의 출근이 다른 공무원의 건강에 영향을 미칠 우려가 있을 때
▲ 병가기간
- 일반적 질병 또는 부상 : 연 60일의 범위 내
- 공무상 질병 또는 부상 : 연 180일의 범위 내
▲ 진단서를 제출하지 않더라도 연간 누계 6일까지는 병가를 사용할 수 있으나, 연간 누계 7일째 되는 시점부터는 진단서를 제출하여야 함
▲ 질병 또는 부상으로 인한 지각 · 조퇴 · 외출의 누계 8시간은 병가 1일로 계산, 8시간 미만은 계산하지 않음
▲ 결근 · 정직 · 직위해제일수는 공무상 질병 또는 부상으로 인한 병가일수에서 공제함

---

① 공무상 질병으로 179일 병가 사용 후, 같은 질병으로 인한 조퇴 시간 누계가 7시간인 K씨

② 일반적 질병으로 인하여 직무 수행이 어려울 것 같아 50일 병가를 사용한 S씨

③ 정직 30일의 징계와 30일의 공무상 병가를 사용한 후 지각 시간 누계가 7시간인 L씨

④ 일반적 질병으로 60일 병가 사용 후 일반적 부상으로 인한 지각 · 조퇴 · 외출 시간이 각각 3시간씩인 H씨

⑤ 진단서 없이 6일간의 병가 사용 후 지각 · 조퇴 · 외출 시간이 각각 2시간씩인 J씨

 일반적 질병으로 60일 병가를 모두 사용하였고, 부상으로 인한 지각 · 조퇴 · 외출 누계 허용 시간인 8시간을 1시간 넘겼으므로 규정 내의 병가 사용이라고 볼 수 없다.
　① 공무상 질병으로 인한 병가는 180일 이내이며, 조퇴 누계 시간이 8시간 미만이므로 규정 내에서 사용하였다.
　② 일반적 질병으로 60일 범위 내에서 사용한 병가이므로 규정 내에서 사용하였다.
　③ 정직일수는 병가일수에서 공제하여야 하므로 60일(정직 30일 + 공무상 병가 30일)의 공무상 병가이며, 지각 누계 시간이 8시간 미만이므로 규정 내에서 사용하였다.
　⑤ 진단서 없이 6일간의 기한 내 병가 사용이며 지각 · 조퇴 · 외출 누계 시간이 각각 6시간으로 규정 내에서 사용하였다.

Answer↰ 2.② 3.④

|4~5| 다음 글을 읽고 이어지는 물음에 답하시오.

A사와 B사는 동일한 S제품을 생산하는 경쟁 관계에 있는 두 기업이며, 다음과 같은 각기 다른 특징을 가지고 마케팅을 진행하였다.

A사

후발 주자로 업계에 뛰어든 A사는 우수한 품질과 생산 설비의 고급화를 이루어 S제품 공급을 고가 정책에 맞추어 진행하기로 하였다. 이미 S제품의 개발이 완료되기 이전부터 A사의 잠재력을 인정한 해외의 K사로부터 장기 공급계약을 체결하는 등의 실적을 거두며 대내외 언론으로부터 조명을 받았다. A사는 S제품의 개발 단계에서, 인건비 등 기타 비용을 포함한 자체 마진을 설비 1대당 1천만 원, 연구개발비를 9천만 원으로 책정하고 총 1억 원에 K사와 계약을 체결하였으나 개발 완료 시점에서 알게 된 실제 개발에 투입된 연구개발비가 약 8천 5백만 원으로 집계되어 추가의 이익을 보게 되었다.

B사

A사보다 먼저 시장에 진입한 B사는 상대적으로 낮은 인건비의 기술 인력을 확보할 수 있어서 동일한 S제품을 생산하는 데 A사보다 다소 저렴한 가격 구조를 형성할 수 있었다. B사는 당초 설비 1대당 5백만 원의 자체 마진을 향유하며 연구개발비로 약 8천만 원이 소요될 것으로 예상, 총 8천 5백만 원으로 공급가를 책정하고, 저가 정책에 힘입어 개발 완료 이전부터 경쟁자들을 제치고 많은 거래선들과 거래 계약을 체결하게 되었다. 그러나 S제품 개발이 완료된 후 비용을 집계해 본 결과, 당초 예상과는 달리 A사와 같은 8천 5백만 원의 연구개발비가 투입되었음을 알게 되어 개발 단계에서 5백만 원의 추가 손실을 보게 되었다.

4 다음 중 위와 같은 상황 속에서 판단할 수 있는 설명으로 적절하지 않은 것은?

① A사는 결국 높은 가격으로 인하여 시장점유율이 하락할 것이다.

② B사는 물건을 만들면 만들수록 계속 손실이 커지게 될 것이다.

③ A사가 경쟁력을 확보하려면 가격을 인하하여야 한다.

④ 비용을 가급적 적게 책정한다고 모두 좋은 것은 아니다.

⑤ 결국 실제 들어가는 비용보다 조금 높은 개발비를 책정하여야 한다.

 A사는 높은 가격으로 인한 거래선 유치의 어려움으로 인해 결국 시장점유율이 하락할 것이며, B사는 지속적인 적자 누적으로 제품 생산을 계속할수록 적자폭도 커지게 되는 상황을 맞이하게 될 것이다. 따라서 개발 책정 비용과 실제 발생하는 비용을 동일하게 유지하는 것이 기업에게 가장 바람직한 모습이라고 할 수 있다.

5 예산자원 관리의 측면에서 볼 때, 윗글이 암시하고 있는 예산관리의 특징으로 적절하지 않은 것은?

① 예산만 정확하게 수립되면 실제 활동이나 사업 진행하는 과정상 관리가 크게 개입될 필요가 없다.

② 개발 비용 > 실제 비용의 경우 결국 해당 기업은 경쟁력을 상실하게 된다.

③ 실제 비용 > 개발 비용의 경우 결국 해당 기업은 지속 적자가 발생한다.

④ 실제 비용 = 개발 비용으로 유지하는 것이 가장 바람직하다.

⑤ 예산관리는 최소의 비용으로 최대의 이익을 얻기 위해 요구되는 능력이다.

 기업이 예산 투입을 하는 과정에 있어 비용을 적게 들이는 것이 반드시 좋은 것은 아니다. 기업에서 제품을 개발한다고 할 때, 개발 책정 비용을 실제보다 높게 책정하면 경쟁력을 잃어버리게 되고, 반대로 낮게 책정하면 개발 자체가 이익을 주는 것이 아니라 오히려 적자가 나는 경우가 발생할 수 있다. 그로 인해 책정 비용과 실제 비용의 차이를 줄이고, 비슷한 상태가 가장 이상적인 상태라고 할 수 있다. 또한, 아무리 예산을 정확하게 수립하였다 하더라도 활동이나 사업을 진행하는 과정에서 계획에 따라 적절히 관리하지 않으면 아무런 효과가 없다. 즉 아무리 좋은 계획도 실천하지 않으면 되지 않듯이 예산 또한 적절한 관리가 필요하다. 이는 좁게는 개인의 생활비나 용돈관리에서부터 크게는 사업, 기업 등의 예산관리가 모두 마찬가지이며, 실행과정에서 적절히 예산을 통제해주는 것이 필수적이라고 할 수 있다.

▌6~7▐ 다음은 G사 영업본부 직원들의 담당 업무와 다음 달 주요 업무 일정표이다. 다음을 참고로 이어지는 물음에 답하시오.

<다음 달 주요 업무 일정>

일	월	화	수	목	금	토
		1 사업계획 초안 작성(2)	2	3	4 사옥 이동 계획 수립(2)	5
6	7	8 인트라넷 요청사항 정리(2)	9 전 직원 월간회의	10	11 TF팀 회의(1)	12
13	14 법무실무 담당자 회의(3)	15	16	17 신제품 진행과정 보고(1)	18	19
20	21 매출부진 원인분석(2)	22	23 홍보자료 작성(3)	24 인사고과(2)	25	26
27	28 매출 집계(2)	29 부서경비 정리(2)	30	31		

* ( )안의 숫자는 해당 업무 소요 일수

<담당자별 업무>

담당자	담당업무
갑	부서 인사고과, 사옥 이동 관련 이사 계획 수립, 내년도 사업계획 초안 작성
을	매출부진 원인 분석, 신제품 개발 진행과정 보고
병	자원개발 프로젝트 TF팀 회의 참석, 부서 법무실무 교육 담당자 회의
정	사내 인트라넷 구축 관련 요청사항 정리, 대외 홍보자료 작성
무	월말 부서 경비집행 내역 정리 및 보고, 매출 집계 및 전산 입력

6 위의 일정과 담당 업무를 참고할 때, 다음 달 월차 휴가를 사용하기에 적절한 날짜를 선택한 직원이 아닌 것은 어느 것인가?

① 갑 – 23일　　　　　　　　　② 을 – 8일

③ 병 – 4일　　　　　　　　　④ 정 – 25일

⑤ 무 – 24일

(Tip)　정은 홍보자료 작성 업무가 23일에 예정되어 있으며 3일 간의 시간이 걸리는 업무이므로 25일에 월차 휴가를 사용하는 것은 바람직하지 않다.

7 갑작스런 해외 거래처의 일정 변경으로 인해 다음 달 넷째 주에 영업본부에서 2명이 일주일 간 해외 출장을 가야 한다. 위에 제시된 5명의 직원 중 담당 업무에 지장이 없는 2명을 뽑아 출장을 보내야 할 경우, 출장자로 적절한 직원은 누구인가?

① 갑, 병　　　　　　　　　② 을, 정

③ 정, 무　　　　　　　　　④ 을, 병

⑤ 병, 무

(Tip)　넷째 주에는 을의 매출부진 원인 분석 업무, 정의 홍보자료 작성 업무, 갑의 부서 인사고과 업무가 예정되어 있다. 따라서 출장자로 가장 적합한 두 명의 직원은 병과 무가 된다.

Answer 6.④ 7.⑤

8 다음은 특정년도 강수일과 강수량에 대한 자료이다. 다음 자료를 참고로 판단한 〈보기〉의 의견 중 자료의 내용에 부합하는 것을 모두 고른 것은?

〈장마 시작일과 종료일 및 기간〉

	2015년			평년(1981~2010년)		
	시작	종료	기간(일)	시작	종료	기간(일)
중부지방	6.25	7.29	35	6.24~25	7.24~25	32
남부지방	6.24	7.29	36	6.23	7.23~24	32
제주도	6.24	7.23	30	6.19~20	7.20~21	32

〈장마기간 강수일수 및 강수량〉

	2015년		평년(1981~2010년)	
	강수일수(일)	강수량(mm)	강수일수(일)	강수량(mm)
중부지방	18.5	220.9	17.2	366.4
남부지방	16.7	254.1	17.1	348.6
제주도	13.5	518.8	18.3	398.6
전국	17.5	240.1	17.1	356.1

〈보기〉
㉠ 중부지방과 남부지방은 평년 대비 2015년에 장마 기간과 강수일수가 모두 늘어났지만 강수량은 감소하였다.
㉡ 2015년의 장마 기간 1일 당 평균 강수량은 제주도-중부지방-남부지방 순으로 많다.
㉢ 중부지방, 남부지방, 제주도의 2015년 장마 기간 대비 강수일수 비율의 크고 작은 순서는 강수일수의 많고 적은 순서와 동일하다.
㉣ 강수일수 및 강수량의 지역적인 수치상의 특징은, 평년에는 강수일수가 많을수록 강수량도 증가하였으나, 2015년에는 강수일수가 많을수록 강수량은 오히려 감소하였다는 것이다.

① ㉠㉡
② ㉡㉢
③ ㉢㉣
④ ㉠㉡㉣
⑤ ㉡㉢㉣

 ㉠ 남부지방은 평년 대비 2015년에 장마 기간은 늘어났지만 강수일수와 강수량은 각각 17.1일 → 16.7일, 348.6mm → 254.1mm로 감소하였다.
㉡ 2015년의 장마 기간 1일 당 평균 강수량은 중부지방이 220.9÷35=약 6.3mm, 남부지방이 254.1÷36=약 7.1mm, 제주도가 518.8÷30=약 17.3mm로 제주도-남부지방-중부지방 순으로 많다.

ⓒ 중부지방, 남부지방, 제주도의 2015년 장마 기간 대비 강수일수 비율은 각각 18.5÷35×100= 약 52.9%, 16.7÷36×100=약 46.4%, 13.5÷30×100=45%이므로 강수일수의 많고 적은 순서 (중부지방 18.5일, 남부지방 16.7일, 제주도 13.5일)와 동일하다.

ⓔ 평년에는 강수일수와 강수량이 모두 제주도, 중부지방, 남부지방의 순으로 높은 수치였으나, 2015년에는 강수일수는 중부지방, 남부지방, 제주도 순인 반면 강수량은 제주도, 남부지방, 중부지방의 순임을 알 수 있다.

9 기획팀 N대리는 다음 달로 예정되어 있는 해외 출장 일정을 확정하려 한다. 다음에 제시된 글의 내용을 만족할 경우 N대리의 출장 일정에 대한 설명 중 올바른 것은?

> N대리는 다음 달 3박 4일 간의 중국 출장이 계획되어 있다. 회사에서는 출발일과 복귀일에 업무 손실을 최소화할 수 있도록 가급적 평일에 복귀하도록 권장하고 있고, 출장 기간에 토요일과 일요일이 모두 포함되는 일정은 지양하도록 요구한다. 이번 출장은 기획팀에게 매우 중요한 문제를 해결할 수 있는 기회가 될 수 있어 팀장은 N대리의 복귀 바로 다음 날 출장 보고를 받고자 한다.
> 다음 달의 첫째 날은 금요일이며 마지막 주 수요일과 13일은 N대리가 빠질 수 없는 업무 일정이 잡혀 있다.

① 금요일에 출장을 떠나는 일정도 가능하다.
② 팀장은 월요일이나 화요일에 출장 보고를 받을 수 있다.
③ N대리가 출발일로 잡을 수 있는 날짜는 모두 4개이다.
④ N대리는 마지막 주에 출장을 가게 될 수도 있다.
⑤ 다음 달 15일 이후가 이전보다 출발 가능일이 더 많다.

 다음 달의 첫째 날이 금요일이므로 아래와 같은 달력을 그려 볼 수 있다.

일	월	화	수	목	금	토
					1	2
3	4	5	6	7	8	9
10	11	12	13	14	15	16
17	18	19	20	21	22	23
24	25	26	27	28	29	30

3박 4일 일정이므로 평일에 복귀해야 하며 주말이 모두 포함되는 일정을 피하기 위해서는 출발일이 일, 월, 화요일이어야 한다. 또한 팀장 보고를 위해서는 금요일에 복귀하게 되는 화요일 출발 일정도 불가능하다.
따라서 일요일과 월요일에만 출발이 가능하다.
그런데 27일과 13일이 출장 일정에 포함될 수 없으므로 10, 11, 24, 25일은 제외된다.
따라서 3, 4, 17, 18일에 출발하는 4가지 일정이 가능하다.
⑤ 출발 가능일은 15일 기준으로 이전과 이후에 동일하게 이틀씩이다.

Answer↱ 8.③ 9.③

10 다음은 이륜차 배달종사자가 숙지해야 할 계절적, 환경적 요인에 의한 배달제한 권고사항이다. 이를 근거로 〈보기〉의 A, B 상황에 맞는 배달제한 권고사항을 순서대로 적절히 나열한 것은?

구분	상황	배달지역 제한 (최대 2km)
비 오는 날	비가 내려 노면이 젖은 경우	-
	폭우 등으로 인해 가시거리 100m 이내의 경우	1.5km 이내
	시간당 15mm 이상, 1일 강수량 110mm 이상, 호우주의보 발령 시	1km 이내
	시간당 20mm 이상, 1일 강수량 180mm 이상, 호우경보 발령 시	배달 금지
눈 오는 날	눈이 2cm 미만 쌓인 경우	-
	눈이 2cm 이상 쌓인 경우	1.5km 이내
	눈이 내려 노면이 미끄러워 체인(사슬형, 직물형) 장착한 경우	1.5km 이내
	대설주의보 발령 시	1km 이내
	대설경보 발령 시	배달 금지
기타	안개, 연무, 박무 등으로 인해 가시거리 100m 이내의 경우	1.5km 이내
	야간운전 시	-

* 호우주의보 – 6시간 70mm, 12시간 110mm 이상 강수
호우경보 – 6시간 110mm, 12시간 180mm 이상 강수
대설주의보 – 24시간 적설량이 5cm 이상
대설경보 – 24시간 적설량이 20cm 이상

〈보기〉

A : 출근길에 내린 비로 가시거리가 100m도 채 안 되었고, 새벽 4시경부터 내리기 시작한 비의 아침 9시쯤 강수량이 75mm였다.
B : 가게 주변 도로는 상인들이 수시로 눈을 치워 거의 쌓이지 않은 상태이며, 이륜차 바퀴에 체인을 장착해 두었다. 어제 이맘때부터 내린 눈은 23cm의 적설량을 보이고 있다.

① 1.5km 거리로 배달 제한, 1km 거리로 배달 제한
② 1.5km 거리로 배달 제한, 배달 금지
③ 1km 거리로 배달 제한, 1.5km 거리로 배달 제한
④ 1km 거리로 배달 제한, 배달 금지
⑤ 배달 금지, 1km 거리로 배달 제한

 A의 경우, 가시거리가 100m 이내이긴 하나 5시간 동안 강수량이 75mm이므로 시간당 15mm에 해당되며 호우주의보 발령 단계가 된다. 따라서 1km 이내로 배달지역을 제한하는 것이 좋다. B의 경우, 24시간 적설량이 20cm을 넘어섰으므로 대설경보 단계이며 배달을 금지하는 것이 좋다.

11 M업체의 직원 채용시험 최종 결과가 다음과 같다면, 다음 5명의 응시자 중 가장 많은 점수를 얻어 최종 합격자가 될 사람은 누구인가?

〈최종결과표〉

(단위 : 점)

	응시자 A	응시자 B	응시자 C	응시자 D	응시자 E
서류전형	89	86	94	92	93
1차 필기	94	92	89	83	91
2차 필기	88	87	90	97	89
면접	90	94	93	92	93

* 각 단계별 다음과 같은 가중치를 부여하여 해당 점수에 추가 반영한다.
  서류전형 점수 10%
  1차 필기 점수 15%
  2차 필기 점수 20%
  면접 점수 5%
* 4개 항목 중 어느 항목이라도 5명 중 최하위 득점이 있을 경우(최하위 점수가 90점 이상일 경우 제외), 최종 합격자가 될 수 없음.
* 동점자는 가중치가 많은 항목 고득점자 우선 채용

① 응시자 A
② 응시자 B
③ 응시자 C
④ 응시자 D
⑤ 응시자 E

 응시자들의 점수를 구하기 전에 채용 조건에 따라 서류전형과 2차 필기에서 최하위 득점을 한 응시자 B와 1차 필기에서 최하위 득점을 한 응시자 D는 채용이 될 수 없다. 면접에서 최하위 득점을 한 응시자 A는 90점 이상이므로 점수를 계산해 보아야 한다. 따라서 응시자 A, C, E의 점수는 다음과 같이 계산된다.
응시자 A : 89×1.1+94×1.15+88×1.2+90×1.05 = 406.1점
응시자 C : 94×1.1+89×1.15+90×1.2+93×1.05 = 411.4점
응시자 E : 93×1.1+91×1.15+89×1.2+93×1.05 = 411.4점
응시자 C와 E가 동점이나, 가중치가 많은 2차 필기의 점수가 높은 응시자 C가 최종 합격이 된다.

|12~13 | 다음 자료를 읽고 이어지는 물음에 답하시오.

전교생이 560명인 한국개발고등학교의 전교회장 선거에 동철과 혜린이 입후보하였다. 이번 선거의 최대 관심사는 자율학습 시간의 조정이다. 학생들은 자신이 선호하는 시간과 가장 가까운 시간을 공약하는 후보에게 반드시 투표한다. 예컨대, 동철이 2시간, 혜린이 5시간을 공약한다면 3시간을 선호하는 학생은 동철에게 투표한다. 만약 두 후보가 공약한 시간과 자신이 선호하는 시간의 차이가 같다면 둘 중 한 명을 50%의 확률로 선택한다. 설문조사 결과 학생들의 자율학습 시간 선호 분포는 다음 그림과 같다.

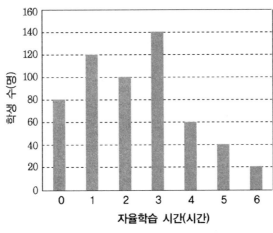

12 위의 자료에 대한 올바른 설명을 〈보기〉에서 모두 고른 것은?

〈보기〉

㉮ 0~2시간을 선호하는 학생들이 4~6시간을 선호하는 학생들보다 많다.

㉯ 혜린이 2시간을 공약하고 동철이 3시간을 공약한다면 동철이 더 많은 표를 얻을 수 있다.

㉰ 혜린이 5시간을 공약한다면 동철은 4시간을 공약하는 것이 5시간을 공약하는 것보다 많은 표를 얻을 수 있다.

㉱ 동철이 1시간을 공약한다면 혜린은 3시간을 공약하는 것이 2시간을 공약하는 것보다 많은 표를 얻을 수 있다.

① ㉮, ㉯　　　　　　　　　　　② ㉮, ㉰

③ ㉮, ㉱　　　　　　　　　　　④ ㉯, ㉱

⑤ ㉰, ㉱

(나) 혜린이 2시간을 공약하고 동철이 3시간을 공약한다면, 0~2시간을 선호하는 학생들은 혜린에게, 3~6시간을 선호하는 학생들은 동철에게 투표할 것이다. 따라서 혜린이 더 많은 표를 얻을 것이다.

(다) 동철이 5시간을 공약하면 모든 학생이 50%의 확률로 동철에게 투표하므로 학생의 절반이 동철에게 투표한다고 할 수 있다. 동철이 4시간을 공약하면 0~4시간을 선호하는 학생들이 동철에게 투표한다. 따라서 4시간을 공약하면 더 많은 표를 얻을 수 있다.

(라) 동철이 1시간을 공약할 때 혜린이 2시간을 공약하면 2~6시간을 선호하는 학생들이 혜린에게 투표한다. 3시간을 공약하면 3~6시간을 선호하는 학생과 2시간을 선호하는 학생의 절반(2시간을 선호하는 학생이 50%의 확률로 동철에게 투표)이 혜린에게 투표한다. 따라서 2시간을 공약하면 더 많은 표를 얻을 수 있다.

13 각 후보가 자신이 당선될 가능성이 가장 높은 자율학습 시간을 공약으로 내세울 때, 동철과 혜린의 공약으로 적절한 것은?

① 동철은 2시간을 공약하고 혜린은 3시간을 공약한다.

② 동철은 3시간을 공약하고 혜린은 2시간을 공약한다.

③ 동철과 혜린 모두 2시간을 공약한다.

④ 동철과 혜린 모두 3시간을 공약한다.

⑤ 동철과 혜린 모두 4시간을 공약한다.

동철이 0시간 혹은 1시간을 공약하면 혜린은 동철보다 1시간 더 많은 시간을 공약하는 것이 더 많은 표를 얻을 수 있다. 동철이 3, 4, 5, 6시간을 공약하면 혜린은 동철보다 1시간 더 적은 시간을 공약하는 것이 더 많은 표를 얻을 수 있다. 동철이 2시간을 공약하면 같은 2시간을 공약하는 것이 가장 많은 표를 얻을 수 있다. 이는 동철에게도 마찬가지이다. 따라서 동철과 혜린 모두 2시간을 공약하게 될 것이다.

* 적은 시간을 선호하는 학생부터 줄을 세운다면 560명의 절반인 280번째 또는 281번째 학생(이를 '중위 투표자'라 한다. 중위 투표자란 중간의 선호를 가진 사람으로, 두 대안을 대상으로 하는 다수결 투표의 결과는 이 투표자에 의해 결정된다고 한다)은 2시간을 선호할 것이다. 위에서 제시된 논리에 따라 두 명의 후보는 모두 중위 투표자가 선호하는 시간을 공약할 것이다.

Answer → 12.② 13.③

▌14~15▐ 다음은 '대한 국제 회의장'의 예약 관련 자료이다. 이를 보고 이어지는 물음에 답하시오.

〈대한 국제 회의장 예약 현황〉

행사구분	행사주체	행사일	시작시간	진행시간	예약인원	행사장
학술대회	A대학	3/10	10:00	2H	250명	전시홀
공연	B동아리	2/5	17:00	3H	330명	그랜드볼룸
학술대회	C연구소	4/10	10:30	6H	180명	전시홀
국제회의	D국 무역관	2/13	15:00	4H	100명	컨퍼런스홀
국제회의	E제품 바이어	3/7	14:00	3H	150명	그랜드볼룸
공연	F사 동호회	2/20	15:00	4H	280명	전시홀
학술대회	G학회	4/3	10:00	5H	160명	컨퍼런스홀
국제회의	H기업	2/19	11:00	3H	120명	그랜드볼룸

〈행사장별 행사 비용〉

	행사 비용
전시홀	350,000원(기본 2H), 1시간 당 5만 원 추가, 200명 이상일 경우 기본요금의 15% 추가
그랜드볼룸	450,000원(기본 2H), 1시간 당 5만 원 추가, 250명 이상일 경우 기본요금의 20% 추가
컨퍼런스홀	300,000원(기본 2H), 1시간 당 3만 원 추가, 150명 이상일 경우 기본요금의 10% 추가

14 다음 중 대한 국제 회의장이 2월 중 얻게 되는 기본요금과 시간 추가 비용의 수익금은 모두 얼마 인가? (인원 추가 비용 제외)

① 172만 원
② 175만 원
③ 177만 원
④ 180만 원
⑤ 181만 원

 2월 행사는 4번이 예약되어 있으며, 행사주제별로 기본 사용료를 계산해 보면 다음과 같다.
  • B동아리 : 450,000원 + 50,000원 = 500,000원
  • D국 무역관 : 300,000원 + 60,000원 = 360,000원
  • F사 동호회 : 350,000원 + 100,000원 = 450,000원
  • H기업 : 450,000원 + 50,000원 = 500,000원
  따라서 이를 모두 더하면 1,810,000원이 되는 것을 알 수 있다.

15 다음 중 인원 추가 비용이 가장 큰 시기부터 순서대로 올바르게 나열된 것은 어느 것인가?

① 4월, 2월, 3월
② 3월, 4월, 2월
③ 3월, 2월, 4월
④ 2월, 3월, 4월
⑤ 2월, 4월, 3월

월별 인원 추가 비용은 다음과 같이 구분하여 계산할 수 있다.

2월	3월	4월
• B동아리 : 450,000원×0.2 =90,000원 • D국 무역관 : 인원 미초과 • F사 동호회 : 350,000원× 0.15=52,500원 • H기업 : 인원 미초과	• A대학 : 350,000원×0.15= 52,500원 • E제품 바이어 : 인원 미초과	• C연구소 : 인원 미초과 • G학회 : 300,000원×0.1 =30,000원

따라서 각 시기별 인원 추가 비용은 2월 142,500원, 3월 52,500원, 4월 30,000원이 되어 2월, 3월, 4월 순으로 많게 된다.

Answer ↪ 14.⑤ 15.④

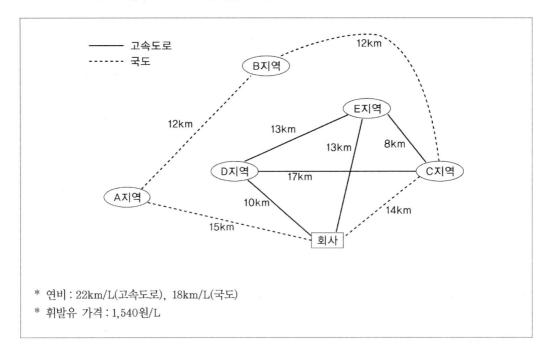

16 K대리는 '회사'에서 출발하여 A ~ E지역을 모두 다녀와야 한다. 같은 곳을 두 번 지나지 않고 회사로부터 5개 지역을 모두 거쳐 다시 회사까지 돌아오는 경로는 모두 몇 가지인가?

① 2가지   ② 3가지

③ 4가지   ④ 5가지

⑤ 6가지

  회사에서 첫 번째로 갈 수 있는 곳은 모두 4개 지역이다.
그런데 C지역으로 가게 되면 같은 지역을 한 번만 지나면서 모든 지역을 거치는 방법이 없게 된다. 따라서 나머지 세 지역으로 갈 경우를 따져 보면 되며, 이것은 다음과 같다.
1. 회사-A지역-B지역-C지역-D지역-E지역-회사
2. 회사-A지역-B지역-C지역-E지역-D지역-회사
3. 회사-D지역-E지역-C지역-B지역-A지역-회사
4. 회사-E지역-D지역-C지역-B지역-A지역-회사
따라서 모두 4가지의 경로가 존재한다.

17 K대리가 선택할 수 있는 최단 경로를 통해 차량(휘발유 사용)으로 방문을 하고 돌아올 경우, K대리가 사용한 연료비의 총 금액은 모두 얼마인가? (단, 원 단위 이하는 절삭한다)

① 5,230원   ② 5,506원

③ 5,700원   ④ 5,704원

⑤ 5,785원

 위 문제에서 총 4가지의 경로가 있다고 했으나 이동 거리를 살펴보면 첫 번째와 네 번째가 같은 방법이며, 두 번째와 세 번째가 같은 방법이라는 것을 알 수 있다.(상호 역순으로 이루어진 경로이다.) 이 두 가지 경우 중 최단 거리에 대한 연비를 계산하면 다음과 같다.

첫 번째의 경우 총 이동 거리는 15+12+12+17+13+13=82km이다.

두 번째의 경우 총 이동 거리는 15+12+12+8+13+10=70km이다.

따라서 두 번째 방법으로 이동했을 경우의 연비를 알아보면 된다.

앞의 세 가지 도로는 국도이며 뒤의 세 가지 도로는 고속도로이므로 연료비는 각각 $(15+12+12) \div 18 \times 1,540 = 3,336$원과 $(8 + 13 + 10) \div 22 \times 1,540 = 2,170$원이 된다.

따라서 총 금액은 $3,336 + 2,170 = 5,506$원이 된다.

Answer ↱ 16.③   17.②

18 변두리에 있는 R호텔은 3개 층으로 이루어져 있고 한 층에 4개의 방이 일렬로 있어 최대 12팀의 투숙객을 맞을 수 있다. 방의 호수가 101, 102 ~ 304호까지 지정되어 있고, 모든 객실이 비어 있는 어느 날 다음과 같은 운동부 선수단이 8개의 방에 투숙하게 되었다. 아래 〈보기〉를 근거로 할 때, 다음 중 올바른 설명은? (단, 다른 투숙객은 없다고 가정한다)

〈보기〉

a. 선수단은 2인 1조가 되어 A~H까지 8개 조가 조별로 한 개의 방을 사용한다.
b. 연이은 3개의 객실 사용은 1개 층에만 있고, 연이은 4개의 객실 사용은 없다.
c. B조와 D조, G조와 F조는 각각 같은 라인에 있다(방 번호 맨 뒤의 숫자가 같다).
d. E조의 방과 B조의 방은 가장 멀리 떨어져 있는 두 개의 방이다.
e. C조의 방과 한 개의 빈 방은 가장 멀리 떨어져 있는 두 개의 방이다.
f. H조는 102호이며 윗층과 옆방에는 각각 A조와 E조가 투숙해 있다.
g. 연이은 2개의 빈 방은 없다.

---

① F조가 103호에 투숙했다면 303호는 빈 방이다.
② H조는 D조와 같은 층에 투숙한다.
③ F조는 C조와 같은 층에 투숙할 수 없다.
④ G조의 방과 F조의 방 사이에는 빈 방이 있다.
⑤ 3층에는 2개 조가 투숙한다.

 f를 통해서 H조는 102호, 202호는 A조, 101호 또는 103호에는 E조가 있음을 알 수 있다. 이런 확정 조건을 가지고 방 번호별 그림을 그려보면 다음과 같다.

301호	302호	303호	304호
201호	202호 A조	203호	204호
101호 (E조)	102호 H조	103호 (E조)	104호

d에서 E조의 방과 B조의 방은 가장 멀리 떨어져 있는 두 개의 방이라고 했으므로 E조의 방은 103호가 될 수 없고 결국 101호가 E조 304호가 B조가 된다. 이 경우 c에 의해서 D조는 204호 또는 104호가 되는데 301호와 104호는 가장 멀리 떨어져 있는 두 개의 방이므로 C조와 한 개의 빈 방이 되어야 한다. 따라서 D조는 204호일 수밖에 없다. 이를 위의 표에 표기하면 다음과 같다.

301호 (C조 또는 빈 방)	302호	303호	304호 B조
201호	202호 A조	203호	204호 D조
101호 E조	102호 H조	103호	104호 (C조 또는 빈 방)

c에서 G조와 F조는 같은 라인이라 했으므로 이 두 조가 투숙할 수 있는 곳은 3호 라인일 수밖에 없다. 그런데 연이은 3개의 객실 사용은 1개 층에만 있다고 하였으므로 이 두 조가 각각 1층과 2층에 투숙할 수는 없으므로 303호에 한 개 조가 투숙해야 한다.

g에서 연이은 2개의 빈 방은 없다고 하였으므로 만일 C조가 104호에 투숙할 경우 301호와 302호는 연이은 2개의 빈 방이 될 수밖에 없다. 따라서 C조가 301호여야 하고 104호가 빈 방이어야 한다. 또한 104호와 연이은 103호가 빈 방일 수 없으므로 G조와 F조 중 한 방은 103호에 투숙하여야 하며 203호는 빈 방이 될 수밖에 없다. 결국 다음과 같이 G조와 F조의 상호 방 번호를 제외한 모든 조의 방 번호가 결정된다.

301호 C조	302호 빈 방	303호 G조 또는 F조	304호 B조
201호 빈 방	202호 A조	203호 빈 방	204호 D조
101호 E조	102호 H조	103호 G조 또는 F조	104호 빈 방

따라서 보기 ④의 'G조의 방과 F조의 방 사이에는 빈 방이 있다'만이 올바른 설명이 된다.

19 우리는 주어진 자원을 효과적으로 활용하는 것보다 의미 없이 낭비하게 되는 일을 주변에서 훨씬 더 많이 겪게 된다. 다음 중 이러한 자원들을 낭비하게 하는 요인으로 가장 적절하지 않은 것은?

① 타인의 의견을 제대로 경청하여 좋은 것을 받아들이려는 열린 마음이 부족하다.

② 자원을 효과적으로 관리하고 싶어도 어떤 좋은 방법이 있는지 제대로 알지 못한다.

③ 무엇이 자원인지 인식하지 못하거나 알아도 왜 중요한지를 잘 이해하지 못한다.

④ 편하고 쉬운 일만을 우선적으로 찾아 하게 되는 습성이 있다.

⑤ 목표치가 분명하지 않아 모든 행동에 계획성이 없다.

 자원을 낭비하는 요인으로는 비계획적 행동, 편리성 추구, 자원에 대한 인식 부재, 노하우 부족 등을 꼽을 수 있다. 우리가 가진 자원은 스스로가 관리하고 지키며 효과적으로 사용할 방안을 찾아야 한다.
① 타인의 말을 잘 경청하려 하지 않는 자세는 자원을 낭비하게 되는 직접적인 요인이 된다고 보기 어렵다.

20 다음 (개)~(애) 중 시간계획을 함에 있어 명심하여야 할 사항으로 적절하지 않은 설명을 모두 고른 것은?

> (개) 자신에게 주어진 시간 중 적어도 60%는 계획된 행동을 해야 한다.
> (내) 계획은 다소 어렵더라도 의지를 담은 목표치를 반영한다.
> (대) 예정 행동만을 계획하는 것이 아니라 기대되는 성과나 행동의 목표도 기록한다.
> (래) 여러 일 중에서 어느 일이 가장 우선적으로 처리해야 할 것인가를 결정한다.
> (매) 유연하고 융통성 있는 시간계획을 정하기보다 가급적 변경 없이 계획대로 밀고 나갈 수 있어야 한다.
> (배) 예상 못한 방문객 접대, 전화 등의 사건으로 예정된 시간이 부족할 경우를 대비하여 여유시간을 확보한다.
> (새) 반드시 해야 할 일을 끝내지 못했을 경우, 다음 계획에 영향이 없도록 가급적 빨리 잊는다.
> (애) 자기 외의 다른 사람(비서, 부하, 상사)의 시간 계획을 감안하여 계획을 수립한다.

① (개), (내), (새)   ② (대), (매), (배)

③ (내), (매), (새)   ④ (내), (대), (매)

⑤ (래), (배), (애)

 시간 관리를 효율적으로 하기 위하여 (내), (매), (새)는 다음과 같이 수정되어야 한다.
    (내) 시간 배정을 계획하는 일이므로 무리한 계획을 세우지 말고, 실현 가능한 것만을 계획하여야 한다.
    (매) 시간계획은 유연하게 해야 한다. 시간계획은 그 자체가 중요한 것이 아니고, 목표달성을 위해 필요한 것이다.
    (새) 꼭 해야만 할 일을 끝내지 못했을 경우에는 차기 계획에 반영하여 끝내도록 하는 계획을 세우는 것이 바람직하다.

21 다음 (가)~(라)에 제시된 자원관리의 기본 과정들을 순서에 맞게 재배열한 것은?

> (가) 확보된 자원을 활용하여 계획에 맞는 업무를 수행해 나가야 한다. 물론 계획에 얽매일 필요는 없지만 최대한 계획대로 수행하는 것이 바람직하다. 불가피하게 수정해야 하는 경우는 전체 계획에 미칠 수 있는 영향을 고려하여야 할 것이다.
>
> (나) 자원을 실제 필요한 업무에 할당하여 계획을 세워야 한다. 여기에서 중요한 것은 업무나 활동의 우선순위를 고려하는 것이다. 최종적인 목적을 이루는 데 가장 핵심이 되는 것에 우선순위를 두고 계획을 세울 필요가 있다. 만약, 확보한 자원이 실제 활동 추진에 비해 부족할 경우 우선순위가 높은 것에 중심을 두고 계획하는 것이 바람직하다.
>
> (다) 실제 상황에서 그 자원을 확보하여야 한다. 수집 시 가능하다면 필요한 양보다 좀 더 여유 있게 확보할 필요가 있다. 실제 준비나 활동을 하는 데 있어서 계획과 차이를 보이는 경우가 빈번하기 때문에 여유 있게 확보하는 것이 안전할 것이다.
>
> (라) 업무를 추진하는 데 있어서 어떤 자원이 필요하며, 또 얼마만큼 필요한지를 파악하는 단계이다. 자원의 종류에는 크게 시간, 예산, 물적자원, 인적자원으로 나누어지지만 실제 업무 수행에서는 이보다 더 구체적으로 나눌 필요가 있다. 구체적으로 어떤 활동을 할 것이며, 이 활동에 어느 정도의 시간, 돈, 물적·인적자원이 필요한지를 파악한다.

① (다) - (라) - (나) - (가)

② (라) - (다) - (가) - (나)

③ (가) - (다) - (나) - (라)

④ (라) - (나) - (다) - (가)

⑤ (라) - (다) - (나) - (가)

 자원을 활용하기 위해서는 가장 먼저 나에게 필요한 자원은 무엇이고 얼마나 필요한지를 명확히 설정하는 일이다. 무턱대고 많은 자원을 수집하는 것은 효율적인 자원 활용을 위해 바람직하지 않다. 나에게 필요한 자원을 파악했으면 다음으로 그러한 자원을 수집하고 확보해야 할 것이다. 확보된 자원을 유용하게 사용할 수 있는 활용 계획을 세우고 수립된 계획에 따라 자원을 활용하는 것이 적절한 자원관리 과정이 된다. 따라서 이를 정리하면, 다음 순서와 같다.
(라) 어떤 자원이 얼마나 필요한지를 확인하기
(다) 이용 가능한 자원을 수집(확보)하기
(나) 자원 활용 계획 세우기
(가) 계획에 따라 수행하기의 4단계가 있다.

22 다음은 영업1 ~ 4팀의 팀별 총무용품의 구매 금액과 각 팀별 구매 **총무용품**의 항목별 구성비를 나타낸 자료이다. 다음 자료를 참고로 복사용품, 팩스용품, 탕비용품, 기타 총무용품의 구매를 위한 지출 금액이 각각 가장 큰 팀을 순서대로 올바르게 나열한 것은?

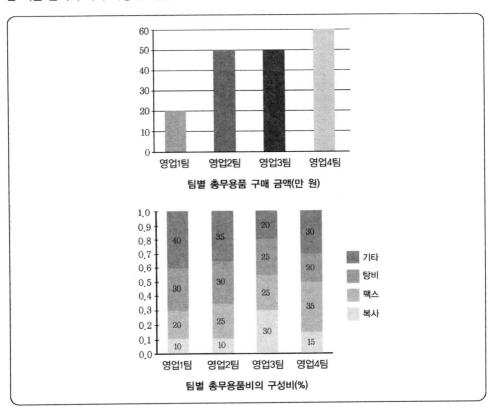

팀별 총무용품 구매 금액(만 원)

팀별 총무용품비의 구성비(%)

① 영업4팀, 영업3팀, 영업2팀, 영업1팀
② 영업2팀, 영업4팀, 영업3팀, 영업4팀
③ 영업3팀, 영업4팀, 영업2팀, 영업4팀
④ 영업4팀, 영업3팀, 영업2팀, 영업4팀
⑤ 영업3팀, 영업2팀, 영업4팀, 영업1팀

(Tip) 영업1 ~ 4팀은 총무용품 구매 비용으로 각각 20만 원, 50만 원, 50만 원, 60만 원을 지출하였다. 지출 금액의 구성비에 따라 팀별 금액을 계산해 보면 다음과 같다.

	영업1팀	영업2팀	영업3팀	영업4팀
복사용품	20×10%=2만 원	50×10%=5만 원	50×30%=15만 원	60×15%=9만 원
팩스용품	20×20%=4만 원	50×25%=12.5만 원	50×25%=12.5만 원	60×35%=21만 원
탕비용품	20×30%=6만 원	50×30%=15만 원	50×25%=12.5만 원	60×20%=12만 원
기타	20×40%=8만 원	50×35%=17.5만 원	50×20%=10만 원	60×30%=18만 원

따라서 복사용품은 영업3팀, 팩스용품은 영업4팀, 탕비용품은 영업2팀, 기타는 영업4팀임을 알 수 있다.

23 N사 기획팀에서는 해외 거래처와의 중요한 계약을 성사시키기 위해 이를 담당할 사내 TF팀 인원을 보강하고자 한다. 다음 상황을 참고할 때, 반드시 선발해야 할 2명의 직원은 누구인가?

기획팀은 TF팀에 추가로 필요한 직원 2명을 보강해야 한다. 계약실무, 협상, 시장조사, 현장교육 등 4가지 업무는 새롭게 선발될 2명의 직원이 분담하여 모두 수행해야 한다.
4가지 업무를 수행하기 위해 필수적으로 갖추어야 할 자질은 다음과 같다.

업무	필요 자질
계약실무	스페인어, 국제 감각
협상	스페인어, 설득력
시장조사	설득력, 비판적 사고
현장교육	국제 감각, 의사 전달력

* 기획팀에서 1차로 선발한 직원은 오 대리, 최 사원, 남 대리, 조 사원 4명이며, 이들은 모두 3가지씩의 '필요 자질'을 갖추고 있다.
* 의사 전달력은 남 대리를 제외한 나머지 3명이 모두 갖추고 있다.
* 조 사원이 시장조사 업무를 제외한 모든 업무를 수행하려면, 스페인어 자질만 추가로 갖추면 된다.
* 오 대리는 계약실무 업무를 수행할 수 있고, 최 사원과 남 대리는 시장조사 업무를 수행할 수 있다.
* 국제 감각을 갖춘 직원은 2명이다.

① 오 대리, 최 사원
② 오 대리, 남 대리
③ 최 사원, 조 사원
④ 최 사원, 조 사원
⑤ 남 대리, 조 사원

 주어진 설명에 의해 4명의 자질과 가능 업무를 표로 정리하면 다음과 같다.

	오 대리	최 사원	남 대리	조 사원
스페인어	○	×	○	×
국제 감각	○	×	×	○
설득력	×	○	○	○
비판적 사고	×	○	○	×
의사 전달력	○	○	×	○

위 표를 바탕으로 4명의 직원이 수행할 수 있는 업무를 정리하면 다음과 같다.
• 오 대리 : 계약실무, 현장교육
• 최 사원 : 시장조사
• 남 대리 : 협상, 시장조사
• 조 사원 : 현장교육
따라서 필요한 4가지 업무를 모두 수행하기 위해서는 오 대리와 남 대리 2명이 최종 선발되어야만 함을 알 수 있다.

|24~25| 다음은 A공단에서 운영하는 '직장여성아파트'에 대한 임대료와 신입사원인 김 미녀 씨의 월 소득 및 비용현황 자료이다. 이를 보고 이어지는 물음에 답하시오.

〈표 1〉 지역별 보증금

(단위 : 원)

구분	아파트	K지역	P지역	D지역	I지역	B지역	C지역
보증금	큰방	990,000	660,000	540,000	840,000	960,000	360,000
	작은방	720,000	440,000	360,000	540,000	640,000	240,000

〈표 2〉 지역별 월 임대료

(단위 : 원)

구분	아파트	K지역	P지역	D지역	I지역	B지역	C지역
월 임대료	큰방	141,000	89,000	71,000	113,000	134,000	50,000
	작은방	91,000	59,000	47,000	75,000	89,000	33,000

〈표 3〉 김 미녀 씨의 월 소득 및 비용현황

(단위 : 만 원)

월 급여	외식비	저금	각종세금	의류구입	여가	보험	기타소비
300	50	50	20	30	25	25	30

* 월 소득과 비용 내역은 매월 동일하다고 가정함.

24 신입사원인 김 미녀 씨는 A공단에서 운영하는 '직장여성아파트'에 입주하려고 한다. 근무 지역은 별 상관이 없는 김 미녀 씨는 월 급여에서 비용을 지출하고 남은 금액의 90%를 넘지 않는 금액으로 가장 넓고 좋은 방을 구하려 한다. 김 미녀 씨가 구할 수 있는 방으로 가장 적절한 것은?

① P지역 작은 방

② I지역 작은 방

③ B지역 작은 방

④ D지역 큰 방

⑤ P지역 큰 방

 김 미녀 씨의 월 급여액에서 비용을 모두 지출하고 남은 금액은 70만 원이다. 90%를 넘지 않아야 하므로 아파트 입주를 위한 최대 지출 가능 금액은 63만 원이다. 또한, 한도액 내에서 가장 넓어야 하므로 보증금과 월 임대료의 합이 611,000인 D지역의 큰 방이 가장 적절한 곳이 된다.

25 업무상 직접비와 간접비를 구분하는 예산 관리를 개인의 소득과 지출에도 적용해 볼 수 있다. 의식주와 직접적으로 관계된 비용을 직접비라고 할 때, 원하는 아파트에 입주한 김 미녀 씨의 입주 둘째 달, 월 급여액에서 직접비가 차지하는 비중을 올바르게 설명한 것은?

① 50%보다 조금 적다.

② 40%보다 조금 많다.

③ 40%보다 조금 적다.

④ 30%보다 조금 적다.

⑤ 20%보다 조금 적다.

 둘째 달은 보증금이 지출되지 않으므로 의식주와 관련된 직접비용은 의류구입비 300,000원, 외식비 500,000원, 월 임대료 71,000원 도합 871,000이다. 따라서 이는 월 급여액인 3,000,000원의 30%보다 조금 적은 비중의 금액이 된다.

Answer┛→ 24.④　25.④

04 수리능력

1 직장생활과 수리능력

(1) 기초직업능력으로서의 수리능력

① 개념 … 직장생활에서 요구되는 사칙연산과 기초적인 통계를 이해하고 도표의 의미를 파악하거나 도표를 이용해서 결과를 효과적으로 제시하는 능력을 말한다.

② 수리능력은 크게 기초연산능력, 기초통계능력, 도표분석능력, 도표작성능력으로 구성된다.
   ㉠ 기초연산능력 : 직장생활에서 필요한 기초적인 사칙연산과 계산방법을 이해하고 활용할 수 있는 능력
   ㉡ 기초통계능력 : 평균, 합계, 빈도 등 직장생활에서 자주 사용되는 기초적인 통계기법을 활용하여 자료의 특성과 경향성을 파악하는 능력
   ㉢ 도표분석능력 : 그래프, 그림 등 도표의 의미를 파악하고 필요한 정보를 해석하는 능력
   ㉣ 도표작성능력 : 도표를 이용하여 결과를 효과적으로 제시하는 능력

(2) 업무수행에서 수리능력이 활용되는 경우

① 업무상 계산을 수행하고 결과를 정리하는 경우
② 업무비용을 측정하는 경우
③ 고객과 소비자의 정보를 조사하고 결과를 종합하는 경우
④ 조직의 예산안을 작성하는 경우
⑤ 업무수행 경비를 제시해야 하는 경우
⑥ 다른 상품과 가격비교를 하는 경우
⑦ 연간 상품 판매실적을 제시하는 경우
⑧ 업무비용을 다른 조직과 비교해야 하는 경우
⑨ 상품판매를 위한 지역조사를 실시해야 하는 경우
⑩ 업무수행과정에서 도표로 주어진 자료를 해석하는 경우
⑪ 도표로 제시된 업무비용을 측정하는 경우

예제 1

다음 자료를 보고 주어진 상황에 대한 물음에 답하시오.

〈근로소득에 대한 간이 세액표〉

월 급여액(천 원) [비과세 및 학자금 제외]		공제대상 가족 수				
이상	미만	1	2	3	4	5
2,500	2,520	38,960	29,280	16,940	13,570	10,190
2,520	2,540	40,670	29,960	17,360	13,990	10,610
2,540	2,560	42,380	30,640	17,790	14,410	11,040
2,560	2,580	44,090	31,330	18,210	14,840	11,460
2,580	2,600	45,800	32,680	18,640	15,260	11,890
2,600	2,620	47,520	34,390	19,240	15,680	12,310
2,620	2,640	49,230	36,100	19,900	16,110	12,730
2,640	2,660	50,940	37,810	20,560	16,530	13,160
2,660	2,680	52,650	39,530	21,220	16,960	13,580
2,680	2,700	54,360	41,240	21,880	17,380	14,010
2,700	2,720	56,070	42,950	22,540	17,800	14,430
2,720	2,740	57,780	44,660	23,200	18,230	14,850
2,740	2,760	59,500	46,370	23,860	18,650	15,280

※ 갑근세는 제시되어 있는 간이 세액표에 따름
※ 주민세=갑근세의 10%
※ 국민연금=급여액의 4.50%
※ 고용보험=국민연금의 10%
※ 건강보험=급여액의 2.90%
※ 교육지원금=분기별 100,000원(매 분기별 첫 달에 지급)

박○○ 사원의 5월 급여내역이 다음과 같고 전월과 동일하게 근무하였으나 특별수당은 없고 차량지원금으로 100,000원을 받게 된다면, 6월에 받게 되는 급여는 얼마인가? (단, 원 단위 절삭)

(주) 서원플랜테크 5월 급여내역			
성명	박○○	지급일	5월 12일
기본급여	2,240,000	갑근세	39,530
직무수당	400,000	주민세	3,950
명절 상여금		고용보험	11,970
특별수당	20,000	국민연금	119,700
차량지원금		건강보험	77,140
교육지원		기타	
급여계	2,660,000	공제합계	252,290
		지급총액	2,407,710

① 2,443,910
② 2,453,910
③ 2,463,910
④ 2,473,910

[출제의도]
업무상 계산을 수행하거나 결과를 정리하고 업무비용을 측정하는 능력을 평가하기 위한 문제로서, 주어진 자료에서 문제를 해결하는 데에 필요한 부분을 빠르고 정확하게 찾아내는 것이 중요하다.

[해설]

기본급여	2,240,000	갑근세	46,370
직무수당	400,000	주민세	4,630
명절 상여금		고용보험	12,330
특별수당		국민연금	123,300
차량지원금	100,000	건강보험	79,460
교육지원		기타	
급여계	2,740,000	공제합계	266,090
		지급총액	2,473,910

답 ④

(3) 수리능력의 중요성

① 수학적 사고를 통한 문제해결

② 직업세계의 변화에의 적응

③ 실용적 가치의 구현

(4) 단위환산표

구분	단위환산
길이	1cm = 10mm, 1m = 100cm, 1km = 1,000m
넓이	1cm² = 100mm², 1m² = 10,000cm², 1km² = 1,000,000m²
부피	1cm³ = 1,000mm³, 1m³ = 1,000,000cm³, 1km³ = 1,000,000,000m³
들이	1mℓ = 1cm³, 1dℓ = 100cm³, 1L = 1,000cm³ = 10dℓ
무게	1kg = 1,000g, 1t = 1,000kg = 1,000,000g
시간	1분 = 60초, 1시간 = 60분 = 3,600초
할푼리	1푼 = 0.1할, 1리 = 0.01할, 1모 = 0.001할

■ 예제 2

둘레의 길이가 4.4km인 정사각형 모양의 공원이 있다. 이 공원의 넓이는 몇 a인가?

① 12,100a   ② 1,210a
③ 121a   ④ 12.1a

[출제의도]
길이, 넓이, 부피, 들이, 무게, 시간, 속도 등 단위에 대한 기본적인 환산 능력을 평가하는 문제로서, 소수점 계산이 필요하며, 자릿수를 읽고 구분할 줄 알아야 한다.

[해설]
공원의 한 변의 길이는
$4.4 \div 4 = 1.1(\text{km})$ 이고
$1\text{km}^2 = 10,000\text{a}$ 이므로
공원의 넓이는
$1.1\text{km} \times 1.1\text{km} = 1.21km^2$
$= 12,100a$

답 ①

2 수리능력을 구성하는 하위능력

(1) 기초연산능력

① 사칙연산 … 수에 관한 덧셈, 뺄셈, 곱셈, 나눗셈의 네 종류의 계산법으로 업무를 원활하게 수행하기 위해서는 기본적인 사칙연산뿐만 아니라 다단계의 복잡한 사칙연산까지도 수행할 수 있어야 한다.

② 검산 … 연산의 결과를 확인하는 과정으로 대표적인 검산방법으로 역연산과 구거법이 있다.

　㉠ 역연산 : 덧셈은 뺄셈으로, 뺄셈은 덧셈으로, 곱셈은 나눗셈으로, 나눗셈은 곱셈으로 확인하는 방법이다.

　㉡ 구거법 : 원래의 수와 각 자리 수의 합이 9로 나눈 나머지가 같다는 원리를 이용한 것으로 9를 버리고 남은 수로 계산하는 것이다.

예제 3

다음 식을 바르게 계산한 것은?

$$1 + \frac{2}{3} + \frac{1}{2} - \frac{3}{4}$$

① $\frac{13}{12}$　　　　　　② $\frac{15}{12}$

③ $\frac{17}{12}$　　　　　　④ $\frac{19}{12}$

[출제의도]
직장생활에서 필요한 기초적인 사칙연산과 계산방법을 이해하고 활용할 수 있는 능력을 평가하는 문제로서, 분수의 계산과 통분에 대한 기본적인 이해가 필요하다.

[해설]
$$\frac{12}{12} + \frac{8}{12} + \frac{6}{12} - \frac{9}{12} = \frac{17}{12}$$

답 ③

---

(2) 기초통계능력

① 업무수행과 통계

　㉠ 통계의 의미 : 통계란 집단현상에 대한 구체적인 양적 기술을 반영하는 숫자이다.

　㉡ 업무수행에 통계를 활용함으로써 얻을 수 있는 이점

　　• 많은 수량적 자료를 처리가능하고 쉽게 이해할 수 있는 형태로 축소

　　• 표본을 통해 연구대상 집단의 특성을 유추

　　• 의사결정의 보조수단

　　• 관찰 가능한 자료를 통해 논리적으로 결론을 추줄·검증

© 기본적인 통계치

- 빈도와 빈도분포 : 빈도란 어떤 사건이 일어나거나 증상이 나타나는 정도를 의미하며, 빈도분포란 빈도를 표나 그래프로 종합적으로 표시하는 것이다.
- 평균 : 모든 사례의 수치를 합한 후 총 사례 수로 나눈 값이다.
- 백분율 : 전체의 수량을 100으로 하여 생각하는 수량이 그중 몇이 되는가를 퍼센트로 나타낸 것이다.

② 통계기법

㉠ 범위와 평균

- 범위 : 분포의 흩어진 정도를 가장 간단히 알아보는 방법으로 최곳값에서 최젓값을 뺀 값을 의미한다.
- 평균 : 집단의 특성을 요약하기 위해 가장 자주 활용하는 값으로 모든 사례의 수치를 합한 후 총 사례 수로 나눈 값이다.
- 관찰값이 1, 3, 5, 7, 9일 경우 범위는 $9 - 1 = 8$이 되고, 평균은 $\dfrac{1+3+5+7+9}{5} = $ 5가 된다.

㉡ 분산과 표준편차

- 분산 : 관찰값의 흩어진 정도로, 각 관찰값과 평균값의 차의 제곱의 평균이다.
- 표준편차 : 평균으로부터 얼마나 떨어져 있는가를 나타내는 개념으로 분산값의 제곱근 값이다.
- 관찰값이 1, 2, 3이고 평균이 2인 집단의 분산은 $\dfrac{(1-2)^2 + (2-2)^2 + (3-2)^2}{3} = \dfrac{2}{3}$ 이고 표준편차는 분산값의 제곱근 값인 $\sqrt{\dfrac{2}{3}}$ 이다.

③ 통계자료의 해석

㉠ 다섯숫자요약

- 최솟값 : 원자료 중 값의 크기가 가장 작은 값
- 최댓값 : 원자료 중 값의 크기가 가장 큰 값
- 중앙값 : 최솟값부터 최댓값까지 크기에 의하여 배열했을 때 중앙에 위치하는 사례의 값
- 하위 25%값 · 상위 25%값 : 원자료를 크기 순으로 배열하여 4등분한 값

㉡ **평균값과 중앙값** : 평균값과 중앙값은 그 개념이 다르기 때문에 명확하게 제시해야 한다.

예제 4

인터넷 쇼핑몰에서 회원가입을 하고 디지털캠코더를 구매하려고 한다. 다음은 구입하고자 하는 모델에 대하여 인터넷 쇼핑몰 세 곳의 가격과 조건을 제시한 표이다. 표에 있는 모든 혜택을 적용하였을 때 디지털캠코더의 배송비를 포함한 실제 구매가격을 바르게 비교한 것은?

구분	A 쇼핑몰	B 쇼핑몰	C 쇼핑몰
정상가격	129,000원	131,000원	130,000원
회원혜택	7,000원 할인	3,500원 할인	7% 할인
할인쿠폰	5% 쿠폰	3% 쿠폰	5,000원
중복할인여부	불가	가능	불가
배송비	2,000원	무료	2,500원

① A<B<C
② B<C<A
③ C<A<B
④ C<B<A

[출제의도]
직장생활에서 자주 사용되는 기초적인 통계기법을 활용하여 자료의 특성과 경향성을 파악하는 능력이 요구되는 문제이다.

[해설]
㉠ A 쇼핑몰
• 회원혜택을 선택한 경우:
$129,000 - 7,000 + 2,000 = 124,000$(원)
• 5% 할인쿠폰을 선택한 경우:
$129,000 \times 0.95 + 2,000 = 124,550$
㉡ B 쇼핑몰:
$131,000 \times 0.97 - 3,500 = 123,570$
㉢ C 쇼핑몰
• 회원혜택을 선택한 경우:
$130,000 \times 0.93 + 2,500 = 123,400$
• 5,000원 할인쿠폰을 선택한 경우: $130,000 - 5,000 + 2,500 = 127,500$
∴ C<B<A

답 ④

(3) 도표분석능력

① 도표의 종류

　㉠ 목적별 : 관리(계획 및 통제), 해설(분석), 보고

　㉡ 용도별 : 경과 그래프, 내역 그래프, 비교 그래프, 분포 그래프, 상관 그래프, 계산 그래프

　㉢ 형상별 : 선 그래프, 막대 그래프, 원 그래프, 점 그래프, 층별 그래프, 레이더 차트

② 도표의 활용

　㉠ 선 그래프

　　• 주로 시간의 경과에 따라 수량에 의한 변화 상황(시계열 변화)을 절선의 기울기로 나타내는 그래프이다.

　　• 경과, 비교, 분포를 비롯하여 상관관계 등을 나타낼 때 쓰인다.

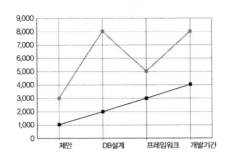

ⓛ 막대 그래프

• 비교하고자 하는 수량을 막대 길이로 표시하고 그 길이를 통해 수량 간의 대소관계를 나타내는 그래프이다.

• 내역, 비교, 경과, 도수 등을 표시하는 용도로 쓰인다.

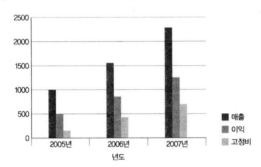

ⓒ 원 그래프

• 내역이나 내용의 구성비를 원을 분할하여 나타낸 그래프이다.

• 전체에 대해 부분이 차지하는 비율을 표시하는 용도로 쓰인다.

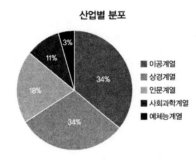

ⓔ 점 그래프

• 종축과 횡축에 2요소를 두고 보고자 하는 것이 어떤 위치에 있는가를 나타내는 그래프이다.

• 지역분포를 비롯하여 도시, 기방, 기업, 상품 등의 평가나 위치·성격을 표시하는데 쓰인다.

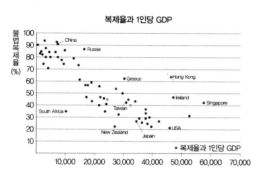

ⓜ 층별 그래프

• 선 그래프의 변형으로 연속내역 봉 그래프라고 할 수 있다. 선과 선 사이의 크기로 데이터 변화를 나타낸다.

• 합계와 부분의 크기를 백분율로 나타내고 시간적 변화를 보고자 할 때나 합계와 각 부분의 크기를 실수로 나타내고 시간적 변화를 보고자 할 때 쓰인다.

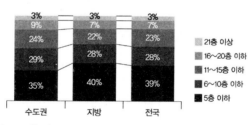

ⓗ 레이더 차트(거미줄 그래프)

• 원 그래프의 일종으로 비교하는 수량을 직경, 또는 반경으로 나누어 원의 중심에서의 거리에 따라 각 수량의 관계를 나타내는 그래프이다.

• 비교하거나 경과를 나타내는 용도로 쓰인다.

③ 도표 해석상의 유의사항

　⊙ 요구되는 지식의 수준을 넓힌다.

　ⓛ 도표에 제시된 자료의 의미를 정확히 숙지한다.

　ⓒ 도표로부터 알 수 있는 것과 없는 것을 구별한다.

　ⓔ 총량의 증가와 비율의 증가를 구분한다.

　ⓜ 백분위수와 사분위수를 정확히 이해하고 있어야 한다.

예제 5

다음 표는 2009 ~ 2010년 지역별 직장인들의 자기개발에 관해 조사한 내용을 정리한 것이다. 이에 대한 분석으로 옳은 것은?

(단위 : %)

연도 구분 지역	2009				2010			
	자기 개발 하고 있음	자기개발 비용 부담 주체			자기 개발 하고 있음	자기개발 비용 부담 주체		
		직장 100%	본인 100%	직장50%+ 본인50%		직장 100%	본인 100%	직장50%+ 본인50%
충청도	36.8	8.5	88.5	3.1	45.9	9.0	65.5	24.5
제주도	57.4	8.3	89.1	2.9	68.5	7.9	68.3	23.8
경기도	58.2	12	86.3	2.6	71.0	7.5	74.0	18.5
서울시	60.6	13.4	84.2	2.4	72.7	11.0	73.7	15.3
경상도	40.5	10.7	86.1	3.2	51.0	13.6	74.9	11.6

① 2009년과 2010년 모두 자기개발 비용을 본인이 100% 부담하는 사람의 수는 응답자의 절반 이상이다.

② 자기개발을 하고 있다고 응답한 사람의 수는 2009년과 2010년 모두 서울시가 가장 많다.

③ 자기개발 비용을 직장과 본인이 각각 절반씩 부담하는 사람의 비율은 2009년과 2010년 모두 서울시가 가장 높다.

④ 2009년과 2010년 모두 자기개발을 하고 있다고 응답한 비율이 가장 높은 지역에서 자기개발비용을 직장이 100% 부담한다고 응답한 사람의 비율이 가장 높다.

[출제의도]

그래프, 그림, 도표 등 주어진 자료를 이해하고 의미를 파악하여 필요한 정보를 해석하는 능력을 평가하는 문제이다.

[해설]

② 지역별 인원수가 제시되어 있지 않으므로, 각 지역별 응답자 수는 알 수 없다.

③ 2009년에는 경상도에서, 2010년에는 충청도에서 가장 높은 비율을 보인다.

④ 2009년과 2010년 모두 '자기개발을 하고 있다'고 응답한 비율이 가장 높은 지역은 서울시이며, 2010년의 경우 자기개발 비용을 직장이 100% 부담한다고 응답한 사람의 비율이 가장 높은 지역은 경상도이다.

답 ①

164 » PART Ⅲ. NCS 직업기초능력평가

(4) 도표작성능력

① 도표작성 절차
  ㉠ 어떠한 도표로 작성할 것인지를 결정
  ㉡ 가로축과 세로축에 나타낼 것을 결정
  ㉢ 한 눈금의 크기를 결정
  ㉣ 자료의 내용을 가로축과 세로축이 만나는 곳에 표현
  ㉤ 표현한 점들을 선분으로 연결
  ㉥ 도표의 제목을 표기

② 도표작성 시 유의사항
  ㉠ 선 그래프 작성 시 유의점
    • 세로축에 수량, 가로축에 명칭구분을 제시한다.
    • 선의 높이에 따라 수치를 파악하는 경우가 많으므로 세로축의 눈금을 가로축보다 크게 하는 것이 효과적이다.
    • 선이 두 종류 이상일 경우 반드시 그 명칭을 기입한다.
  ㉡ 막대 그래프 작성 시 유의점
    • 막대 수가 많을 경우에는 눈금선을 기입하는 것이 알아보기 쉽다.
    • 막대의 폭은 모두 같게 하여야 한다.
  ㉢ 원 그래프 작성 시 유의점
    • 정각 12시의 선을 기점으로 오른쪽으로 그리는 것이 보통이다.
    • 분할선은 구성비율이 큰 순서로 그린다.
  ㉣ 층별 그래프 작성 시 유의점
    • 눈금은 선 그래프나 막대 그래프보다 적게 하고 눈금선은 넣지 않는다.
    • 층별로 색이나 모양이 완전히 다른 것이어야 한다.
    • 같은 항목은 옆에 있는 층과 선으로 연결하여 보기 쉽도록 한다.

1 다음은 '갑' 지역의 연도별 65세 기준 인구의 분포를 나타낸 자료이다. 이에 대한 올바른 해석은 어느 것인가?

구분	인구 수(명)		
	계	65세 미만	65세 이상
2010년	66,557	51,919	14,638
2011년	68,270	53,281	14,989
2012년	150,437	135,130	15,307
2013년	243,023	227,639	15,384
2014년	325,244	310,175	15,069
2015년	465,354	450,293	15,061
2016년	573,176	557,906	15,270
2017년	659,619	644,247	15,372

① 65세 미만 인구수는 조금씩 감소하였다.

② 전체 인구수는 매년 지속적으로 증가하였다.

③ 65세 이상 인구수는 매년 지속적으로 증가하였다.

④ 65세 이상 인구수는 매년 전체의 5% 이상이다.

⑤ 전년 대비 65세 이상 인구수가 가장 많이 변화한 3개 연도는 2011년, 2012년, 2016년이다.

 ② 전체 인구수는 전년보다 동일하거나 감소하지 않고 매년 꾸준히 증가한 것을 알 수 있다.

① 65세 미만 인구수 역시 매년 꾸준히 증가하였다.

③ 2014년과 2015년에는 전년보다 감소하였다.

④ 2014년 이후부터는 5% 미만 수준을 계속 유지하고 있다.

⑤ 증가나 감소가 아닌 변화 전체를 묻고 있으므로 2011년(+351명), 2012년(+318명), 그리고 2014년(-315명)이 된다.

2 다음은 가구당 순자산 보유액 구간별 가구 분포에 관련된 표이다. 이 표를 바탕으로 이해한 내용으로 가장 적절한 것은?

〈가구당 순자산 보유액 구간별 가구 분포〉

(단위 : %, %p)

순자산(억 원)	가구분포		
	2016년	2017년	전년차(비)
−1 미만	0.2	0.2	0.0
−1~0 미만	2.6	2.7	0.1
0~1 미만	31.9	31.2	−0.7
1~2 미만	19.1	18.5	−0.6
2~3 미만	13.8	13.5	−0.3
3~4 미만	9.5	9.4	−0.1
4~5 미만	6.3	6.8	0.5
5~6 미만	4.4	4.6	0.2
6~7 미만	3.0	3.2	0.2
7~8 미만	2.0	2.2	0.2
8~9 미만	1.5	1.5	0.0
9~10 미만	1.2	1.2	0.0
10 이상	4.5	5.0	0.5
평균(만 원)	29,918	31,142	4.1
중앙값(만 원)	17,740	18,525	4.4

① 순자산 보유액이 많은 가구보다 적은 가구의 2017년 비중이 전년보다 더 증가하였다.

② 순자산이 많은 가구의 소득은 2016년 대비 2017년에 더 감소하였다.

③ 소수의 사람들이 많은 순자산을 가지고 있다.

④ 2017년의 순자산 보유액이 3억 원 미만인 가구는 전체의 50%가 조금 안 된다.

⑤ 1억 원 미만의 순자산을 보유한 가구의 비중은 2017년에 전혀 줄지 않았다.

 2017년을 기준으로 볼 때, 중앙값이 1억 8,525만 원이며, 평균이 3억 1,142만 원임을 알수 있다. 중앙값이 평균값에 비해 매우 적다는 것은 소수의 사람들에게 순자산 보유액이 집중되어 있다는 것을 의미한다고 볼 수 있다.
① 순자산 보유액 구간의 중간인 '4~5' 미만 기준으로 구분해 보면, 상대적으로 순자산 보유액이 많은 가구가 적은 가구보다 2017년 비중이 전년보다 더 증가하였다.
② 주어진 표로 가구의 소득은 알 수 없다.
④ 전체의 66.1%를 차지한다.
⑤ 2016년 34.7%에서 2017년 34.1%로 0.6%p 줄었다.

Answer⟲ 1.② 2.③

▌3~4 ▌ 다음은 A시의 연도별·혼인종류별 건수와 관련된 자료이다. 자료를 보고 이어지는 물음에 답하시오.

〈A시의 연도별·혼인종류별 건수〉

(단위 : 건)

구분		2007	2008	2009	2010	2011	2012	2013	2014	2015	2016
남자	초혼	279	270	253	274	278	274	272	257	253	㉠
	재혼	56	58	52	53	47	55	48	47	45	㉡
여자	초혼	275	266	248	269	270	272	267	255	249	231
	재혼	60	62	57	58	55	57	53	49	49	49

(단위 : 건)

구분	2007	2008	2009	2010	2011	2012	2013	2014	2015	2016
남(초) + 여(초)	260	250	235	255	260	255	255	241	( )	( )
남(재) + 여(초)	15	16	13	14	10	17	12	14	( )	( )
남(초) + 여(재)	19	20	18	19	18	19	17	16	( )	( )
남(재) + 여(재)	41	42	39	39	37	38	36	33	( )	( )

※ 초 : 초혼, 재 : 재혼

3 아래 자료를 참고할 때, 위의 빈 칸 ㉠, ㉡에 들어갈 알맞은 수치는 얼마인가?

구분	2015년의 2007년 대비 증감 수	2014~2016년의 연평균 건수
남(초) + 여(초)	-22	233
남(재) + 여(초)	-4	12
남(초) + 여(재)	-4	16
남(재) + 여(재)	-7	33

① 237, 53
③ 237, 43
⑤ 237, 55
② 240, 55
④ 240, 43

주어진 자료를 근거로 괄호 안의 숫자를 채우면 다음과 같다.

구분	2015년	2016년
남(초) + 여(초)	$260 - 22 = 238$	$(241 + 238 + x) \div 3 = 233$, $x = 220$
남(재) + 여(초)	$15 - 4 = 11$	$(14 + 11 + x) \div 3 = 12$, $x = 11$
남(초) + 여(재)	$19 - 4 = 15$	$(16 + 15 + x) \div 3 = 16$, $x = 17$
남(재) + 여(재)	$41 - 7 = 34$	$(33 + 34 + x) \div 3 = 33$, $x = 32$

따라서 ㉠은 초혼 남자이므로 '남(초) + 여(초)'인 220명과 '남(초) + 여(재)'인 17명의 합인 237명이 되며, ㉡은 재혼 남자이므로 '남(재) + 여(초)'인 11명과 '남(재) + 여(재)'인 32명의 합인 43명이 된다.

4 위의 상황을 근거로 한 다음 〈보기〉와 같은 판단 중 타당한 것으로 볼 수 있는 것을 모두 고르면?

〈보기〉

㈎ 자신은 초혼이지만 상대방은 재혼이라도 괜찮다고 생각한 것은 남성이 여성보다 매년 더 많다.

㈏ 이혼율이 증가하면 초혼 간의 혼인율이 감소한다.

㈐ 여성의 재혼 건수가 전년보다 증가한 해는 남성의 재혼 건수도 항상 전년보다 증가한다.

㈑ 2016년에는 10년 전보다 재혼이 증가하고 초혼이 감소하였다.

① ㈎, ㈑　　　　　　　　② ㈏, ㈐

③ ㈏, ㈑　　　　　　　　④ ㈎, ㈐

⑤ ㈐, ㈑

 ㈎ 매년 '남(초) + 여(재)'의 건수가 '남(재) + 여(초)'의 건수보다 많으므로 타당한 판단이라고 볼 수 있다.

㈏ 이혼율 관련 자료가 제시되지 않아 이혼율과 초혼 간의 혼인율의 상관관계를 판단할 수 없다.

㈐ 여성의 재혼 건수는 2008년, 2010년, 2012년에 전년보다 증가하였다. 이때 남성의 재혼 건수도 전년보다 증가하였으므로 타당한 판단이다.

㈑ 2016년에는 10년 전보다 초혼, 재혼 등 모든 항목에 있어서 큰 폭의 감소를 나타내고 있다.

따라서 타당한 판단은 ㈎와 ㈐이다.

Answer → 3.③　4.④

┃5~6┃ 다음 자료를 읽고 이어지는 물음에 답하시오.

증여세는 타인으로부터 무상으로 재산을 취득하는 경우, 취득자에게 무상으로 받은 재산가액을 기준으로 하여 부과하는 세금이다. 특히, 증여세 과세대상은 민법상 증여뿐만 아니라 거래의 명칭, 형식, 목적 등에 불구하고 경제적 실질이 무상 이전인 경우 모두 해당된다. 증여세는 증여받은 재산의 가액에서 증여재산 공제를 하고 나머지 금액(과세표준)에 세율을 곱하여 계산한다.

증여재산 − 증여재산공제액 = 과세표준
과세표준 × 세율 = 산출세액

증여가 친족 간에 이루어진 경우 증여받은 재산의 가액에서 다음의 금액을 공제한다.

증여자	공제금액
배우자	6억 원
직계존속	5천만 원
직계비속	5천만 원
기타친족	1천만 원

수증자를 기준으로 당해 증여 전 10년 이내에 공제받은 금액과 해당 증여에서 공제받을 금액의 합계액은 위의 공제금액을 한도로 한다.
또한, 증여받은 재산의 가액은 증여 당시의 시가로 평가되며, 다음의 세율을 적용하여 산출세액을 계산하게 된다.

〈증여세 세율〉

과세표준	세율	누진공제액
1억 원 이하	10%	−
1억 원 초과~5억 원 이하	20%	1천만 원
5억 원 초과~10억 원 이하	30%	6천만 원
10억 원 초과~30억 원 이하	40%	1억 6천만 원
30억 원 초과	50%	4억 6천만 원

※ 증여세 자진신고 시 산출세액의 7% 공제함

5 위의 증여세 관련 자료를 참고할 때, 다음 〈보기〉와 같은 세 가지 경우에 해당하는 증여재산 공제액의 합은 얼마인가?

〈보기〉
- 아버지로부터 여러 번에 걸쳐 1천만 원 이상 재산을 증여받은 경우
- 성인 아들이 아버지와 어머니로부터 각각 1천만 원 이상 재산을 증여받은 경우
- 아버지와 삼촌으로부터 1천만 원 이상 재산을 증여받은 경우

① 5천만 원　　　　　　　　　② 6천만 원
③ 1억 원　　　　　　　　　　④ 1억 5천만 원
⑤ 1억 6천만 원

 첫 번째는 직계존속으로부터 증여받은 경우로, 10년 이내의 증여재산가액을 합한 금액에서 5,000만 원만 공제하게 된다.
두 번째 역시 직계존속으로부터 증여받은 경우로, 아버지로부터 증여받은 재산가액과 어머니로부터 증여받은 재산가액의 합계액에서 5,000만 원을 공제하게 된다.
세 번째는 직계존속과 기타친족으로부터 증여받은 경우로, 아버지로부터 증여받은 재산가액에서 5,000만 원을, 삼촌으로부터 증여받은 재산가액에서 1,000만 원을 공제하게 된다.
따라서 세 가지 경우의 증여재산 공제액의 합은 5,000 + 5,000 + 6,000 = 1억 6천만 원이 된다.

6 성년인 김부자 씨는 아버지로부터 1억 7천만 원의 현금을 증여받게 되어, 증여세 납부 고지서를 받기 전 스스로 증여세를 납부하고자 세무사를 찾아 갔다. 세무사가 계산해 준 김부자 씨의 증여세 납부액은 얼마인가?

① 1,400만 원　　　　　　　　② 1,302만 원
③ 1,280만 원　　　　　　　　④ 1,255만 원
⑤ 1,205만 원

 주어진 자료를 근거로, 다음과 같은 계산 과정을 거쳐 증여세액이 산출될 수 있다.
- 증여재산 공제 : 5천만 원
- 과세표준 : 1억 7천만 원 − 5천만 원 = 1억 2천만 원
- 산출세액 : 1억 2천만 원 × 20% − 1천만 원 = 1,400만 원
- 납부할 세액 : 1,400만 원 × 93% = 1,302만 원(자진신고 시 7% 공제)

Answer 5.⑤　6.②

| 7~8 | 다음 자료를 보고 이어지는 물음에 답하시오.

<국민해외관광객>

(단위 : 백만 명)

구분	국민해외관광객
2012년	13.7
2013년	14.8
2014년	16.1
2015년	19.3
2016년	22.4
2017년	26.5

<한국관광수지>

(단위 : 백만 달러, 달러)

구분	관광수입	1인당 관광수입($)	관광지출
2012년	13,357	1,199	16,495
2013년	14,525	1,193	17,341
2014년	17,712	1,247	19,470
2015년	15,092	1,141	21,528
2016년	17,200	998	23,689
2017년	13,324	999	27,073

※ 1인당 관광수입＝관광수입 ÷ 방한외래관광객
※ 1인당 관광지출＝관광지출 ÷ 국민해외관광객
※ 관광수지＝관광수입－관광지출

7 다음 중 2012년의 1인당 관광 지출로 알맞은 것은? (소수점 이하 버림으로 처리함)

① 1,155달러

② 1,180달러

③ 1,204달러

④ 1,288달러

⑤ 1,358달러

 '1인당 관광지출=관광지출 ÷ 국민해외관광객'이므로 2012년은 수치를 공식에 대입하여 계산한다. 따라서 2012년의 1인당 관광 지출은 16,495 ÷ 13.7=1,204달러(←1,204.01)가 된다.

8 다음 중 연간 관광수지가 가장 높은 해와 가장 낮은 해의 관광수지 차액은 얼마인가?

① 11,991백만 달러

② 12,004백만 달러

③ 12,350백만 달러

④ 12,998백만 달러

⑤ 13,045백만 달러

 '관광수지=관광수입 - 관광지출'이므로 연도별 관광수지를 구해 보면 다음과 같다.
- 2012년 : 13,357−16,495=−3,138백만 달러
- 2013년 : 14,525−17,341=−2,816백만 달러
- 2014년 : 17,712−19,470=−1,758백만 달러
- 2015년 : 15,092−21,528=−6,436백만 달러
- 2016년 : 17,200−23,689=−6,489백만 달러
- 2017년 : 13,324−27,073=−13,749백만 달러

관광수지가 가장 좋은 해는 관광수지 적자가 가장 적은 2014년으로 −1,758백만 달러이며, 가장 나쁜 해는 관광수지 적자가 가장 큰 2017년으로 −13,749백만 달러이다. 따라서 두 해의 관광수지 차액은 −1,758−(−13,749)=11,991백만 달러가 된다.

Answer 7.③ 8.①

9 다음 표는 A지역 전체 가구를 대상으로 일본원자력발전소 사고 전후의 식수조달원 변경에 대해 설문조사한 결과이다. 사고 전에 비해 사고 후에 이용 가구 수가 감소한 식수조달원의 수는 몇 개인가?

사고 후 조달원 / 사고 전 조달원	수돗물	정수	약수	생수
수돗물	40	30	20	30
정수	10	50	10	30
약수	20	10	10	40
생수	10	10	10	40

① 0개   ② 1개

③ 2개   ④ 3개

⑤ 4개

사고 후 조달원 / 사고 전 조달원	수돗물	정수	약수	생수	합계
수돗물	40	30	20	30	120
정수	10	50	10	30	100
약수	20	10	10	40	80
생수	10	10	10	40	70
합계	80	100	50	140	

수돗물 : 120 → 80
정수 : 100 → 100
약수 : 80 → 50
생수 : 70 → 140
따라서 사고 전에 비해 사고 후에 이용 가구 수가 감소한 식수조달원은 수돗물과 약수 2개이다.

10 다음 표는 어느 회사의 공장별 제품 생산 및 판매 실적에 대한 자료이다. 이에 대한 설명으로 옳지 않은 것은?

(단위 : 대)

공장	2016년 12월	2016년 전체	
	생산 대수	생산 대수	판매 대수
A	25	586	475
B	21	780	738
C	32	1,046	996
D	19	1,105	1,081
E	38	1,022	956
F	39	1,350	1,238
G	15	969	947
H	18	1,014	962
I	26	794	702

※ 2017년 1월 1일 기준 재고 수=2016년 전체 생산 대수−2016년 전체 판매 대수

※ 판매율(%) = $\dfrac{\text{판매 대수}}{\text{생산 대수}} \times 100$

※ 2016년 1월 1일부터 제품을 생산·판매하였음

① 2017년 1월 1일 기준 재고 수가 가장 적은 공장은 G공장이다.

② 2017년 1월 1일 기준 재고 수가 가장 많은 공장의 2016년 전체 판매율은 90% 이상이다.

③ 2016년 12월 생산 대수가 가장 많은 공장과 2017년 1월 1일 기준 재고 수가 가장 많은 공장은 동일하다.

④ I공장의 2016년 전체 판매율은 90% 이상이다.

⑤ 2016년에 A~I 공장은 전체 8,666대를 생산하였다.

 ④ I공장의 2016년 전체 판매율 : $\dfrac{702}{794} \times 100 = 88.4\%$

Answer┌→ 9.③ 10.④

11

| 127 | 63 | ( ) | 15 | 7 | 3 | 1 | 0 |

① 49　　　　　　　　　　　② 41

③ 37　　　　　　　　　　　④ 31

⑤ 29

> **Tip** 나란히 위치한 숫자의 차이를 오른쪽부터 나열해보면, $1(=2^0)$, $2(=2^1)$, $4(=2^2)$, $8(=2^3)$, (2^4), (2^5), $64(=2^6)$임을 알 수 있다. 따라서 15에서 2^4만큼 더한 괄호 안의 숫자는 31이 된다.

12

| 1 | 3 | 6 | 4 | 8 | 32 | 28 | 34 | 204 | ( ) |

① 112　　　　　　　　　　② 115

③ 116　　　　　　　　　　④ 118

⑤ 120

> **Tip** 처음에 앞의 숫자에 +2, ×2, −2의 수식이 행해지고 그 다음에는 +4, ×4, −4 그 다음은 +6, ×6, −6의 수식이 행해진다.

13

| 6 | 8 | 12 | 2 | ( ) | −4 | 24 |

① 15　　　　　　　　　　　② 16

③ 17　　　　　　　　　　　④ 18

⑤ 19

> **Tip** 홀수 항은 +6, 짝수 항은 −6의 규칙을 가진다.

14

| 1   2   2   4   8   32   (   ) |

① 253   ② 254

③ 255   ④ 256

⑤ 257

 앞의 두 항을 곱한 것이 다음 항이 된다.
따라서 $8 \times 32 = 256$

15

| 22, 4, 2   19, 3, 1   37, 5, 2   5, 3, 2   54, 6, (   ) |

① 0   ② 1

③ 2   ④ 3

⑤ 4

 각 묶음에서 첫 번째 숫자를 두 번째 숫자로 나누었을 때의 나머지가 세 번째 숫자가 된다.
$22 \div 4 = 5 \cdots 2$
$19 \div 3 = 6 \cdots 1$
$37 \div 5 = 7 \cdots 2$
$5 \div 3 = 1 \cdots 2$
$54 \div 6 = 9 \cdots 0$

16 B기업에서는 매년 3월에 정기 승진 시험이 있다. 시험을 응시한 사람이 남자사원, 여자사원을 합하여 총 100명이고 시험의 평균이 남자사원은 70점, 여자사원은 75점이며 남녀 전체평균은 72점일 때 시험을 응시한 여자사원의 수는?

① 35명   ② 40명

③ 45명   ④ 50명

⑤ 55명

 시험을 응시한 여자사원의 수를 x라 하고, 여자사원의 총점+남자사원의 총점=전체 사원의 총점이므로 $75x + 70(100-x) = 72 \times 100$
식을 간단히 하면 $5x = 200$, $x = 40$
∴ 여자사원은 40명이다.

Answer ➡ 11.④ 12.④ 13.④ 14.④ 15.① 16.②

17 5%의 소금물과 15%의 소금물로 12%의 소금물 200g을 만들고 싶다. 각각 몇 g씩 섞으면 되는가?

	5% 소금물	15% 소금물
①	40g	160g
②	50g	150g
③	60g	140g
④	70g	130g
⑤	80g	120g

 200g에 들어 있는 소금의 양은 섞기 전 5%의 소금의 양과 12% 소금의 양을 합친 양과 같아야 한다.
5% 소금물의 필요한 양을 x라 하면 녹아 있는 소금의 양은 $0.05x$
15% 소금물의 소금의 양은 $0.15(200-x)$
$0.05x+0.15(200-x)=0.12\times200$
$5x+3000-15x=2400$
$10x=600$
$x=60(g)$
∴ 5%의 소금물 60g, 15%의 소금물 140g

18 부피가 210cm³, 높이가 7cm, 밑면의 가로의 길이가 세로의 길이보다 13cm 긴 직육면체가 있다. 이 직육면체의 밑면의 세로의 길이는?

① 2cm   ② 4cm

③ 6cm   ④ 8cm

⑤ 10cm

 세로의 길이를 x라 하면
$(x+13)\times x\times7=210$
$x^2+13x=30$
$(x+15)(x-2)=0$
∴ $x=2(cm)$

19 입구부터 출구까지의 총 길이가 840m인 터널을 열차가 초속 50m의 속도로 달려 열차가 완전히 통과할 때까지 걸린 시간이 25초라고 할 때, 이보다 긴 1,400m의 터널을 동일한 열차가 동일한 속도로 완전히 통과하는 데 걸리는 시간은 얼마인가?

① 33.2초

② 33.8초

③ 34.5초

④ 35.4초

⑤ 36.2초

> (Tip) 터널을 완전히 통과한다는 것은 터널의 길이에 열차의 길이를 더한 것을 의미한다. 따라서 열차의 길이를 x라 하면, '거리=시간×속력'을 이용하여 다음과 같은 공식이 성립한다.
> $(840 + x) \div 50 = 25$
> 따라서 이를 풀면 $x = 410$m가 된다.
> 이 열차가 1,400m의 터널을 통과하게 되면 $(1,400+410) \div 50 = 36.2$초가 걸리게 된다.

20 아버지가 8만 원을 나눠서 세 딸에게 용돈을 주려고 한다. 첫째 딸과 둘째 딸은 3:1, 둘째 딸과 막내딸은 7:4의 비율로 주려고 한다면 막내딸이 받는 용돈은 얼마인가?

① 10,000원

② 15,000원

③ 20,000원

④ 25,000원

⑤ 30,000원

> (Tip) 딸들이 받는 돈의 비율은 21:7:4이다. 막내딸은 80,000원의 $\frac{4}{32}$을 받으므로 10,000원을 받는다.

21 갑, 을, 병은 각각 640원, 760원, 1,100원의 저금을 가지고 있다. 매주 갑이 240원, 을이 300원, 병이 220원씩 더 저축한다고 하면, 갑과 을의 저축액의 합이 병의 저축액의 2배가 되는 것은 몇 주 후인가?

① 6주

② 7주

③ 8주

④ 9주

⑤ 10주

> (Tip) 2배가 되는 시점을 x주라고 하면
> $(640 + 240x) + (760 + 300x) = 2(1,100 + 220x)$
> $540x - 440x = 2,200 - 1,400$
> $100x = 800$
> $\therefore x = 8$

Answer ↪ 17.③ 18.① 19.⑤ 20.① 21.③

22 미정이의 올해 연봉은 작년에 비해 20% 인상되고 500만 원의 성과급을 받았는데 이 금액은 60%의 연봉을 인상한 것과 같다면 올해 연봉은 얼마인가?

① 1,400만 원

② 1,500만 원

③ 1,600만 원

④ 1,700만 원

⑤ 1,800만 원

 작년 연봉을 x라 할 때,
$1.2x + 500 = 1.6x$
$x = 1,250$, 올해 연봉은 $1,250 \times 1.2 = 1,500$(만 원)

23 어떤 강을 따라 36km 떨어진 지점을 배로 왕복하려고 한다. 올라 갈 때에는 6시간이 걸리고 내려올 때는 4시간이 걸린다고 할 때 강물이 흘러가는 속력은 몇인가? (단, 배의 속력은 일정하다)

① 1.3km/h

② 1.5km/h

③ 1.7km/h

④ 1.9km/h

⑤ 2.0km/h

 배의 속력을 x라 하고 강물의 속력을 y라 하면 거리는 36km로 일정하므로
$6(x - y) = 36 \cdots \text{㉠}$
$4(x + y) = 36 \cdots \text{㉡}$
㉡식을 변형하여 $x = 9 - y$를 ㉠에 대입하면
$\therefore \ y = 1.5km/h$

24 밑면의 반지름의 길이가 3cm이고 모선의 길이가 5cm인 원뿔의 높이를 구하면?

① 1cm

② 2cm

③ 3cm

④ 4cm

⑤ 5cm

 밑면의 반지름의 길이가 3cm이고 모선의 길이가 5cm인 원뿔을 그림으로 나타내면 다음과 같다.

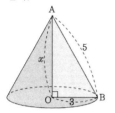

따라서 피타고라스의 정리를 이용하여 직각삼각형 AOB의 높이를 구하면 $\sqrt{5^2 - 3^2} = x$이므로 $x = 4$cm이다.

25 그림은 ∠B = 90°인 직각삼각형 ABC의 세 변을 각각 한 변으로 하는 정사각형을 그린 것이다. □ADEB의 넓이는 9이고 □BFGC의 넓이가 4일 때, □ACHI의 넓이는?

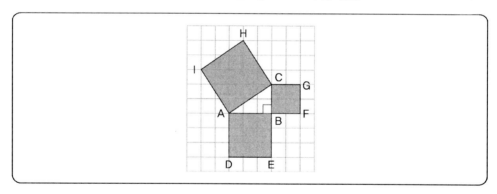

① 13

② 14

③ 15

④ 16

⑤ 17

 □ADEB의 넓이는 9이고 □BFGC의 넓이가 4이므로, $\overline{AB}$의 길이는 3이고 $\overline{BC}$의 길이는 2 이다. 피타고라스의 정리에 의하면 직각삼각형에서 직각을 끼고 있는 두 변의 제곱의 합은 빗변의 길이의 제곱과 같으므로, $\overline{AC}$의 길이를 x라고 할 때, $x^2 = 9 + 4 = 13$이다.

Answer ⟶ 22.② 23.② 24.④ 25.①

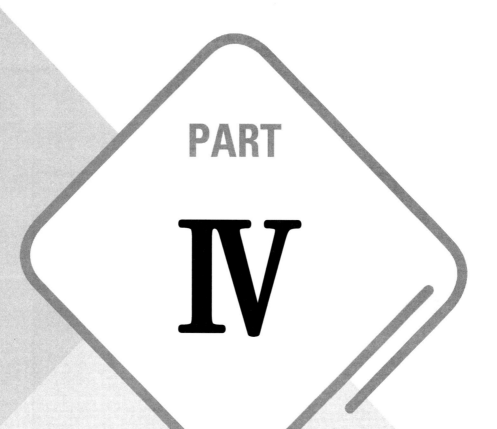

PART

IV

실전 모의고사

01 모의고사

1 다음은 '에너지 절약과 조직 문화'와 관련하여 어느 건설회사 직원들이 나눈 대화이다. 대화의 흐름상 S씨가 했을 말로 가장 적절한 것은?

> 다양한 기술을 활용해 외부로부터 에너지 공급을 받지 않는 건물을 '순 제로 에너지 빌딩(NZEB)'이라 한다. 이 건물은 단순한 재생에너지 사용에서 나아가 냉난방, 조명, 교통에 필요한 에너지 등의 소비를 획기적으로 줄여 빌딩의 유지비용을 줄일 뿐만 아니라, 내부 환경의 변화를 통해 새로운 기업 문화를 만드는 데도 영향을 미치고 있다.
>
> K씨 : 사무실 건물 내의 칸막이를 모두 제거하는 것도 효과적일 것 같아. 천장으로부터 들어오는 빛이 실내에 잘 전달되고 공기 흐름도 좋아져서 에너지를 효율적으로 사용할 수 있을 거야.
> J씨 : 그거 괜찮네. 그렇게 하면 조직 문화의 관점에서도 많은 이득이 있을 거라고 생각해.
> S씨 : 맞아, (   )
> P씨 : 그러네. 그리고 보면 칸막이 같은 사무실의 사소한 요소도 다방면으로 회사에 많은 영향을 미칠 수 있을 것 같아.

① 사무실이 밝아져 업무 효율성이 증가할 수 있어.
② 에너지의 효율적인 사용으로 비용절감이 가능해질 거야.
③ 칸막이가 없으니 소음 차단이 제대로 되지 못해 업무에 집중하기가 어렵겠지.
④ 각 조직 간의 물리적 장벽을 없애 소통과 협업이 잘 이루어지게 할 수 있을 것 같아.
⑤ 각 사무실에 설치된 칸막이를 없애면 비용 절감 효과도 얻을 수 있거든.

2 다음은 A 공단 임직원 윤리 및 행동강령의 일부이다. 이를 바르게 이해한 것은?

> A 공단 임직원 윤리 및 행동강령(개정 2016.3.24, 규정 제117-10호)
>
> 제1장 총칙
>
> 제1조(목적)
>
> 이 규정은 A 공단 임직원이 지켜야 할 윤리기준 및 「부패방지 및 국민권익위원회의 설치와 운영에 관한 법률」 제8조에 따른 행동강령을 정함으로써 부패방지 및 깨끗한 공직풍토를 조성함을 목적으로 한다.
>
> 제2조(적용범위)
>
> 이 규정은 A 공단(이하 "공단"이라 한다)의 모든 임직원(「정관」 제62조 및 제70조에 따라 공단이 운영하는 의료시설 및 장기요양기관에 근무하는 직원을 제외하며, 비정규직 직원을 포함한다. 이하 같다)에게 적용한다. <개정 2016.3.24.>
>
> 제3조(서약서의 제출)
>
> 공단의 이사장(이하 "이사장"이라 한다)은 부패방지 및 깨끗한 공직풍토 조성과 이 규정의 준수를 담보하기 위하여 임직원에 대하여 청렴서약서 또는 행동강령준수서약서를 작성하여 제16조제1항에 따른 행동강령책임관에게 제출하게 할 수 있다.
>
> 제4조(윤리헌장)
>
> 이사장은 임직원이 지켜야 할 윤리적 가치판단과 행동기준이 되는 별지의 윤리헌장을 공단 각 사무실에 게시하여 전 직원이 항상 실천할 수 있도록 하여야 한다. <개정 2013.10.31.>
>
> 제5조(윤리위원회의 구성·운영 등)
>
> ① 이 규정의 개폐 및 해석에 관한 사항, 제3장에 따른 행동강령의 이행에 필요한 사항 등 이 규정을 운영하는 것과 관련한 주요 사항을 심의·의결하기 위하여 공단에 윤리위원회를 둔다.
>
> ② 윤리위원회의 심의·의결사항, 구성, 운영 등에 필요한 사항은 규칙으로 정한다.

① 위의 행동강령은 공단이 운영하는 의료시설 근무 직원을 포함하여 공단의 모든 임직원에게 적용된다.

② 이사장은 윤리헌장을 공단 각 사무실에 게시하여 전 직원이 실천할 수 있도록 하여야 한다.

③ 윤리위원회는 위의 행동강령을 운영하는 것과 관련된 주요 사항을 법적으로 판단한다.

④ 임직원들은 청렴서약서 또는 행동강령준수서약서를 공단의 이사장에게 제출한다.

⑤ 위의 행동강령은 「공직자윤리법」 제8조에 따른 행동강령을 정함으로써 부패방지 및 깨끗한 풍도를 조성함을 목적으로 한다.

3 다음은 L공사의 국민임대주택 예비입주자 통합 정례모집 관련 신청자격에 대한 사전 안내이다. 甲~戊 중 국민임대주택 예비입주자로 신청할 수 있는 사람은? (단, 함께 살고 있는 사람은 모두 세대별 주민등록표상에 함께 등재되어 있고, 제시되지 않은 사항은 모두 조건을 충족한다고 가정한다)

□ 2019년 5월 정례모집 개요

구분	모집공고일	대 상 지 역
2019년 5월	2019. 5. 7(화)	수도권
	2019. 5. 15(수)	수도권 제외한 나머지 지역

□ 신청자격

입주자모집공고일 현재 무주택세대구성원으로서 아래의 소득 및 자산보유 기준을 충족하는 자

※ 무주택세대구성원이란?

다음의 세대구성원에 해당하는 사람 전원이 주택(분양권 등 포함)을 소유하고 있지 않은 세대의 구성원을 말합니다.

세대구성원(자격검증대상)	비고
• 신청자	
• 신청자의 배우자	신청자와 세대 분리되어 있는 배우자도 세대구성원에 포함
• 신청자의 직계존속 • 신청자의 배우자의 직계존속 • 신청자의 직계비속 • 신청자의 직계비속의 배우자	신청자 또는 신청자의 배우자와 세대별 주민등록표상에 함께 등재되어 있는 사람에 한함
• 신청자의 배우자의 직계비속	신청자와 세대별 주민등록표상에 함께 등재되어 있는 사람에 한함

※ 소득 및 자산보유 기준

구분	소득 및 자산보유 기준		
	가구원수	월평균소득기준	참고사항
소득	3인 이하 가구	3,781,270원 이하	• 가구원수는 세대구성원 전원을 말함(외국인 배우자와 임신 중인 경우 태아 포함) • 월평균소득액은 세전금액으로서 세대구성원 전원의 월평균소득액을 모두 합산한 금액임
	4인 가구	4,315,641원 이하	
	5인 가구	4,689,906원 이하	
	6인 가구	5,144,224원 이하	
	7인 가구	5,598,542원 이하	
	8인 가구	6,052,860원 이하	
자산	• 총자산가액 : 세대구성원 전원이 보유하고 있는 총자산가액 합산기준 28,000만 원 이하		
	• 자동차 : 세대구성원 전원이 보유하고 있는 전체 자동차가액 2,499만 원 이하		

① 甲의 아내는 주택을 소유하고 있지만, 甲과 세대 분리가 되어 있다.

② 아내의 부모님을 모시고 살고 있는 乙 가족의 월평균소득은 500만 원이 넘는다.

③ 丙은 재혼으로 만난 아내의 아들과 함께 살고 있는데, 아들은 전 남편으로부터 물려받은 아파트 분양권을 소유하고 있다.

④ 丁은 독신으로 주택을 소유하고 있지는 않지만 2억 원의 현금과 3천만 원짜리 자동차가 있다.

⑤ 어머니를 모시고 사는 戊은 아내가 셋째 아이를 출산하면서 戊 가족의 월평균소득으로는 1인당 80만 원도 돌아가지 않게 되었다.

4 다음 글에서 덕수의 깨달음과 관계되는 한자성어로 알맞은 것은?

> 어느 날 덕수는 서점에 들렀다. 서가에 꽂힌 책들을 보는데 괴테의 「파우스트」가 눈에 띄었다. 독일어 선생님이 입에 침이 마르도록 칭찬했던 작가의 대표작이다. 사실 별로 사고 싶은 생각은 없었지만 책값을 할인해 준다기에 7천원을 지불하고 가방에 넣었다. 그리고 당장 읽고 싶은 생각은 없었지만 속는 셈치고 집으로 돌아오자마자 읽기 시작했다. 그런데 일단 읽기 시작하자 책을 놓을 수가 없었다. 정말 훌륭한 작품이었다. 덕수는 사람들이 왜 괴테를 높이 평가하고 「파우스트」를 명작이라고 일컫는지 그 이유를 알게 되었다.

① 명불허전(名不虛傳)

② 식자우환(識字憂患)

③ 주마간산(走馬看山)

④ 전전긍긍(戰戰兢兢)

⑤ 절차탁마(切磋琢磨)

5   김 대리는 살고 있던 전셋집 계약이 만료되어 이사를 계획하고 있다. 이사도 하는 김에 새로운 집에서 열심히 살아보자는 의지로 출근 전에는 수영을, 퇴근 후에는 영어학원을 등록하였다. 회사와 수영장, 영어학원의 위치가 다음과 같을 때, 김 대리가 이사할 곳으로 가장 적당한 곳은? (단, 이동거리 외에 다른 조건은 고려하지 않는다)

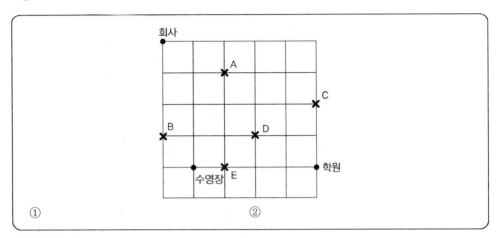

① A   ② B

③ C   ④ D

⑤ E

6 다음 글의 ㉠으로 가장 적절한 것은?

> A : 요즘 자연과학이 발전함에 따라 뇌과학을 통해 인간에 대해 탐구하려는 시도가 유행하고 있지만, 나는 인간의 본질은 뇌세포와 같은 물질이 아니라 영혼이라고 생각해. 어떤 물질도 존재하지 않지만 나 자신은 영혼 상태로 존재하는 세계를, 나는 상상할 수 있어. 따라서 나는 존재하지만 어떤 물질도 존재하지 않는 세계는 가능해. 나는 존재하지만 어떤 물질도 존재하지 않는 세계가 가능하다면, 나의 본질은 물질이 아니야. 따라서 나는 본질적으로 물질이 아니라고 할 수 있어. 나의 본질이 물질이 아니라면 무엇일까? 그것은 바로 영혼이지. 결국 물질적인 뇌세포를 탐구하는 뇌과학은 인간의 본질에 대해 알려 줄 수 없어.
>
> B : 너는 ㉠잘못된 생각을 암묵적으로 전제하고 있어. 수학 명제를 한번 생각해 봐. 어떤 수학 명제가 참이라면 그 명제가 거짓이라는 것은 불가능해. 마찬가지로 어떤 수학 명제가 거짓이라면 그 명제가 참이라는 것도 불가능하지. 그럼 아직까지 증명되지 않아서 참인지 거짓인지 모르는 골드바흐의 명제를 생각해 봐. 그 명제는 '2보다 큰 모든 짝수는 두 소수의 합이다.'라는 거야. 분명히 이 명제가 참인 세계를 상상할 수 있어. 물론 거짓인 세계도 상상할 수 있지. 그렇지만 이 수학 명제가 참인 세계와 거짓인 세계 중 하나는 분명히 가능하지 않아. 앞에서 말했듯이, 그 수학 명제가 참이라면 그것이 거짓이라는 것은 불가능하고, 그 수학 명제가 거짓이라면

① 인간의 본질은 영혼이거나 물질이다.
② 우리가 상상할 수 있는 모든 세계는 가능하다.
③ 우리가 상상할 수 없는 어떤 것도 참일 수 없다.
④ 물질이 인간의 본질이 아니라는 것은 상상할 수 없다.
⑤ 뇌과학이 발전할수록 인간 본질에 대한 탐구가 가능하다.

7 장기기증본부에 근무하는 A는 기증된 신장이 대기 순번에 따라 배분되는 신장이식의 배분원칙이 각 수요자의 개별적 특성을 고려하지 못한 비효율적인 방식이라고 느끼게 되었다. 그래서 상사에게 환자의 수술 성공 확률, 수술 성공 후 기대 수명, 병의 위중 정도 등을 고려하는 배분원칙을 적용하는 것이 어떠냐고 제안하였다. 다음 중 A가 제안한 방식과 같은 방식이 적용된 것을 모두 고르면?

> ㉠ 시립 유치원에 취학을 신청한 아동들은 그 시 주민들의 자녀이고 각자 취학의 권리를 가지고 있으므로 취학 연령 아동들은 모두 동등한 기회를 가져야 한다. 유치원에 다니는 기간을 한정해서라도 모든 아이들에게 같은 기간 동안 유치원에 다닐 수 있는 기회를 제공해야 한다는 것이다. 그러기 위해서는 추첨으로 선발하는 방법이 유용하다.
>
> ㉡ 국고는 국민들의 세금으로 충당되고 모든 국민은 동등한 주권을 가지며 모든 유권자는 동등한 선거권을 가지므로 선거자금 지원의 대상은 후보가 아니라 유권자다. 유권자는 이 자금을 사용해 자신의 이해관계를 대변할 대리인으로서 후보를 선택하는 것이다. 따라서 유권자 한 명당 동일한 지원액을 산정해 유권자 개인에게 분배하고 유권자들이 후보에게 이 지원금을 직접 기부하게 해야 한다. 그 결과 특정 후보들에게 더 많은 자금 지원이 이루어질 수는 있다.
>
> ㉢ 이해 당사자들이 한정되어 있고 그 이해관계의 연관성과 민감도가 이해 당사자마다 다른 사회문제에 있어서는 결정권을 달리 할 필요가 있다. 예를 들어 혐오시설 유치를 결정하는 투표에서 그 유치 지역 주민들이 각자 한 표씩 행사하는 것이 아니라, 혐오시설 유치 장소와 거주지의 거리 및 생업의 피해 정도를 기준으로 이해관계가 클수록 더 많은 표를 행사할 수 있어야 한다.

① ㉠
② ㉡
③ ㉢
④ ㉠, ㉡
⑤ ㉡, ㉢

8 다음은 마야의 상형 문자를 기반으로 한 프로그램에 대한 설명이다. 제시된 (그림 4)가 산출되기 위해서 입력한 값은 얼마인가?

> 현재 우리는 기본수로 10을 사용하는 데 비해 이 프로그램은 마야의 상형 문자를 기본으로 하여 기본수로 20을 사용했습니다. 또 우리가 오른쪽에서 왼쪽으로 가면서 1, 10, 100으로 10배씩 증가하는 기수법을 쓰는 데 비해, 이 프로그램은 아래에서 위로 올라가면서 20배씩 증가하는 방법을 사용했습니다. 즉, 아래에서 위로 자리가 올라갈수록 1, 20, ……, 이런 식으로 증가하는 것입니다.
>
> 마야의 상형 문자에서 조개껍데기 모양은 0을 나타냅니다. 또한 점으로는 1을, 선으로는 5를 나타냈습니다. 아래의 (그림 1), (그림 2)는 이 프로그램에 0과 7을 입력했을 때 산출되는 결과입니다. 그럼 (그림 3)의 결과를 얻기 위해서는 얼마를 입력해야 할까요? 첫째 자리는 5를 나타내는 선이 두 개 있으니 10이 되겠고, 둘째 자리에 있는 점 하나는 20을 나타내는데, 점이 두 개 있으니 40이 되겠네요. 그래서 첫째 자리의 10과 둘째 자리의 40을 합하면 50이 되는 것입니다. 즉, 50을 입력하면 (그림 3)과 같은 결과를 얻을 수 있습니다.

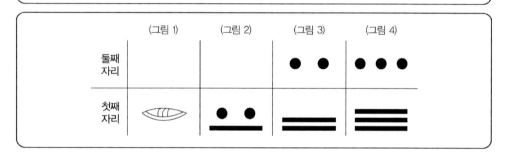

① 60

② 75

③ 90

④ 105

⑤ 120

9 다음 숫자들의 배열 규칙을 찾아 빈칸에 들어갈 알맞은 숫자를 고르면?

$$\frac{10}{20} \quad \frac{6}{9} \quad \frac{48}{64} \quad \frac{20}{25} \quad \frac{30}{36} \quad (\quad) \quad \frac{84}{96} \quad \frac{56}{63}$$

① $\dfrac{14}{25}$

② $\dfrac{18}{21}$

③ $\dfrac{21}{56}$

④ $\dfrac{28}{49}$

⑤ $\dfrac{20}{35}$

10 다음 빈칸에 들어갈 알맞은 수는?

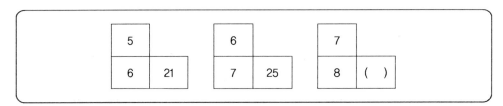

① 27

② 28

③ 29

④ 30

⑤ 32

11 같은 일을 A 혼자하면 12일, B 혼자하면 20일이 걸린다고 한다. A가 4일 동안 이 일을 하고 나서, A와 B가 함께 나머지 일을 모두 마치려면 며칠이 걸리겠는가?

① 2

② 3

③ 4

④ 5

⑤ 6

12 원가가 3,200원인 과자를 정가의 20% 할인해서 팔아도 원가에 대하여 4%의 이익이 생기기 위해서는 정가를 얼마로 정해야 하는가?

① 4,060원 ② 4,160원

③ 4,260원 ④ 4,360원

⑤ 4,460원

13 학민이가 학교를 나서고 10분 후에 선수가 따라 나섰다. 학민이는 매분 80m의 속력으로 걷고, 선수는 매분 120m의 속력으로 걷는다면 학민이가 집을 나선 지 몇 분 후에 학민이와 선수가 만나는가?

① 20분 ② 25분

③ 30분 ④ 35분

⑤ 40분

14 각 면에 1에서 6까지의 수가 적힌 주사위 한 개를 3번 던질 때, 세 수의 합이 7이 될 확률은 얼마인가?

① $\dfrac{1}{18}$ ② $\dfrac{5}{72}$

③ $\dfrac{7}{108}$ ④ $\dfrac{13}{216}$

⑤ $\dfrac{19}{312}$

15 다이어트 중인 수진이는 품목별 가격과 칼로리, 오늘의 행사 제품 여부에 따라 물건을 구입하려고 한다. 예산이 10,000원이라고 할 때, 칼로리의 합이 가장 높은 조합은?

<품목별 가격과 칼로리>

품목	피자	돈가스	도넛	콜라	아이스크림
가격(원/개)	2,500	4,000	1,000	500	2,000
칼로리(kcal/개)	600	650	250	150	350

<오늘의 행사>

- 행사 1 : 피자 두 개 한 묶음을 사면 콜라 한 캔이 덤으로!
- 행사 2 : 돈가스 두 개 한 묶음을 사면 돈가스 하나가 덤으로!
- 행사 3 : 아이스크림 두 개 한 묶음을 사면 아이스크림 하나가 덤으로!

※ 단, 행사는 품목당 한 묶음까지만 적용됩니다.

① 피자 2개, 아이스크림 2개, 도넛 1개
② 돈가스 2개, 피자 1개, 콜라 1개
③ 아이스크림 2개, 도넛 6개
④ 돈가스 2개, 도넛 2개
⑤ 피자 2개, 돈가스 1개, 아이스크림 1개

｜16~17｜ 다음 자료를 보고 이어지는 물음에 답하시오.

〈연도별 대기오염물질 배출량 현황〉

(단위 : 톤)

구분	황산화물	일산화탄소	질소산화물	미세먼지	유기화합물질
2010	401,741	766,269	1,061,210	116,808	866,358
2011	433,959	718,345	1,040,214	131,176	873,108
2012	417,645	703,586	1,075,207	119,980	911,322
2013	404,660	696,682	1,090,614	111,563	913,573
2014	343,161	594,454	1,135,743	97,918	905,803

16 다음 중 각 대기오염물질의 연도별 증감 추이가 같은 것끼리 짝지어진 것은?

① 일산화탄소, 유기화합물질

② 황산화물, 질소산화물

③ 미세먼지, 유기화합물질

④ 황산화물, 미세먼지

⑤ 일산화탄소, 질소산화물

17 다음 중 2010년 대비 2014년의 총 대기오염물질 배출량의 증감률로 올바른 것은?

① 약 4.2% ② 약 3.9%

③ 약 2.8% ④ 약 -3.9%

⑤ 약 -4.2%

| 18~20 | 다음은 고령자 고용동향에 관한 표이다. 다음 표를 보고 물음에 답하시오.

(단위 : 천 명, %)

	2011	2012	2013	2014	2015
생산가능인구(15~64세)	35,428	35,652	35,951	36,107	36,377
고령생산가능인구비중	15.1	15.7	16.4	17.1	18.1
고령자경제활동참가율	63.7	64.7	65.7	67.3	68.9
고령자고용률	62.1	63.1	64.3	65.6	66.8
고령자실업률	2.5	2.5	2.1	2.5	3

※ 고령자 대상 : 55세 ~ 64세(OECD기준)

※ 고령생산가능인구비중 = 15세 이상 생산가능인구 중 고령생산가능인구(55세 ~ 64세)가 차지하는 비율

※ 경제활동참가율 = 경제활동인구/생산가능인구

※ 고용률 = 취업자/생산가능인구

※ 실업률 = 실업자/경제활동인구

※ 취업률 = 취업자/경제활동인구

18 다음 중 옳은 것은?

① 2011년과 2012년에 고령자 실업률이 동일하므로 고령자 실업자 수도 동일하다.

② 고령생산가능인구 수는 해마다 증가하고 있다.

③ 표에서 제시하는 고령자 고용동향은 모든 영역에서 해마다 수치가 증가하고 있다.

④ 고령생산가능인구비중은 고령자경제활동인구/고령생산가능인구로 나타낸다.

⑤ 2011~2015년간 고령자고용률 변화 추세에 따른다면 2016년 고령자고용률은 70%을 넘을 것으로 예측된다.

19 2013년의 고령생산가능인구는 몇 명인가?

① 5,895,664명

② 5,895,764명

③ 5,895,864명

④ 5,895,964명

⑤ 5,896,064명

20 2014년의 고용률이 60.2%라고 할 때, 2014년의 취업자 수는 몇 명인가?

① 21,736,404명

② 21,736,414명

③ 21,736,424명

④ 21,736,434명

⑤ 21,736,444명

21 유기농 식품 매장에서 근무하는 K씨에게 계란 알레르기가 있는 고객이 제품에 대해 문의를 해왔다. K씨가 제품에 부착된 다음 설명서를 참조하여 고객에게 반드시 안내해야 할 말로 가장 적절한 것은?

- 제품명 : 든든한 현미국수
- 식품의 유형 : 면 – 국수류, 스프 – 복합조미식품
- 내용량 : 95g(면 85g, 스프 10g)
- 원재료 및 함량
  - 면 : 무농약 현미 98%(국내산), 정제염
  - 스프 : 멸치 20%(국내산), 다시마 10%(국내산), 고춧가루, 정제소금, 마늘분말, 생강분말, 표고분말, 간장분말, 된장분말, 양파분말, 새우분말, 건미역, 건당근, 건파, 김, 대두유
- 보관장소 : 직사광선을 피하고 서늘한 곳에 보관
- 이 제품은 계란, 메밀, 땅콩, 밀가루, 돼지고기를 이용한 제품과 같은 제조시설에서 제조하였습니다.
- 본 제품은 공정거래위원회 고시 소비분쟁해결 기준에 의거 교환 또는 보상받을 수 있습니다.
- 부정불량식품신고는 국번 없이 1399

---

① 조리하실 때 계란만 넣지 않으시면 문제가 없을 것입니다.
② 제품을 조리하실 때 집에서 따로 육수를 우려서 사용하시는 것이 좋겠습니다.
③ 이 제품은 무농약 현미로 만들어져 있기 때문에 알레르기 체질 개선에 효과가 있습니다.
④ 이 제품은 계란이 들어가는 식품을 제조하는 시설에서 생산되었다는 점을 참고하시기 바랍니다.
⑤ 알레르기 반응이 나타나실 경우 구매하신 곳에서 교환 또는 환불 받으실 수 있습니다.

22 다음 표는 1990년부터 2002년 사이의 연도별 생활보호 및 국민 기초생활 보장 대상자에 대한 분석을 한 것이다. 표에 대한 분석으로 옳은 것끼리 묶인 것은?

연도	전체 대상자(A)	65세 이상 대상자(B)	B/A(%)	A/전체인구	B/65세 이상 인구
1990	2,119,000	306,000	14.5	4.9	15.1
1991	2,472,000	328,000	13.3	5.7	14.8
1992	2,053,000	323,000	15.7	4.7	14.1
1993	1,784,000	317,000	17.8	4.0	13.4
1994	1,481,000	278,000	18.8	3.3	11.8
1995	1,499,000	250,000	16.7	3.3	9.8
1996	1,506,000	256,000	19.3	3.3	9.2
1997	1,414,000	251,000	18.8	3.1	9.6
1998	1,175,000	262,000	22.3	2.5	8.6
1999	1,745,000	435,000	24.9	3.7	13.6
2000	1,300,000	249,000	19.1	2.7	7.4
2001	1,653,000	275,000	16.7	3.5	7.8
2002	1,550,000	308,000	19.9	3.3	8.2

> ㉠ 해당 기간 중에서 생활보호 및 국민 기초생활 보장 대상자 1인당 국민수는 대체로 증가하고 있다.
> ㉡ 65세 이상 대상자 1인당 전체 대상자수는 1991년이 가장 적다.
> ㉢ 65세 이상 인구는 1997년보다 1996년이 더 많았다.
> ㉣ 전체 대상자수와 65세 이상 대상자수는 매년 같은 방향으로 증감을 보이고 있다.

① ㉠, ㉣　　　　　　　　　　② ㉠, ㉢

③ ㉢, ㉣　　　　　　　　　　④ ㉡, ㉢

⑤ ㉡, ㉣

23 다음은 직장가입자 보수월액보험료에 대한 설명이다. 미림이의 보수월액이 300만 원 이라고 할 때, 다음 중 옳지 않은 것은?(단, 보험료 산정 시점은 2016년 9월이다)

직장가입자 보수월액보험료

㉠ 보험료 산정방법

- 건강보험료 = 보수월액 × 건강보험료율

  ※ 보수월액은 동일사업장에서 당해연도에 지급받은 보수총액을 근무월수로 나눈 금액을 의미

- 장기요양보험료 = 건강보험료 × 장기요양보험료율

㉡ 연도별 보험료율

적용기간	건강보험료율	장기요양보험료율
2013.1 ~ 2013.12	5.89%	6.55%
2014.1 ~ 2014.12	5.99%	6.55%
2015.1 ~ 2015.12	6.07%	6.55%
2016.1 ~	6.12%	6.55%

㉢ 보험료 부담비율

구분	계	가입자부담	사용자부담	국가부담
근로자	6.12%	3.06%	3.06%	–
공무원	6.12%	3.06%	–	3.06%
사립학교교원	6.12%	3.06%	1.836%(30%)	1.224%(20%)

㉣ 건강보험료 경감 종류 및 경감률

- 국외근무자 경감 : 가입자 보험료의 50%(국내에 피부양자가 있는 경우)
- 섬·벽지 경감 : 가입자 보험료액의 50%
- 군인 경감 : 가입자 보험료액의 20%
- 휴직자 경감 : 가입자 보험료액의 50% (다만, 육아휴직자는 60%)
- 임의계속가입자 경감 : 가입자 보험료액의 50%
- 종류가 중복될 경우 최대 경감률은 50%임(육아휴직자는 60%)

㉤ 건강보험료 면제 사유

- 국외 체류(여행·업무 등으로 1월 이상 체류하고 국내 거주 피부양자가 없는 경우), 현역병 등으로 군 복무, 교도소 기타 이에 준하는 시설에 수용

㉥ 장기요양보험료 경감 사유 및 경감률

- 등록장애인(1~2급), 희귀난치성질환자(6종) : 30%

---

① 미림이의 장기요양보험료는 약 12,000원이다.

② 미림이가 일반 근로자라면 사용자 부담 건강보험료 금액은 91,800원이다.

③ 미림이가 희귀난치성질환자라면 건강보험료는 약 8,400원이다.

④ 미림이가 육아휴직자라면 건강보험료는 약 73,400원이다.

⑤ 미림이가 산간벽지에 살고 있다면 건강보험료는 91,800원이다.

│24~25│ 다음의 조건이 모두 참일 때, 반드시 참인 것을 고르시오.

24

> - 귤을 좋아하는 사람은 앵두를 좋아한다.
> - 사과를 싫어하는 사람은 귤을 좋아한다.
> - 사과를 좋아하는 사람은 오렌지를 좋아한다.

① 앵두를 싫어하는 사람은 귤을 좋아한다.

② 앵두를 싫어하는 사람은 오렌지를 좋아한다.

③ 귤을 싫어하는 사람은 사과를 싫어한다.

④ 귤을 싫어하는 사람은 오렌지를 싫어한다.

⑤ 사과를 싫어하는 사람은 앵두를 싫어한다.

25

> - 서원중학교 학생 A, B, C, D, E, F가 순서대로 상담 차례를 기다리고 있다.
> - E의 앞에는 2명 이상의 사람이 있고 C보다는 앞이다.
> - D의 바로 앞에는 B가 있다.
> - A의 뒤에는 3명이 있다.
> - F는 가장 마지막이다.

① B는 두 번째에 있다.

② C는 다섯 번째에 있다.

③ A의 바로 뒤에 C가 있다.

④ E의 바로 앞에 D가 있다.

⑤ E의 뒤에는 3명 이상의 사람이 있다.

| 26~27 | 인사팀에 근무하는 S는 2017년도에 새롭게 변경된 사내 복지 제도에 따라 경조사 지원 내역을 정리하는 업무를 담당하고 있다. 다음을 바탕으로 물음에 답하시오.

❑ 2017년도 변경된 사내 복지 제도

종류	주요 내용
주택 지원	• 사택 지원(가~사 총 7동 175가구) 최소 1년 최장 3년 • 지원 대상 - 입사 3년 차 이하 1인 가구 사원 중 무주택자(가~다동 지원) - 입사 4년 차 이상 본인 포함 가구원이 3인 이상인 사원 중 무주택자(라~사동 지원)
경조사 지원	• 본인/가족 결혼, 회갑 등 각종 경조사 시 • 경조금, 화환 및 경조휴가 제공
학자금 지원	• 대학생 자녀의 학자금 지원
기타	• 상병 휴가, 휴직, 4대 보험 지원

❑ 2017년도 1/4분기 지원 내역

이름	부서	직위	내역	변경 전	변경 후	금액(천원)
A	인사팀	부장	자녀 대학진학	지원 불가	지원 가능	2,000
B	총무팀	차장	장인상	변경 내역 없음		100
C	연구1팀	차장	병가	실비 지급	추가 금액 지원	50 (실비 제외)
D	홍보팀	사원	사택 제공(가-102)	변경 내역 없음		-
E	연구2팀	대리	결혼	변경 내역 없음		100
F	영업1팀	차장	모친상	변경 내역 없음		100
G	인사팀	사원	사택 제공(바-305)	변경 내역 없음		-
H	보안팀	대리	부친 회갑	변경 내역 없음		100
I	기획팀	차장	결혼	변경 내역 없음		100
J	영업2팀	과장	생일	상품권	기프트 카드	50
K	전략팀	사원	생일	상품권	기프트 카드	50

26 당신은 S가 정리해 온 2017년도 1/4분기 지원 내역을 확인하였다. 다음 중 잘못 구분된 사원은?

지원 구분	이름
주택 지원	D, G
경조사 지원	B, E, H, I, J, K
학자금 지원	A
기타	F, C

① B　　　　　　　　　　　　　② D
③ F　　　　　　　　　　　　　④ H
⑤ K

27 S는 2017년도 1/4분기 지원 내역 중 변경 사례를 참고하여 새로운 사내 복지 제도를 정리해 추가로 공시하려 한다. 다음 중 S가 정리한 내용으로 옳지 않은 것은?

① 복지 제도 변경 전후 모두 생일에 현금을 지급하지 않습니다.
② 복지 제도 변경 후 대학생 자녀에 대한 학자금을 지원해드립니다.
③ 변경 전과 달리 미혼 사원의 경우 입주 가능한 사택동 제한이 없어집니다.
④ 변경 전과 같이 경조사 지원금은 직위와 관계없이 동일한 금액으로 지원됩니다.
⑤ 변경 전과 달리 병가 시 실비 외에 5만 원을 추가로 지원합니다.

28 다음은 2019년도 상반기 어느 공단 신규직원 채용 공고의 일부이다. 잘못 이해한 것을 고르면?

〈우대사항〉

구분	내용
취업지원대상자	「국가유공자 등 예우 및 지원에 관한 법률」 등에 따른 취업지원대상자 ※ 가점비율은 국가보훈처에서 발급하는 취업지원대상자증명서로 확인
장애인	「장애인복지법」 제32조에 따른 등록 장애인
기초생활보장수급자	「국민기초생활보장법」 제2조 제2호에 따른 수급자
강원지역인재	최종학력기준 강원지역 소재 학교 출신자 또는 실거주자 ※ 대학 이하(고졸 및 전문대 포함) 최종학력 기준이 강원지역 소재 학교인 사람 또는 공고일 현재 주민등록상 연속하여 1년 이상 강원지역에 거주하고 있는 사람
청년인턴경력자	공단 또는 공공기관에서 청년인턴으로 4개월 이상 근무한 사람
우리공단 근무 경력자	2016년 이후 일산병원, 서울요양병원, 공단 고객센터 근무경력 2년(휴직기간 제외) 이상인 자
	2016년 이후 공단 근무경력 1년(휴직기간 제외) 이상인 자(계약직 포함)
단시간근로 (시간선택제)	경력단절여성 중 경제활동 중단 기간이 접수마감일 현재까지 연속하여 1년 이상인 여성 ※ 단시간근로(시간선택제) 지원자만 해당(경력단절 여부는 고용보험 피보험자격 이력내역서로 확인)

① 취업지원대상자로 우대받기 위해서는 국가보훈처에서 발급하는 취업지원대상자증명서를 제출해야 한다.

② 2019년 2월 강원지역 소재 고등학교를 졸업한 A 씨는 이 채용에서 우대받을 수 있다.

③ 2018년 2월부터 7월까지 안전보건공단에서 청년인턴으로 근무한 B 씨는 이 채용에서 우대받을 수 있다.

④ 2017년 1월부터 2018년 6월까지 공단 고객센터에서 근무한 C 씨는 이 채용에서 우대받을 수 있다.

⑤ 2017년 1월부터 현재까지 임신과 출산으로 인해 경력이 단절된 D 씨가 시간선택제에 지원했다면, 채용에서 우대를 받을 수 있다.

|29~30| 다음 표는 가구 월평균 교통비 지출액 및 지출율에 관한 표이다. 다음 표를 보고 물음에 답하시오.

(단위 : 천 원, %)

		2010	2011	2012	2013	2014	2015
월평균 교통비 (1,000원)	전체	271	295	302	308	334	322
	개인교통비	215	238	242	247	271	258
	대중교통비	56	57	60	61	63	63
교통비 지출율 (%)	전체	11.9	12.3	12.3	12.4	13.1	12.5
	개인교통비	9.4	9.9	9.8	10	10.6	10.1
	대중교통비	2.4	2.4	2.4	2.4	2.5	2.5

* 교통비 지출율 : 가구 월평균 소비지출 중 교통비가 차지하는 비율
* 개인교통비 : 자동차 구입비, 기타 운송기구(오토바이, 자전거 등) 구입비, 운송기구 유지 및 수리비(부품 및 관련용품, 유지 및 수리비), 운송기구 연료비, 기타 개인교통서비스(운전교습비, 주차료, 통행료, 기타 개인교통) 등 포함
* 대중교통비 : 철도운송비, 육상운송비, 기타운송비(항공, 교통카드 이용, 기타 여객운송) 등 포함

29 위의 표에 대한 설명으로 옳은 것은?

① 2010년 월평균 교통비에서 개인교통비는 80% 이상을 차지한다.
② 2011년 월평균 교통비에서 대중교통비는 20% 이상을 차지한다.
③ 2012년 월평균 교통비에서 개인교통비는 80% 이상을 차지한다.
④ 전체교통비는 해마다 증가한다.
⑤ 개인교통비 지출이 가장 많았던 해와 적었던 해의 차이는 60천 원 이상이다.

30 2015년의 가구 월평균 소비지출은 얼마인가?

① 2,573,000원   ② 2,574,000원
③ 2,575,000원   ④ 2,576,000원
⑤ 2,577,000원

31 다음 조사 결과를 바르게 분석한 것은?

① 질문 : 부모의 노후 생계를 누가 책임져야 한다고 생각하십니까?
② 조사대상 : 15세 이상 인구 중 남녀 각각 3만 5천 명
③ 조사결과

(단위 : %)

연도 / 조사 대상 응답내용		2002년				2006년			
		가족	부모 스스로	가족과 정부 공동	기타	가족	부모 스스로	가족과 정부 공동	기타
성별	남자	72.6	9.2	16.8	1.4	65.6	7.1	25.2	2.1
	여자	68.9	10.0	19.5	1.6	61.3	8.4	27.6	2.7
소속 가구별	1세대 가구	70.0	13.7	14.9	1.4	65.3	11.4	20.7	2.6
	2세대 가구	70.1	8.8	19.6	1.5	62.6	6.7	28.5	2.2
	3세대 이상 가구	75.0	7.5	15.9	1.6	64.4	6.4	26.5	2.7

① 남자보다 여자가 부모의 노후를 책임지려는 의식이 강하다.
② 노후를 가족이 책임져야 한다고 보는 경향이 확산되고 있다.
③ 노후를 부모 스스로 해결해야 한다는 응답률의 감소폭은 남자가 여자보다 크다.
④ 노후를 부모 스스로 해결해야 한다고 보는 응답자의 비율은 핵가족일수록 낮다.
⑤ 부모의 노후는 가족과 정부가 공동으로 책임져야 한다는 의식이 지배적이다.

도서출판 서원각에 근무하는 K씨는 고객으로부터 9급 건축직 공무원 추천도서를 요청받았다. K씨는 도서를 추천하기 위해 다음과 같은 9급 건축직 발행도서의 종류와 특성을 참고하였다.

K씨 : 감사합니다. 도서출판 서원각입니다.

고객 : 9급 공무원 건축직 관련 도서 추천을 좀 받고 싶습니다.

K씨 : 네, 어떤 종류의 도서를 원하십니까?

고객 : 저는 기본적으로 이론은 대학에서 전공을 했습니다. 그래서 많은 예상문제를 풀 수 있는 것이 좋습니다.

K씨 : 아, 문제가 많은 것이라면 딱 잘라서 말씀드리기가 어렵습니다.

고객 : 알아요. 그래도 적당히 가격도 그리 높지 않고 예상문제가 많이 들어 있는 것이면 됩니다.

K씨 : 네, 알겠습니다. 많은 예상문제풀이가 가능한 것 외에는 다른 필요한 사항은 없으십니까?

고객 : 가급적이면 20,000원 이하가 좋을 듯 합니다.

도서명	예상문제 문항 수	기출문제 수	이론 유무	가격
실력평가모의고사	400	120	무	18,000
전공문제집	500	160	유	25,000
문제완성	600	40	무	20,000
합격선언	300	200	유	24,000
빈출 핵심요약	0	100	유	10,000

32 다음 중 K씨가 고객의 요구에 맞는 도서를 추천해 주기 위해 가장 우선적으로 고려해야 하는 특성은 무엇인가?

① 기출문제 수
② 이론 유무
③ 가격
④ 예상문제 문항 수
⑤ 요약정리 유무

33 고객의 요구를 종합적으로 반영하였을 때 많은 문제와 가격을 맞춘 가장 적당한 도서는?

① 실력평가모의고사
② 전공문제집
③ 문제완성
④ 합격선언
⑤ 빈출 핵심요약

34 다음의 내용을 토대로 발생할 수 있는 상황을 바르게 예측한 것은?

> 인기가수 A는 자신의 사생활을 폭로한 한 신문사 기자 B를 상대로 기사 정정 및 사과를 요구하였다. 그러나 B는 자신은 시민의 알 권리를 보장하기 위해 할 일을 한 것뿐이라며 기사를 정정할 수 없다고 주장하였다. A는 자신을 원고로, B를 피고로 하여 사생활 침해에 대한 위자료 1,000만 원을 구하는 소를 제기하였다. 민사 1심 법원은 기사 내용에 대한 진위 여부를 바탕으로 B의 주장이 옳다고 인정하여, A의 청구를 기각하는 판결을 선고하였다. 이에 대해 A는 항소를 제기하였다.
>
> • 소 또는 상소 제기 시 납부해야 할 송달료
> - 민사 제1심 소액사건(소가 2,000만 원 이하의 사건) : 당사자 수 × 송달료 10회분
> - 민사 제1심 소액사건 이외의 사건 : 당사자 수 × 송달료 15회분
> - 민사 항소사건 : 당사자 수 × 송달료 12회분
> - 민사 상고사건 : 당사자 수 × 송달료 8회분
> • 당사자 : 원고, 피고

① A가 제기한 소는 민사 제1심 소액사건 이외의 사건에 해당한다.

② 1회 송달료가 3,200원일 경우 A가 소를 제기하기 위해 내야 할 송달료는 48,000원이다.

③ A가 법원의 판결에 불복하고 항소를 제기하는데 드는 송달료는 원래의 소를 제기할 때 들어간 송달료보다 적다.

④ 1회 송달료가 2,500원일 경우 A가 납부한 송달료의 합계는 총 110,000원이다.

⑤ 민사 항소사건의 경우 송달료는 10회분을 납부해야 한다.

35 다음과 같은 구조를 가진 어느 호텔에 A~H 8명이 투숙하고 있고, 알 수 있는 정보가 다음과 같다. B의 방이 204호일 때, D의 방은? (단, 한 방에는 한 명씩 투숙한다)

a라인	201	202	203	204	205
복도					
b라인	210	209	208	207	206

- 비어있는 방은 한 라인에 한 개씩 있고, A, B, F, H는 a라인에, C, D, E, G는 b라인에 투숙하고 있다.
- A와 C의 방은 복도를 사이에 두고 마주보고 있다.
- F의 방은 203호이고, 맞은 편 방은 비어있다.
- C의 오른쪽 옆방은 비어있고 그 옆방에는 E가 투숙하고 있다.
- B의 옆방은 비어있다.
- H와 D는 누구보다 멀리 떨어진 방에 투숙하고 있다.

① 202호   ② 205호

③ 206호   ④ 207호

⑤ 208호

| 36~38 | 다음은 금융 관련 긴급상황 발생시 행동요령에 대한 내용이다. 이를 읽고 물음에 답하시오.

금융 관련 긴급상황 발생 행동요령

1. 신용카드 및 체크카드의 분실한 경우

   카드를 분실했을 경우 카드회사 고객센터에 분실신고를 하여야 한다.

   분실신고 접수일로부터 60일 전과 신고 이후에 발생한 부정 사용액에 대해서는 납부의무가 없다. 카드에 서명을 하지 않은 경우, 비밀번호를 남에게 알려준 경우, 카드를 남에게 빌려준 경우 등 카드 주인의 특별한 잘못이 있는 경우에는 보상을 하지 않는다.

   비밀번호가 필요한 거래(현금인출, 카드론, 전자상거래)의 경우 분실신고 전 발생한 제2자의 부정 사용액에 대해서는 카드사가 책임을 지지 않는다. 그러나 저항할 수 없는 폭력이나 생명의 위협으로 비밀번호를 누설한 경우 등 카드회원의 과실이 없는 경우는 제외한다.

2. 다른 사람의 계좌에 잘못 송금한 경우

   본인의 거래은행에 잘못 송금한 사실을 먼저 알린다. 전화로 잘못 송금한 사실을 말하고 거래은행 영업점을 방문해 착오입금반환의뢰서를 작성하면 된다.

   수취인과 연락이 되지 않거나 돈을 되돌려 주길 거부하는 경우에는 부당이득반환소송 등 법적 조치를 취하면 된다.

3. 대출사기를 당한 경우

   대출사기를 당했거나 대출수수료를 요구할 땐 경찰서, 금융감독원에 전화로 신고를 하여야 한다. 아니면 금융감독원 홈페이지 참여마당 → 금융범죄/비리/기타신고 → 불법 사금융 개인정보 불법 유통 및 불법 대출 중개수수료 피해신고 코너를 통해 신고하면 된다.

4. 신분증을 잃어버린 경우

   가까운 은행 영업점을 방문하여 개인정보 노출자 사고 예방 시스템에 등록을 한다. 신청인의 개인 정보를 금융회사에 전파하여 신청인의 명의로 금융거래를 하면 금융회사가 본인확인을 거쳐 2차 피해를 예방한다.

---

36 만약 당신이 신용카드를 분실했을 경우 가장 먼저 취해야 할 행동으로 적절한 것은?

① 경찰서에 전화로 분실신고를 한다.

② 해당 카드회사에 전화로 분실신고를 한다.

③ 금융감독원에 분실신고를 한다.

④ 카드사에 전화를 걸어 카드를 해지한다.

⑤ 카드회사에 전화를 걸어 카드 비밀번호를 변경한다.

37 매사 모든 일에 철두철미하기로 유명한 당신이 보이스피싱에 걸려 대출사기를 당했다고 느껴질 경우 당신이 취할 수 있는 가장 적절한 행동은?

① 가까운 은행을 방문하여 개인정보 노출자 사고 예방 시스템에 등록을 한다.

② 해당 거래 은행에 송금 사실을 전화로 알린다.

③ 경찰서나 금융감독원에 전화로 신고를 한다.

④ 법원에 부당이득반환소송을 청구한다.

⑤ 거래하는 은행에 방문하여 금융거래확인서를 발급받는다.

38 실수로 다른 사람의 계좌에 잘못 송금을 할 경우 가장 적절한 대처방법은?

① 거래 은행에 잘못 송금한 사실을 알린다.

② 금융감독원에 전화로 신고를 한다.

③ 잘못 송금한 은행에 송금사실을 전화로 알린다.

④ 부당이득반환청구소송을 준비한다.

⑤ 가까운 은행 영업점을 방문하여 잘못 송금한 사실을 알린다.

39 다음은 이○○씨가 A지점에서 B지점을 거쳐 C지점으로 출근을 할 때 각 경로의 거리와 주행속도를 나타낸 것이다. 이○○씨가 오전 8시 정각에 A지점을 출발해서 B지점을 거쳐 C지점으로 갈 때, 이에 대한 설명 중 옳은 것을 고르면?

구간	경로	주행속도(km/h)		거리(km)
		출근 시간대	기타 시간대	
A→B	경로 1	30	45	30
	경로 2	60	90	
B→C	경로 3	40	60	40
	경로 4	80	120	

※ 출근 시간대는 오전 8시부터 오전 9시까지이며, 그 이외의 시간은 기타 시간대임.

① C지점에 가장 빨리 도착하는 시각은 오전 9시 10분이다.

② C지점에 가장 늦게 도착하는 시각은 오전 9시 20분이다.

③ B지점에 가장 빨리 도착하는 시각은 오전 8시 40분이다.

④ 경로 2와 경로 3을 이용하는 경우와, 경로 1과 경로 4를 이용하는 경우 C지점에 도착하는 시각은 동일하다.

⑤ 9시까지 출근을 할 수 있는 경로의 조합은 2가지이다.

40 A씨는 30 % 할인 행사 중인 백화점에 갔다. 매장에 도착하니 당일 구매물품의 정가 총액에 따라 아래의 〈혜택〉 중 하나를 택할 수 있다고 한다. 정가 10만원짜리 상의와 15만원짜리 하의를 구입하고자 한다. 옷을 하나 이상 구입하여 일정 혜택을 받고 교통비를 포함해 총비용을 계산할 때, 〈보기〉의 설명 중 옳은 것을 모두 고르면? (단, 1회 왕복교통비는 5천원이고, 소요시간 등 기타사항은 금액으로 환산하지 않는다)

〈혜택〉

• 추가할인 : 정가 총액이 20만 원 이상이면, 할인된 가격의 5%를 추가로 할인
• 할인쿠폰 : 정가 총액이 10만 원 이상이면, 세일기간이 아닌 기간에 사용할 수 있는 40% 할인권 제공

〈보기〉

㉠ 오늘 상·하의를 모두 구입하는 것이 가장 싸게 구입하는 방법이다.
㉡ 상·하의를 가장 싸게 구입하면 17만 원 미만의 비용이 소요된다.
㉢ 상·하의를 가장 싸게 구입하는 경우와 가장 비싸게 구입하는 경우의 비용 차이는 1회 왕복 교통비 이상이다.
㉣ 오늘 하의를 구입하고, 세일기간이 아닌 기간에 상의를 구입하면 17만 5천 원이 든다.

---

① ㉠㉡   ② ㉠㉢
③ ㉡㉢   ④ ㉢㉣
⑤ ㉡㉢㉣

41 다음 빈칸에 들어갈 알맞은 수는?

> 19 18 22 21 25 24 (   )

① 23
② 26
③ 28
④ 32
⑤ 36

42 다음 숫자는 일정한 규칙을 따르고 있다. 괄호 안에 들어갈 가장 적절한 숫자는?

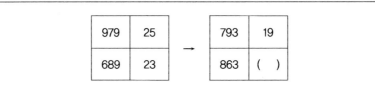

① 15
② 17
③ 19
④ 21
⑤ 23

43 다음 규칙의 도형에서 ㉠, ㉡의 곱은 얼마인가?

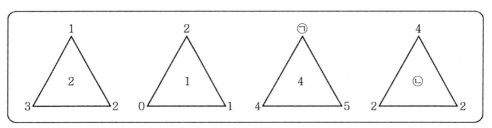

① 16
② 18
③ 20
④ 22
⑤ 24

44 A회사의 작년 전체 사원수는 320명이었다. 올해는 작년에 비하여 남자 사원수가 6명 감소하였고, 여자 사원수가 20% 증가하여 전체 사원수가 10% 증가하였다. A회사의 올해 여자 사원수는 몇 명인가?

① 124명　　　　　　　　　　② 130명

③ 190명　　　　　　　　　　④ 228명

⑤ 243명

45 집에서 학교에 갈 때는 시속 3km로 걷고, 학교에서 집에 올 때는 3km 더 긴 길을 따라 시속 4km로 걸어서 총 3시간 5분이 걸렸다. 학교에서 집에 올 때 걸어온 거리는 몇 km인가?

① 4km　　　　　　　　　　② 5km

③ 6km　　　　　　　　　　④ 7km

⑤ 8km

46 물통을 가득 채울 때 관 A의 경우 5시간, 관 B의 경우 7시간이 걸리고, 처음 1시간은 A관만 사용하여 물통에 물을 채우고, 이후의 시간동안은 A관과 B관을 동시에 사용하여 물통에 물을 채웠을 때, 물통에 물이 가득 찰 때까지 몇 시간이 걸리는가?

① 2시간 20분　　　　　　　　② 2시간 40분

③ 3시간 20분　　　　　　　　④ 3시간 40분

⑤ 4시간 20분

47 어떤 일을 할 때 A가 3일 동안 하고 남은 일을 A와 B 두 사람이 함께 하면 5일 만에 끝이 난다. 같은 일을 B가 2일 동안 하고 남은 일을 A와 B 두 사람이 함께 하면 4일 만에 끝이 난다. B가 이 일을 혼자 한다면 며칠이 걸리겠는가?

① 5일　　　　　　　　　　② 6일

③ 7일　　　　　　　　　　④ 8일

⑤ 9일

48 다음은 A공사에 근무하는 김 대리가 작성한 '보금자리주택 특별공급 사전예약 안내문'이다. 자료에 대한 내용으로 옳은 것은?

보금자리주택 특별공급 사전예약이 진행된다. 신청자격은 사전예약 입주자 모집 공고일 현재 미성년(만 20세 미만)인 자녀를 3명 이상 둔 서울, 인천, 경기도 등 수도권 지역에 거주하는 무주택 가구주에게 있다. 청약저축통장이 필요 없고, 당첨자는 배점기준표에 의한 점수 순에 따라 선정된다. 특히 자녀가 만 6세 미만 영유아일 경우, 2명 이상은 10점, 1명은 5점을 추가로 받게 된다.

총점은 가산점을 포함하여 90점 만점이며 배점기준은 다음 〈표〉와 같다.

배점요소	배점기준	점수
미성년 자녀수	4명 이상	40
	3명	35
가구주 연령, 무주택 기간	가구주 연령이 만 40세 이상이고, 무주택 기간 5년 이상	20
	가구주 연령이 만 40세 미만이고, 무주택 기간 5년 이상	15
	무주택 기간 5년 미만	10
당해 시·도 거주기간	10년 이상	20
	5년 이상~10년 미만	15
	1년 이상~5년 미만	10
	1년 미만	5

※ 다만 동점자인 경우 ① 미성년 자녀수가 많은 자, ② 미성년 자녀수가 같을 경우, 가구주의 연령이 많은 자 순으로 선정한다.

① 가장 높은 점수를 받을 수 있는 배점요소는 '가구주 연령, 무주택 기간'이다.
② 사전예약 입주자 모집 공고일 현재 22세, 19세, 16세, 5세의 자녀를 둔 서울 거주 무주택 가구주 甲은 신청자격이 있다.
③ 보금자리주택 특별공급 사전예약에는 청약저축통장이 필요하다.
④ 배점기준에 따른 총점이 동일하고 미성년 자녀수가 같다면, 미성년 자녀의 평균 연령이 더 많은 자 순으로 선정한다.
⑤ 사전예약 입주자 모집 공고일 현재 9세 자녀 1명과 5세 자녀 쌍둥이를 둔 乙은 추가로 5점을 받을 수 있다.

49 다음 〈그림〉은 연도별 연어의 포획량과 회귀율을 나타낸 것이다. 이에 대한 설명 중 옳지 않은 것은?

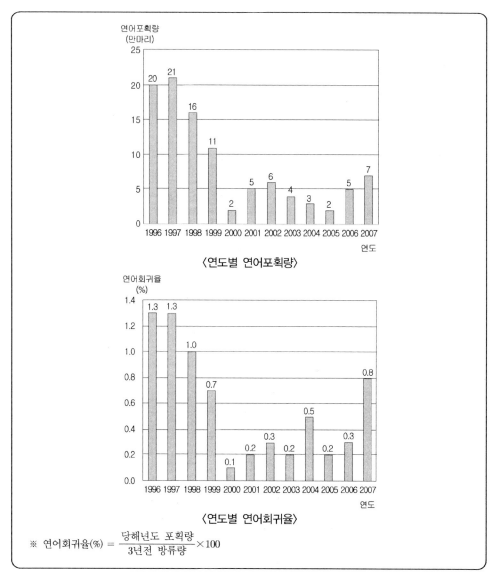

연어포획량
(만마리)

〈연도별 연어포획량〉

연어회귀율
(%)

〈연도별 연어회귀율〉

$$※\ 연어회귀율(\%) = \frac{당해년도\ 포획량}{3년전\ 방류량} \times 100$$

① 1999년도와 2000년도의 연어방류량은 동일하다.

② 연어포획량이 가장 많은 해와 가장 적은 해의 차이는 20만 마리를 넘지 않는다.

③ 연어회귀율은 증감을 거듭하고 있다.

④ 2004년도 연어방류량은 1,500만 마리가 넘는다.

⑤ 2000년도는 연어포획량이 가장 적고, 연어회귀율도 가장 낮다.

50 다음은 ○○그룹의 1997년도와 2008년도 7개 계열사의 영업이익률이나. 자료 분석 결과로 옳은 것은?

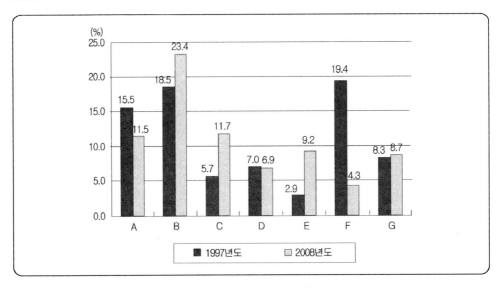

① B계열사의 2008년 영업이익률은 나머지 계열사의 영업이익률의 합보다 많다.
② 1997년도에 가장 높은 영업이익률을 낸 계열사는 2008년에도 가장 높은 영업이익률을 냈다.
③ 2008년 G계열사의 영업이익률은 1997년 E계열사의 영업이익률의 2배가 넘는다.
④ 7개 계열사 모두 1997년 대비 2008년의 영업이익률이 증가하였다.
⑤ 1997년과 2008년 모두 영업이익률이 10%을 넘은 계열사는 3곳이다.

51 다음은 어떤 단어에 대한 창의적인 해석이다. 이에 해당하는 적절한 단어는?

> 자동차 내비게이션 속에 사는 여자의 이름.
> 경로를 이탈했습니다. 경로를 이탈했습니다. 경로를 이탈했습니다.
> 서너 번만 같은 말을 하고 나면 짜증이 날 법도 한데 한결같은 그 예쁘고 친절한 목소리로 경로를 재탐색하겠다고 한다.
> 인생길에도 같은 이름의 안내자가 필요하다.

① 적극성   ② 인내
③ 성실   ④ 리더십
⑤ 창의

52 다음 서식을 보고 빈칸에 들어갈 알맞은 단어를 고른 것은?

납품(장착) 확인서

1. 제　　품　　명 : 슈퍼터빈(연료과급기)
2. 회　　사　　명 : 서원각
3. 사업자등록번호 : 123-45-67890
4. 주　　　　　소 : 경기도 고양시 일산서구 가좌동 846
5. 대　　표　　자 : 정 확 한
6. 공 급 받 는 자 : ㈜소정 코리아
7. 납품(계약)단가 : 일금 이십육만원정(₩ 260,000)
8. 납품(계약)금액 : 일금 이백육십만원정(₩ 2,600,000)
9. 장착차량 현황

차종	연식	차량번호	사용연료	규격(size)	수량	비고
스타렉스			경유	72mm	4	
카니발			경유		2	
투싼			경유	56mm	2	
야무진			경유		1	
이스타나			경유		1	
합계					10	₩2,600,000

　　귀사 제품 슈퍼터빈을 테스트한 결과 연료절감 및 매연저감에 효과가 있으므로 당사 차량에 대해 (　　　) 장착하였음을 확인합니다.

납　품　　처 : ㈜소정 코리아
사업자등록번호 : 987-65-43210
상　　　　호 : ㈜소정 코리아
주　　　　소 : 서울시 강서구 가양동 357-9
대　　표　　자 : 장 착 해

---

① 일절　　　　　　　　　② 일체
③ 전혀　　　　　　　　　④ 반품
⑤ 환불

❚53∼54❚ 다음은 우리나라의 공적연금제도와 관련된 설명이다. 물음에 답하시오.

　사람들은 은퇴 이후 소득이 급격하게 줄어드는 위험에 처할 수 있다. 이러한 위험이 발생할 경우 일정 수준의 생활(소득)을 보장해 주기 위한 제도가 공적연금제도이다. 우리나라의 공적연금제도에는 대표적으로 국민의 노후 생계를 보장해 주는 국민연금이 있다. 공적연금제도는 강제가입을 원칙으로 한다. 연금은 가입자가 비용은 현재 지불하지만 그 편익은 나중에 얻게 된다. 그러나 사람들은 현재의 욕구를 더 긴박하고 절실하게 느끼기 때문에 불확실한 미래의 편익을 위해서 당장은 비용을 지불하지 않으려는 경향이 있다. 또한 국가는 사회보장제도를 통하여 젊은 시절에 노후를 대비하지 않은 사람들에게도 최저생계를 보장해준다. 이 경우 젊었을 때 연금에 가입하여 성실하게 납부한 사람들이 방만하게 생활한 사람들의 노후생계를 위해 세금을 추가로 부담해야 하는 문제가 생긴다. 그러므로 국가가 나서서 강제로 연금에 가입하도록 하는 것이다.

　공적연금제도의 재원을 충당하는 방식은 연금 관리자의 입장과 연금 가입자의 입장에서 각기 다르게 나누어 볼 수 있다. 연금 관리자의 입장에서는 '적립방식'과 '부과방식'의 두 가지가 있다. '적립방식'은 가입자가 낸 보험료를 적립해 기금을 만들고 이 기금에서 나오는 수익으로 가입자가 납부한 금액에 비례하여 연금을 지급하지만, 연금액은 확정되지 않는다. '적립방식'은 인구 구조가 변하더라도 국가는 재정을 투입할 필요가 없고, 받을 연금과 내는 보험료의 비율이 누구나 일정하므로 보험료 부담이 공평하다. 하지만 일정한 기금이 형성되기 전까지는 연금을 지급할 재원이 부족하므로, 제도 도입 초기에는 연금 지급이 어렵다. '부과방식'은 현재 일하고 있는 사람들에게서 거둔 보험료로 은퇴자에게 사전에 정해진 금액만큼 연금을 지급하는 것이다. 이는 '적립방식'과 달리 세대 간 소득재분배 효과가 있으며, 제도 도입과 동시에 연금 지급을 개시할 수 있다는 장점이 있다. 다만 인구 변동에 따른 불확실성이 있다. 노인 인구가 늘어나 역삼각형의 인구구조가 만들어질 때는 젊은 세대의 부담이 증가되어 연금 제도를 유지하기가 어려워질 수 있다.

　연금 가입자의 입장에서는 납부하는 금액과 지급 받을 연금액의 관계에 따라 확정기여방식과 확정급여방식으로 나눌 수 있다. 확정기여방식은 가입자가 일정한 액수나 비율로 보험료를 낼 것만 정하고 나중에 받을 연금의 액수는 정하지 않는 방식이다. 이는 연금 관리자의 입장에서 보면 '적립방식'으로 연금 재정을 운용하는 것이다. 그래서 이 방식은 이자율이 낮아지거나 연금 관리자가 효율적으로 기금을 관리하지 못하는 경우에 개인이 손실 위험을 떠안게 된다. 또한 물가가 인상되는 경우 확정기여에 따른 적립금의 화폐가치가 감소되는 위험도 가입자가 감수해야 한다. 확정급여방식은 가입자가 얼마의 연금을 받을 지를 미리 정해 놓고, 그에 따라 개인이 납부할 보험료를 정하는 방식이다. 이는 연금 관리자의 입장에서는 '부과방식'으로 연금 재정을 운용하는 것이다. 나중에 받을 연금을 미리정하면 기금 운용 과정에서 발생하는 투자의 실패는 연금 관리자가 부담하게 된다. 그러나 이 경우에도 물가상승에 따른 손해는 가입자가 부담해야 하는 단점이 있다.

53 공적연금의 재원 충당 방식 중 '적립방식'과 '부과방식'을 비교한 내용으로 적절하지 않은 것은?

	항목	적립방식	부과방식
①	연금 지급 재원	가입자가 적립한 기금	현재 일하는 세대의 보험료
②	연금 지급 가능 시기	일정한 기금이 형성된 이후	제도 시작 즉시
③	세대 간 부담의 공평성	세대 간 공평성 미흡	세대 간 공평성 확보
④	소득 재분배 효과	소득 재분배 어려움	소득 재분배 가능
⑤	인구 변동 영향	받지 않음	받음

54 위 내용을 바탕으로 다음 상황에 대해 분석할 때 적절하지 않은 결론을 도출한 사람은?

> A회사는 이번에 공적연금 방식을 준용하여 퇴직연금 제도를 새로 도입하기로 하였다. 이에 회사는 직원들이 퇴직연금 방식을 확정기여방식과 확정급여방식 중에서 선택할 수 있도록 하였다.

① 확정기여방식은 부담금이 공평하게 나눠지는 측면에서 장점이 있어.

② 확정기여방식은 기금을 운용할 회사의 능력에 따라 나중에 받을 연금액이 달라질 수 있어.

③ 확정기여방식은 기금의 이자 수익률이 물가상승률보다 높으면 연금액의 실질적 가치가 상승할 수 있어.

④ 확정급여방식은 물가가 많이 상승하면 연금액의 실질적 가치가 하락할 수 있어.

⑤ 확정급여방식은 투자 수익이 부실할 경우 가입자가 보험료를 추가로 납부해야 하는 문제가 있어.

55 다음은 어느 시민사회단체의 발기 선언문이다. 이 단체에 대해 판단한 내용으로 적절하지 않은 것은?

> 우리 사회의 경제적 불의는 더 이상 방치할 수 없는 상태에 이르렀다. 도시 빈민가와 농촌에 잔존하고 있는 빈곤은 최소한의 인간적 삶조차 원천적으로 박탈하고 있으며, 경제력을 독점하고 있는 소수 계층은 각계에 영향력을 행사하여 대다수 국민들의 의사에 반하는 결정들을 관철시키고 있다.
>
> 만연된 사치와 향락은 근면과 저축의욕을 감퇴시키고 손쉬운 투기와 불로소득은 기업들의 창의력과 투자의욕을 감소시킴으로써 경제성장의 토대가 와해되고 있다. 부익부빈익빈의 극심한 양극화는 국민 간의 균열을 심화시킴으로써 사회 안정 기반이 동요되고 있으며 공공연한 비윤리적 축적은 공동체의 기본 규범인 윤리 전반을 문란케 하여 우리와 우리 자손들의 소중한 삶의 터전인 이 땅을 약육강식의 살벌한 세상으로 만들고 있다.
>
> 부동산 투기, 정경유착, 불로소득과 탈세를 공인하는 차명계좌의 허용, 극심한 소득차, 불공정한 노사관계, 농촌과 중소기업의 피폐 및 이 모든 것들의 결과인 부와 소득의 불공정한 분배, 그리고 재벌로의 경제적 집중, 사치와 향락, 환경오염 등 이 사회에 범람하고 있는 경제적 불의를 척결하고 경제정의를 실천함은 이 시대 우리 사회의 역사적 과제이다.
>
> 이의 실천이 없이는 경제 성장도 산업 평화도 민주복지 사회의 건설도 한갓 꿈에 불과하다. 이 중에서도 부동산 문제의 해결은 가장 시급한 우리의 당면 과제이다. 인위적으로 생산될 수 없는 귀중한 국토는 모든 국민들의 복지 증진을 위하여 생산과 생활에만 사용되어야 함에도 불구하고 소수의 재산 증식 수단으로 악용되고 있다. 토지 소유의 극심한 편중과 투기화, 그로 인한 지가의 폭등은 국민생활의 근거인 주택의 원활한 공급을 극도로 곤란하게 하고 있을 뿐만 아니라 물가 폭등 및 노사 분규의 격화, 거대한 투기 소득의 발생 등을 초래함으로써 현재 이 사회가 당면하고 있는 대부분의 경제적 사회적 불안과 부정의의 가장 중요한 원인으로 작용하고 있다.
>
> 정부 정책에 대한 국민들의 자유로운 선택권이 보장되며 경제적으로 시장 경제의 효율성과 역동성을 살리면서 깨끗하고 유능한 정부의 적절한 개입으로 분배의 편중, 독과점 및 공해 등 시장 경제의 결함을 해결하는 민주복지사회를 실현하여야 한다. 그리고 이것이 자유와 평등, 정의와 평화의 공동체로서 우리가 지향할 목표이다.

① 이 단체는 극빈층을 포함한 사회적 취약계층의 객관적인 생활수준은 향상되었지만 불공정한 분배, 비윤리적 부의 축적 그리고 사치와 향락 분위기 만연으로 상대적 빈곤은 심각해지고 있다고 인식한다.

② 이 단체는 정책 결정 과정이 소수의 특정 집단에 좌우되고 있다고 보고 있으므로, 정책 결정 과정에 국민 다수의 참여 보장을 주장할 가능성이 크다.

③ 이 단체는 윤리 정립과 불의 척결 등의 요소도 경제 성장에 기여할 수 있다고 본다.

④ 이 단체는 '기업의 비사업용 토지소유 제한을 완화하는 정책'에 비판적일 것이다.

⑤ 이 단체는 경제 성장의 조건으로 저축과 기업의 투자 등을 꼽고 있다.

56 다음의 공모전에 응모하기 위해 〈보기〉와 같이 개요를 작성하였다. 개요의 수정 방안으로 적절하지 않은 것은?

> **그린 IT 운동의 필요성과 실천 방안을 알리는 원고 공모**
>
> 　그린 IT 운동이란, 정보 통신 분야에서 에너지와 자원을 효율적으로 사용하여 환경오염을 줄이려는 사회적 운동입니다.

> 〈보기〉
> 제목 : 그린 IT 운동의 확산을 위하여
>
> Ⅰ. 그린 IT 운동의 개념 ·· ㉠
>
> Ⅱ. 그린 IT 운동의 실천 방안
> 　　1. 기술 및 기기 개발 차원
> 　　　　(1) 획기적인 정보 통신 기술 개발 ······································· ㉡
> 　　　　(2) 폐기물을 재활용한 정보 통신 기기 개발
> 　　2. 기기 이용 차원
> 　　　　(1) 에너지 효율이 높은 기기 이용
> 　　　　(2) 빈번한 기기 교체 자제
> 　　　　(3) 성과에 대한 포상제도 마련 ·· ㉢
> 　　3. 정책적 차원
> 　　　　(1) 사회적 인식 확산을 위한 대책 마련
> 　　　　(2) 경쟁력 강화를 위한 생산성 향상 ································· ㉣
>
> Ⅲ. 그린 IT 운동 정착을 위한 당국의 정책 개발 촉구 ··············· ㉤

① ㉠은 공모의 취지를 고려해, '그린 IT 운동의 개념과 필요성'으로 고친다.

② ㉡은 구체적이지 않으므로, '에너지 효율을 높이는 정보 통신 기술 개발'로 바꾼다.

③ ㉢은 상위 항목에 어울리지 않으므로, 'Ⅱ-3'의 하위 항목으로 옮긴다.

④ ㉣은 글의 주제에서 벗어나므로, '기업과 소비자의 의식 전환'으로 바꾼다.

⑤ ㉤은 글 전체의 흐름으로 보아, '그린 IT 운동 확산을 위한 사회 공동의 노력 촉구'로 바꾼다.

57 한국○○ ㈜의 대표이사 비서인 甲은 거래처 대표이사가 새로 취임하여 축하장 초안을 작성하고 있다. 다음 축하장에서 밑줄 친 부분의 맞춤법이 바르지 않은 것끼리 묶인 것은?

> 귀사의 무궁한 번영과 발전을 기원합니다.
> 이번에 대표이사로 새로 취임하심을 진심으로 기쁘게 생각하며 ⓐ축하드립니다. 이는 탁월한 식견과 그동안의 부단한 노력에 따른 결과라 생각합니다. 앞으로도 저희 한국○○ ㈜와 ⓑ원활한 협력 관계를 ⓒ공고이 해 나가게 되기를 기대하며, 우선 서면으로 축하 인사를 대신합니다.
> ⓓ아무쪼록 건강하시기 바랍니다.

① ⓐ, ⓑ
② ⓐ, ⓒ
③ ⓑ, ⓒ
④ ⓑ, ⓓ
⑤ ⓒ, ⓓ

58 다음은 □□社에 근무하는 Mr. M. Lee의 출장일정표이다. 옳은 것은?

> <u>Monday, January 10 (Seoul to New York)</u>
>
> 9:00a.m Leave Incheon Airport on OZ902 for JFK Airport.
> 9:25a.m Arrive at JFK Airport.
> 1:00p.m Meeting with Roger Harpers, President, ACF Corporation at Garden Grill.
> 7:00p.m Dinner Meeting with Joyce Pitt, Consultant, American Business System at Stewart's Restaurant.
>
> <u>Tuesday, January 11 (New York)</u>
>
> 9:30a.m Presentation "The Office Environment-Networking" at the National Office Systems Conference, City Conference Center
> 12:00p.m Luncheon with Raymond Bernard, Vice President, Wilson Automation, Inc., at the Oakdale City Club.

① Mr. M. Lee is going to fly to USA on OZ902.

② Mr. M. Lee will make a presentation at the City Conference Center after lunch.

③ Mr. M. Lee will have a luncheon meeting at Garden Grill on January 11th.

④ Mr. M. Lee will meet Roger Harpers, the day after he arrives in New York.

⑤ Mr. M. Lee will arrive at JFK airport at 9:25a.m. on January 11th Seoul time.

59 다음 문맥상 ㉠과 바꾸어 쓸 수 있는 단어를 탐구한 내용으로 가장 적절한 것은?

> 옛날 독서하는 사람에게는 다섯 가지 방법이 있었다. 첫 번째 방법은 박학(博學)이다. 곧 두루 혹은 널리 배운다는 것이다. 두 번째 방법은 심문(審問)이다. 곧 자세히 묻는다는 것이다. 세 번째 방법은 신사(愼思)로서 신중하게 생각한다는 것이다. 네 번째 방법은 명변(明辯)인데 명백하게 분별한다는 것이다. 마지막 다섯 번째 방법은 독행(篤行)으로 곧 진실한 마음으로 성실하게 실천한다는 것이다.
>
> 그런데 오늘날 독서하는 사람은 두루 혹은 널리 배운다는 박학에만 집착할 뿐 심문을 비롯한 네 가지 방법에 대해서는 관심조차 두지 않는다. 또한 한나라 시대 유학자의 학설이라면 그 요점과 본줄기도 따져 보지 않고, 그 끝맺는 취지도 ㉠살피지 않은 채 오로지 한마음으로 믿고 추종한다. 이 때문에 가깝게는 마음을 다스리고 성품을 찾을 생각은 하지도 않고, 멀게는 세상을 올바르게 인도하고 백성을 잘 다스리는 일에 대해서는 관심조차 두지 않는다. 오로지 자신만이 널리 듣고 많이 기억하며, 시나 문장을 잘 짓고 논리나 주장을 잘 펼치는 것을 자랑삼아 떠벌리면서 '세상은 고루하다'고 비웃고 다닌다.

① 한 곳을 똑바로 바라본다는 뜻이니 '응시(凝視)하지'로 바꿀 수 있겠군.

② 생각하고 헤아려 본다는 뜻이니 '고려(考慮)하지'로 바꿀 수 있겠군.

③ 자기의 마음을 반성하고 살핀다는 뜻이니 '성찰(省察)하지'로 바꿀 수 있겠군.

④ 일을 해결할 수 있는 방법을 찾는다는 뜻이니 '모색(摸索)하지'로 바꿀 수 있겠군.

⑤ 사물이나 현상을 주의하여 자세히 살펴본다는 뜻이니 '관찰(觀察)하지'로 바꿀 수 있겠군.

60 다음은 광고회사에 다니는 甲이 '광고의 표현 요소에 따른 전달 효과'라는 주제로 발표한 발표문이다. 甲이 활용한 매체 자료에 대한 설명으로 적절하지 않은 것은?

저는 오늘 광고의 표현 요소에 따른 전달 효과에 대해 말씀드리겠습니다. 발표에 앞서 제가 텔레비전 광고 한 편을 보여 드리겠습니다. (광고를 보여 준 후) 의미가 강렬하게 다가오지 않나요? 어떻게 이렇게 짧은 광고에서 의미가 잘 전달되는 것일까요?

광고는 여러 가지 표현 요소를 활용하여 효과적으로 의미를 전달합니다.

이러한 요소에는 음향, 문구, 사진 등이 있습니다. 이 중 우리 반 학생들은 어떤 요소가 가장 전달 효과가 높다고 생각하는지 설문 조사를 해 보았는데요, 그 결과를 그래프로 보여 드리겠습니다. 3위는 음향이나 음악 같은 청각적 요소, 2위는 광고 문구, 1위는 사진이나 그림 같은 시각적 요소였습니다. 그래프로 보니 1위의 응답자 수가 3위보다 두 배가량 많다는 것을 한눈에 볼 수 있네요. 그러면 각 요소의 전달 효과에 대해 살펴볼까요?

먼저 청각적 요소의 효과를 알아보기 위해 음향을 들려 드리겠습니다. (자동차 엔진 소리와 급정거 소음, 자동차 부딪치는 소리) 어떠세요? 무엇을 전달하려는지 의미는 정확하게 알 수 없지만 상황은 생생하게 느껴지시지요?

이번에는 광고 문구의 효과에 대해 설명드리겠습니다. 화면에 '안전띠를 매는 습관, 생명을 지키는 길입니다.'라고 쓰여 있네요. 이렇게 광고 문구는 우리에게 광고의 내용과 의도를 직접적으로 전달해 줍니다.

끝으로 시각적 요소의 효과에 대해 설명드리겠습니다. 이 광고의 마지막 장면은 포스터로도 제작되었는데요. 이 포스터를 함께 보시지요. 포스터를 꽉 채운 큰 한자는 '몸 신' 자네요. 마지막 획을 안전띠 모양으로 만들어서 오른쪽 위에서 왼쪽 아래까지 '몸 신' 자 전체를 묶어 주고 있는 것이 보이시죠? 이 포스터는 안전띠가 몸을 보호해 준다는 의미를 참신하고 기발하게 표현한 것입니다. 이렇게 광고를 통해 전달하려는 의도가 시각적 이미지로 표현될 때 더 인상적으로 전달됨을 알 수 있습니다.

여러분도 인터넷에서 다른 광고들을 찾아 전달 효과를 분석해 보시기 바랍니다. 이상 발표를 마치겠습니다.

① 동영상을 활용하여 청중의 흥미를 유발하고 있다.
② 그래프를 활용하여 설문 조사 결과를 효과적으로 제시하고 있다.
③ 음향을 활용하여 광고 속 상황을 실감이 나도록 전달하고 있다.
④ 포스터를 활용하여 시각적 요소의 효과에 대해 설명하고 있다.
⑤ 인터넷을 활용하여 다양한 자료 검색 방법을 알려 주고 있다.

61 재민이는 동화책 한 권을 3일 동안 다 읽었다. 첫째 날에는 전체 쪽수의 $\frac{1}{3}$ 보다 10쪽을 더 읽었고, 둘째 날에는 나머지 쪽수의 $\frac{3}{5}$ 보다 18쪽을 더 읽고, 마지막 날은 30쪽을 읽었다. 이 동화책은 모두 몇 쪽인가?

① 350쪽 　　　　　　② 420쪽
③ 310쪽 　　　　　　④ 205쪽
⑤ 195쪽

62 〈표 1〉은 정서 표현 수준을 측정하는 설문지에 대한 참가자 A의 반응이고, 〈표 2〉는 전체 조사 대상자(표본)의 정서 표현 영역별 평균값이다. A의 점수를 바르게 나타낸 것은? (단, 각각의 응답의 숫자는 점수를 의미한다)

〈표 1〉

문항	문 항 내 용	전혀 그렇지 않다	거의 그렇지 않다	가끔 그렇다	자주 그렇다	항상 그렇다
1	나는 주위 사람이 알아차릴 정도로 화를 낸다.	1	2	3	4	⑤
2	나는 친구들 앞에서 잘 웃는다.	1	2	③	4	5
3	나는 혼자 있을 때 과거의 일을 생각하고 크게 웃는다.	1	2	③	4	5
4	나는 일이 뜻대로 되지 않을 땐 실망감을 표현한다.	1	2	3	④	5

※ 긍정 정서 표현 점수는 문항 2와 3을, 부정 정서 표현 점수는 문항 1과 4를, 전체 표현 점수는 모든 문항을 합산하여 계산한다.

〈표 2〉

정서 표현 영역	표본의 평균값
긍정 정서 표현	8.1
부정 정서 표현	6.3
전체 표현성	14.4

	긍정 정서 표현 점수	부정 정서 표현 점수
①	9	6
②	8	7
③	7	8
④	6	9
⑤	5	10

63 둘레가 6km인 공원을 영수와 성수가 같은 장소에서 동시에 출발하여 같은 방향으로 돌면 1시간 후에 만나고, 반대 방향으로 돌면 30분 후에 처음으로 만난다고 한다. 영수가 성수보다 걷는 속도가 빠르다고 할 때, 영수가 걷는 속도는?

① 5km/h

② 6km/h

③ 7km/h

④ 8km/h

⑤ 9km/h

64 3개월의 인턴기간 동안 업무평가 점수가 가장 높았던 甲, 乙, 丙, 丁 네 명의 인턴에게 성과급을 지급했다. 제시된 조건에 따라 성과급은 甲 인턴부터 丁 인턴까지 차례로 지급되었다고 할 때, 네 인턴에게 지급된 성과급 총액은 얼마인가?

- 甲 인턴은 성과급 총액의 1/3보다 20만 원 더 받았다.
- 乙 인턴은 甲 인턴이 받고 남은 성과급의 1/2보다 10만 원을 더 받았다.
- 丙 인턴은 乙 인턴이 받고 남은 성과급의 1/3보다 60만 원을 더 받았다.
- 丁 인턴은 丙 인턴이 받고 남은 성과급의 1/2보다 70만 원을 더 받았다.

① 860만 원

② 900만 원

③ 940만 원

④ 960만 원

⑤ 1,020만 원

65 새로운 철로건설 계획에 따라 A, B, C의 세 가지 노선이 제시되었다. 철로 완공 후 연간 평균 기차 통행량은 2만 대로 추산될 때, 건설비용과 사회적 손실비용이 가장 큰 철로를 바르게 짝지은 것은?

- 각 노선의 총 길이는 터널구간 길이와 교량구간 길이 그리고 일반구간 길이로 구성된다.
- 건설비용은 터널구간, 교량구간, 일반구간 각각 1km당 1,000억 원, 200억 원, 100억 원이 소요된다.
- 운행에 따른 사회적 손실비용은 기차 한 대가 10km를 운행할 경우 1,000원이다.
- 다음 표는 각 노선의 구성을 보여 주고 있다.

노선	터널구간 길이	교량구간 길이	총 길이
A	1.2km	0.5km	10km
B	0	0	20km
C	0.8km	1.5km	15km

	건설비용이 가장 큰 철로	사회적 손실비용이 가장 큰 철로
①	A	B
②	B	C
③	C	A
④	A	C
⑤	C	B

66 다음은 프로야구 선수 Y의 타격기록이다. 이에 대한 설명으로 옳은 것을 고르면?

연도	소속 구단	타율	출전 경기수	타수	안타수	홈런수	타점	4사구수	장타율
1993	A	0.341	106	381	130	23	90	69	0.598
1994	A	0.300	123	427	128	19	87	63	0.487
1995	A	0.313	125	438	137	20	84	83	0.532
1996	A	0.346	126	436	151	28	87	88	0.624
1997	A	0.328	126	442	145	30	98	110	0.627
1998	A	0.342	126	456	156	27	89	92	0.590
1999	B	0.323	131	496	160	21	105	87	0.567
2000	C	0.313	117	432	135	15	92	78	0.495
2001	C	0.355	124	439	156	14	92	81	0.510
2002	A	0.276	132	391	108	14	50	44	0.453
2003	A	0.329	133	490	161	33	92	55	0.614
2004	A	0.315	133	479	151	28	103	102	0.553
2005	A	0.261	124	394	103	13	50	67	0.404
2006	A	0.303	126	413	125	13	81	112	0.477
2007	A	0.337	123	442	149	22	72	98	0.563

① 1997~2002년 중 Y선수의 장타율이 높을수록 4사구도 많았다.

② 1997~2007년 중 Y선수의 타율이 0.310 이하인 해는 4번 있었다.

③ 전체 기간 중 Y선수는 타율이 가장 높은 해에 B구단에 속해 있었다.

④ 2000년 이전까지 볼 때, Y선수는 출전 경기수가 가장 많은 해에 가장 많은 홈런을 기록했다.

⑤ 전체 기간 중 Y선수의 타수와 안타수는 증감 추이가 동일하다.

67 다음 표는 A, B 두 회사 전체 신입사원의 성별 교육연수 분포에 관한 자료이다. 이에 대해 신입사원 초임결정공식을 적용하였을 때, 교육연수가 14년인 남자 신입사원과 여자 신입사원의 초임 차이는 각각 얼마인가?

회사별 성별 전체 신입사원의 교육연수 분포

구분		12년 (고졸)	14년 (초대졸)	16년 (대졸)	18년 (대학원졸)
A사	남	30%	20%	40%	10%
	여	40%	20%	30%	10%
B사	남	40%	10%	30%	20%
	여	50%	30%	10%	10%

신입사원 초임결정공식

• A사
−남성 : 초임(만 원)＝1,000만 원＋(180만 원×교육연수)
−여성 : 초임(만 원)＝1,840만 원＋(120만 원×교육연수)
• B사
−남성 : 초임(만 원)＝750만 원＋(220만 원×교육연수)
−여성 : 초임(만 원)＝2,200만 원＋(120만 원×교육연수)

	A사	B사
①	0원	40만 원
②	0원	50만 원
③	40만 원	50만 원
④	50만 원	40만 원
⑤	60만 원	60만 원

│68~70│ 다음은 어느 자동차의 계기판이다. 물음에 답하시오.

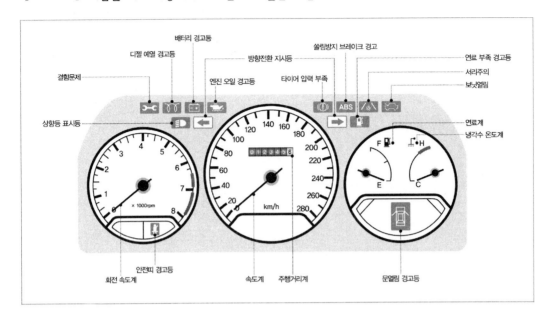

68 L그룹 영업부에 근무하는 A는 거래처로 이동하던 중 차량에 연료 부족 경고등이 들어온 것을 확인하고 3시 방향에 위치한 주유소로 들어가기 위해 속도를 30km/h로 줄였다. 이때의 계기판 표시로 적절한 것은?

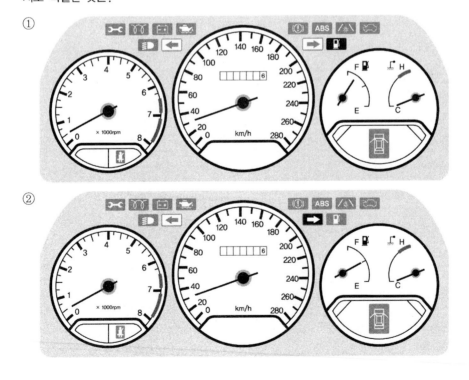

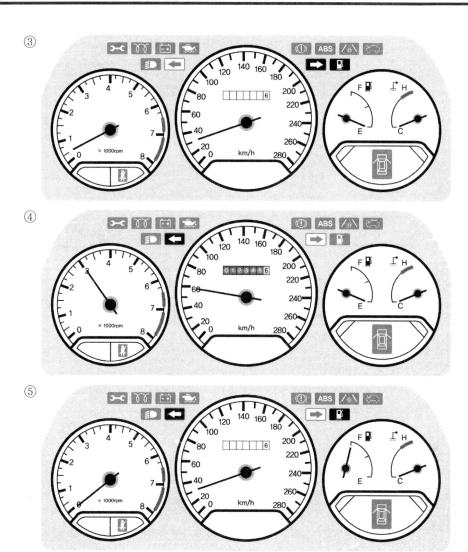

69 다음 중 자동차 자체의 문제가 아니라 외부 환경과 관련하여 점등되는 경고등으로 적절한 것은?

①

②

③

④

⑤

70 주행 중인 차량 계기판에 다음과 같은 경고등이 들어왔다. 확인해야 할 사항이 아닌 것은?

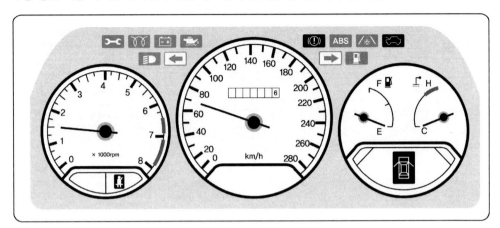

① 엔진 오일이 부족하지 않은지 점검한다.

② 보닛이 열리지 않았는지 확인한다.

③ 문이 열리지 않았는지 확인한다.

④ 안전띠를 매지 않았는지 확인한다.

⑤ 타이어 바람이 빠지지 않았는지 확인한다.

정답 및 해설

1	2	3	4	5	6	7	8	9	10	11	12	13	14	15
④	②	⑤	①	⑤	②	③	②	②	③	④	②	③	②	①
16	17	18	19	20	21	22	23	24	25	26	27	28	29	30
④	⑤	②	④	②	④	②	③	②	②	③	③	④	③	④
31	32	33	34	35	36	37	38	39	40	41	42	43	44	45
③	④	③	④	③	②	③	①	④	④	③	②	③	④	④
46	47	48	49	50	51	52	53	54	55	56	57	58	59	60
③	③	②	④	③	②	②	③	⑤	①	③	③	①	②	⑤
61	62	63	64	65	66	67	68	69	70					
⑤	④	⑤	④	⑤	①	②	③	②	①					

1 ④

칸막이 제거에 대하여 조직 문화의 관점에서 많은 이득이 있다는 취지의 J씨의 말에 S씨가 공감하는 대화의 흐름이므로, 칸막이를 제거함으로써 조직 간 물리적 장벽이 없어져 소통과 협업이 잘 이루어질 것이라고 긍정적으로 말하는 보기 ④가 가장 적절하다.

2 ②

① 위의 행동강령은 공단이 운영하는 의료시설 및 장기요양기관에 근무하는 직원을 제외하고, 비정규직 직원을 포함한 공단의 모든 임직원에게 적용된다.
③ 윤리위원회는 위의 행동강령을 운영하는 것과 관련된 주요 사항을 심의 · 의결한다.
④ 임직원들은 청렴서약서 또는 행동강령준수서약서를 행동강령책임관에게 제출한다.
⑤ 위의 행동강령은 「부패방지 및 국민권익위원회의 설치와 운영에 관한 법률」 제8조에 따른 행동강령을 정함으로써 부패방지 및 깨끗한 풍도를 조성함을 목적으로 한다.

3 ⑤

⑤ 어머니와 본인, 배우자, 아이 셋을 합하면 戊의 가족은 모두 6명이다. 6인 가구의 월평균소득기준은 5,144,224원 이하로, 월평균소득이 480만 원이 되지 않는 戊는 국민임대주택 예비입주자로 신청할 수 있다.
① 세대 분리되어 있는 배우자도 세대구성원에 포함되므로 주택을 소유한 아내가 있는 甲은 국민임대주택 예비입주자로 신청할 수 없다.
② 본인과 배우자, 배우자의 부모님을 합하면 乙의 가족은 모두 4명이다. 4인 가구 월평균소득기준은 4,315,641원 이하로, 월평균소득이 500만 원을 넘는 乙은 국민임대주택 예비입주자로 신청할 수 없다.
③ 신청자인 丙의 배우자의 직계비속인 아들이 전 남편으로부터 아파트 분양권을 물려받아 소유하고 있으므로 丙은 국민임대주택 예비입주자로 신청할 수 없다.
④ 3천만 원짜리 자동차를 소유하고 있는 丁은 자동차에서 자산보유 기준을 충족하지 못하므로 국민임대주택 예비입주자로 신청할 수 없다.

4 ①

명불허전 ⋯ 이름이 날 만한 까닭이 있음, 명성이나 명예가 헛되이 퍼진 것이 아니다.
② 학식이 있는 것이 오히려 근심을 사게 되다.
③ 자세히 살피지 않고 대충대충 훑어 살피다.
④ 몹시 두려워 벌벌 떨며 조심하다.
⑤ 옥이나 돌 따위를 갈고 닦듯이 부지런히 학문과 덕행을 쌓다.

5 ⑤

A~E에서 '집→수영장→회사→학원→집'의 경로에 대한 거리를 구하면 다음과 같다.
• A : 4 + 5 + 9 + 6 = 24
• B : 2 + 5 + 9 + 6 = 22
• C : 6 + 5 + 9 + 2 = 22
• D : 3 + 5 + 9 + 3 = 20
• E : 1 + 5 + 9 + 3 = 18
'수영장→회사→학원'을 거치는 경로는 A~E 모두에서 동일하므로 '집→수영장', '학원→집'의 거리만 계산하여 빠르게 구할 수도 있다.

6 ②

② A는 인간의 본질을 영혼으로 보고 상상을 통해 나는 존재하지만 어떤 물질도 존재하지 않는 세계는 가능하다고 보고 있다.

7 ③

A가 제안한 배분원칙은 요점은 사안의 개별적인 특성을 고려하여 우선순위를 정하자는 것이다. 이러한 방식이 적용된 사례는 ⓒ뿐이다.
⊙ 동등한 권리, 동등한 기회를 근거로 아동들의 특성과 상관없이 추첨으로 선발하는 방법을 적용하고 있다.
ⓛ 동등한 주권, 동등한 선거권을 근거로 유권자 개인의 특성과 상관없이 동일한 지원액을 산정하며, 후보의 특성에 상관없이 유권자의 직접 기부라는 동일한 지원 방식을 적용하고 있다.

8 ②

첫째 자리에 선이 세 개있으므로 15, 둘째 자리에는 점이 세 개 있으므로 60이 된다. 따라서 첫째 자리와 둘째 자리를 합한 값인 75를 입력하면 (그림 4)와 같은 결과를 얻을 수 있다.

9 ②

제시된 숫자를 약분하여 나타내면 각각 $\frac{1}{2}$, $\frac{2}{3}$, $\frac{3}{4}$, $\frac{4}{5}$, $\frac{5}{6}$, ( ), $\frac{7}{8}$, $\frac{8}{9}$이 된다. 분모는 1씩 증가하고 있고, 분자는 분모 값보다 1 작은 수를 나타내고 있으므로 괄호 안에 들어갈 수는 $\frac{6}{7}$과 같은 값을 가지는 분수여야 한다. 보기 중 $\frac{18}{21}$이 이에 해당한다.

10 ③

$5 \times 3 + 6 = 21$, $6 \times 3 + 7 = 25$를 통해

㉠	
㉡	㉢

→ ㉢ = ㉠ × 3 + ㉡의 규칙을 알 수 있다.

그러므로 $7 \times 3 + 8 = 29$가 된다.

11 ④

A의 일의 속도를 a라고 하고, B의 일의 속도를 b라고 하면 $a = \frac{w}{12}$, $b = \frac{w}{20}$

A가 4일 동안 할 수 있는 일의 양은 $\frac{w}{12} \times 4 = \frac{w}{3}$

남은 일의 양은 $w - \frac{w}{3} = \frac{2}{3}w$

A와 B가 힘을 합친 속도는 $\frac{w}{12} + \frac{w}{20} = \frac{2}{15}w$

남은 일을 힘을 합쳐서 할 때 걸리는 기간 $\frac{2}{3}w \div \frac{2}{15}w = 5$일

12 ②

정가를 x라고 하면
$0.8x = 3,200 + 3,200 \times 0.04$
$8x = 33,280$
$x = 4,160$

13 ③

학민이가 10분 동안 간 거리는 $80 \times 10 = 800m$이다.

학민이는 선수에게 1분에 $120 - 80 = 40m$를 따라잡히고,

$800 \div 40 = 20$이므로 20분 후에 완전히 따라잡힌다.

여기에 처음 학민이가 출발한 10분을 더하면, 학민이와 선수가 만나는 시간은 학민이가 출발한 지 30분 후가 된다.

14 ②

$(1, 1, 5) \times 3$, $(1, 2, 4) \times 6$, $(1, 3, 3) \times 3$, $(2, 2, 3) \times 3$ 총 15개의 경우의 수이므로

확률은 $\dfrac{15}{216} = \dfrac{5}{72}$이다.

15 ①

① 피자 2개, 아이스크림 2개, 도넛 1개를 살 경우, 행사 적용에 의해 피자 2개, 아이스크림 3개, 도넛 1개, 콜라 1개를 사는 효과가 있다. 따라서 총 칼로리는 $(600 \times 2) + (350 \times 3) + 250 + 150 = 2,650$kcal이다.

② 돈가스 2개(8,000원), 피자 1개(2,500원), 콜라 1개(500원)의 조합은 예산 10,000원을 초과한다.

③ 아이스크림 2개, 도넛 6개를 살 경우, 행사 적용에 의해 아이스크림 3개, 도넛 6개를 구입하는 효과가 있다. 따라서 총 칼로리는 $(350 \times 3) + (250 \times 6) = 2,550$kcal이다.

④ 돈가스 2개, 도넛 2개를 살 경우, 행사 적용에 의해 돈가스 3개, 도넛 2개를 구입하는 효과가 있다. 따라서 총 칼로리는 $(650 \times 3) + (250 \times 2) = 2,450$kcal이다.

⑤ 피자 2개(5,000원), 돈가스 1개(4,000원), 아이스크림 1개(2,000원)의 조합은 예산 10,000원을 초과한다.

16 ④

각 대기오염물질의 연도별 증감 추이는 다음과 같다.

• 황산화물 : 증가 → 감소 → 감소 → 감소

• 일산화탄소 : 감소 → 감소 → 감소 → 감소

• 질소산화물 : 감소 → 증가 → 증가 → 증가

• 미세먼지 : 증가 → 감소 → 감소 → 감소

• 유기화합물질 : 증가 → 증가 → 증가 → 감소

따라서 연도별 증감 추이가 같은 대기오염물질은 황산화물과 미세먼지이다.

17 ⑤

A에서 B로 변동된 수치의 증감률은 $(B-A) \div A \times 100$의 산식에 의해 구할 수 있다. 따라서 2010년과 2014년의 총 대기오염물질 배출량을 계산해 보면 2010년이 3,212,386톤, 2014년이 3,077,079톤이므로 계산식에 의해 $(3,077,079 - 3,212,386) \div 3,212,386 \times 100 =$약 -4.2%가 됨을 알 수 있다.

18 ②

② 생산가능인구 수가 해마다 증가하고, 고령생산가능인구비중도 증가하고 있으므로 고령생산가능인구 수가 해마다 증가한다는 것을 알 수 있다.

① 실업률은 실업자가 경제활동인구에서 차지하는 비율을 말하는 것이므로, 실업률이 같다고 해도 경제활동인구 수에 따라 실업자 수가 달라진다.

③ 고령자실업률의 경우에는 2012년에는 동일했고, 2013년에는 오히려 감소했다.

④ 경제활동참가율이 경제활동인구/생산가능인구를 나타내므로 고령자경제활동인구/고령생산가능인구는 고령자경제활동참가율을 나타낸다고 볼 수 있다.

⑤ 2011~2015년간 고령자고용률 변화 추세를 보면 전년대비 적게는 1.0%p에서 많게는 1.3%p 정도 증가하였다. 따라서 2016년 고령자고용률 역시 1.0~1.3%p 내외로 증가할 것을 유추할 수 있다.

19 ④

0.164×35,951천 명=5,895,964명

20 ②

0.602×36,107천 명=21,736,414명

21 ④

④ 계란 알레르기가 있는 고객이므로 제품에 계란이 사용되었거나, 제조과정에서 조금이라도 계란이 들어갔을 우려가 있다면 안내해 주는 것이 바람직하다. 이 제품은 원재료에 계란이 들어가지는 않지만, 계란 등을 이용한 제품과 같은 제조시설에서 제조하였으므로 제조과정에서 계란 성분이 들어갔을 우려가 있다. 따라서 이 점에 대해 안내해야 한다.

22 ②

ⓒ 65세 이상 대상자 1인당 전체 대상자수는 1999년이 가장 적다.

ⓔ 1995년, 1998년, 2002년은 그렇지 않다.

23 ③

③ 미립이가 희귀난치성질환자라면 장기요양보험료는 12,025.8원×0.7=8418.06, 약 8,400원이다.

① 300만원×0.0612=183,600, 183,600×0.0655=12,025.8원

② 300만원×0.0306=91,800원

④ 300만원×0.0612×0.4=73,440원

⑤ 300만 원 × 0.0612 × 0.5=91,800원

24 ②

㉠ 참인 명제의 대우 역시 참이므로,
- 앵두를 싫어하는 사람은 귤을 싫어한다.
- 귤을 싫어하는 사람은 사과를 좋아한다.

㉡ 세 번째 명제는 '사과를 좋아하는 사람은 오렌지를 좋아한다.'

따라서 '앵두를 싫어하는 사람은 오렌지를 좋아한다.'

25 ②

위의 조건에 따르면 B, D, A, E, C, F 순서이므로, 다섯 번째에 있는 사람은 C이다.

26 ③

지원 구분에 따르면 모친상과 같은 경조사는 경조사 지원에 포함되어야 한다. 따라서 F의 구분이 잘못되었다.

27 ③

③ 2017년 변경된 사내 복지 제도에 따르면 1인 가구 사원에게는 가~사 총 7동 중 가~다동이 지원된다.

28 ④

④ 공단 고객센터에서 근무한 C 씨가 이 채용에서 우대받기 위해서는 2016년 이후 근무경력이 2년 이상이어야 한다.

29 ③

③ $242 \div 302 \times 100 = 80.13$
① $215 \div 271 \times 100 = 79.33$
② $57 \div 295 \times 100 = 19.32$
④ 2015년에는 전체교통비가 감소했다.
⑤ 개인교통비 지출이 가장 많았던 해는 2014년이고 적었던 해는 2010년으로 둘의 차이는 271 − 215 = 56천 원이다.

30 ④

가구 월평균 소비지출 중 교통비가 차지하는 비율이 교통비 지출율이므로 이를 이용해서 2015년 가구 월평균 소비지출을 구할 수 있다.

2015년 가구 월평균 소비지출 = $\dfrac{322,000}{0.125}$ = 2,576,000원

31 ③

노후를 부모 스스로 해결해야 한다는 응답률의 감소폭

㉠ 남자 : 2.1(= 9.2 − 7.1)%포인트

㉡ 여자 : 1.6(= 10.0 − 8.4)%포인트

32 ④

고객은 많은 문제를 풀어보기를 원하므로 우선적으로 예상문제의 수가 많은 것을 찾아야 한다.

33 ③

고객의 요구인 20,000원 가격선과 예상문제의 수가 많은 도서는 문제완성이 된다.

34 ④

④ 1회 송달료가 2,500원일 경우 A가 납부한 송달료의 합계는 처음의 소를 제기할 때 들어간 송달료 50,000원에 항소를 제기하기 위해 들어간 송달료 60,000원을 더한 110,000원이 된다.

① A가 제기한 소는 소가 2,000만 원 이하의 사건이므로 제1심 소액사건에 해당한다.

② 1회 송달료가 3,200원일 경우 A가 소를 제기하기 위해 내야할 송달료는 당사자 수 × 송달료 10회분이므로, 2 × 32,000 = 64,000원이다.

③ A가 원래의 소를 제기할 때 들어가는 송달료는 당사자 수 × 송달료 10회분이고, 항소를 제기할 때 들어가는 송달료는 당사자 수 × 송달료 12회분이므로, 당사자 수가 같을 경우 항소를 제기할 때 들어가는 송달료가 원래의 송달료보다 많다.

⑤ 민사 항소사건의 경우 당사자수 × 송달료 12회분을 납부해야 한다.

35 ③

가장 확실한 조건(B는 204호, F는 203호)을 바탕으로 조건들을 채워나가면 다음과 같다.

a라인	201 H	202 A	203 F	204 B	205 빈 방
복도					
b라인	210 G	209 C	208 빈 방	207 E	206 D

∴ D의 방은 206호이다.

36 ②

금융 관련 긴급 상황 발생 행동요령을 참고하여 신용카드를 분실했을 경우 가장 먼저 카드회사 고객센터에 분실신고를 한다.

37 ③

대출사기를 당한 경우 경찰서나 금융감독원에 전화로 신고하거나 금융감독원 홈페이지 참여마당을 통해 신고한다.

38 ①

실수로 다른 사람 계좌에 잘못 송금한 경우 전화로 잘못 송금한 사실을 알린 후 거래은행에 방문하여 착오입금반환서를 신청한다.

39 ④

시간 $= \dfrac{거리}{속도}$ 공식을 이용하여, 먼저 각 경로에서 걸리는 시간을 구한다.

구간	경로	시간			
		출근 시간대		기타 시간대	
A → B	경로 1	$\dfrac{30}{30} = 1.0$	1시간	$\dfrac{30}{45} \fallingdotseq 0.67$	약 40분
	경로 2	$\dfrac{30}{60} = 0.5$	30분	$\dfrac{30}{90} \fallingdotseq 0.33$	약 20분
B → C	경로 3	$\dfrac{40}{40} = 1.0$	1시간	$\dfrac{40}{60} \fallingdotseq 0.67$	약 40분
	경로 4	$\dfrac{40}{80} = 0.5$	30분	$\dfrac{40}{120} \fallingdotseq 0.33$	약 20분

④ 경로 2와 3을 이용하는 경우와 경로 1과 경로 4를 이용하는 경우 C지점에 도착하는 시각은 1시간 20분으로 동일하다.
① C지점에 가장 빨리 도착하는 방법은 경로 2와 경로 4를 이용하는 경우이므로, 가장 빨리 도착하는 시각은 1시간이 걸려서 오전 9시가 된다.
② C지점에 가장 늦게 도착하는 방법은 경로 1과 경로 3을 이용하는 경우이므로, 가장 늦게 도착하는 시각은 1시간 40분이 걸려서 오전 9시 40분이 된다.
③ B지점에 가장 빨리 도착하는 방법은 경로 2이므로, 가장 빨리 도착하는 시각은 30분이 걸려서 오전 8시 30분이 된다.
⑤ 9시까지 출근을 할 수 있는 경로의 조합은 경로 2 + 경로 4의 1가지이다.

40 ④

A씨가 선택할 수 있는 방법은 총 세 가지이다.

- 오늘 상·하의를 모두 구입하는 방법(추가할인적용)

$(250{,}000 \times 0.7) \times 0.95 + 5{,}000 = 171{,}250(원)$

- 오늘 상의를 구입하고, 세일기간이 아닌 기간에 하의를 구입하는 방법(할인쿠폰사용)

$(100{,}000 \times 0.7) + (150{,}000 \times 0.6) + 10{,}000 = 170{,}000(원)$

- 오늘 하의를 구입하고, 세일기간이 아닌 기간에 상의를 구입하는 방법(할인쿠폰사용)

$(150{,}000 \times 0.7) + (100{,}000 \times 0.6) + 10{,}000 = 175{,}000(원)$

∴ ㉠ 가장 싸게 구입하는 방법은 오늘 상의를 구입하고, 세일기간이 아닌 기간에 하의를 구입하는 것이다.

㉡ 상·하의를 가장 싸게 구입하면 17만 원의 비용이 소요된다.

41 ③

처음의 숫자에서 1이 줄어든 후 다시 4가 더해지고 있다.

42 ②

일정한 규칙을 찾아 도형 안의 수를 유추하면 된다.

979와 25의 관계를 보면 $9 + 7 + 9 = 25$, 689와 23의 관계를 보면 $6 + 8 + 9 = 23$

793과 19의 관계를 보면 $7 + 9 + 3 = 19$이므로 세 자리 수로 구성된 부분의 각 항을 더하면 된다.

그러므로 863은 $8 + 6 + 3 = 17$이 된다.

43 ③

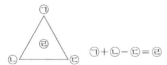

$㉠ + ㉡ - ㉢ = ㉣$

$1 + 3 - 2 = 2$, $2 + 0 - 1 = 1$, $㉠ + 4 - 5 = 4$에서 $㉠ = 5$, $4 + 2 - 2 = ㉡$에서 $㉡ = 4$

그러므로 $㉠ \times ㉡ = 5 \times 4 = 20$이 된다.

44 ④

작년 여사원수를 x명이라고 하면, 작년 남사원수는 $320 - x$명이다.

올해 남사원수는 $320 - x - 6 = 314 - x$명, 올해 여사원수는 $1.2x$명

올해 총 사원수는 $314 - x + 1.2x = 320 \times 1.1$

$0.2x = 352 - 314 = 38$

$x = 190$

올해 여사원 수는 $1.2x = 190 \times 1.2 = 228$

45 ④

학교에서 집으로 돌아올 때의 거리를 $x$km라고 하면, 학교에 갈 때의 거리는 $x-3$km이다.

$$\frac{x-3}{3}+\frac{x}{4}=3\frac{5}{60}=\frac{37}{12}$$

$4x-12+3x=37$

$7x=49$

$x=7$

46 ③

물통의 용량을 1이라 할 때, A관은 시간당 $\frac{1}{5}$ 만큼, B관은 시간당 $\frac{1}{7}$ 만큼의 물이 채워진다.

처음 1시간은 A관만 사용하고, 이후의 시간은 A, B관 모두 사용하였으므로 이후의 시간을 t 라 할 때,

$\frac{1}{5}+t\left(\frac{1}{5}+\frac{1}{7}\right)=1$, $t=\frac{7}{3}=2$시간 20분

∴ 물통이 가득 찰 때까지 걸리는 시간은 3시간 20분이다.

47 ③

A가 하루 동안 하는 일의 양을 x라고 하고, B가 하루 동안 하는 일의 양을 y라고 하면

$\begin{cases} 3x+5(x+y)=1 \\ 2y+4(x+y)=1 \end{cases}$

$\begin{cases} 8x+5y=1 \\ 4x+6y=1 \end{cases}$

$\begin{cases} 8x+5y=1 \\ 8x+12y=2 \end{cases}$

$7y=1$, $y=1/7$

B가 혼자서 한다면 7일 동안 해야 한다.

48 ②

② 미성년인 자녀가 3명 이상이므로 신청자격이 있다.

① 가장 높은 점수를 받을 수 있는 배점요소는 '미성년 자녀수'이다.

③ 보금자리주택 특별공급 사전예약에는 청약저축통장이 필요 없다.

④ 배점기준에 따른 총점이 동일하고 미성년 자녀수가 같다면, 가구주의 연령이 많은 자 순으로 선정한다.

⑤ 만 6세 미만 영유아가 2명 이상이므로 추가로 10점을 받을 수 있다.

49 ④

④ 2004년도의 연어방류량을 x라고 하면 $0.8=\frac{7}{x}\times100$ ∴ $x=875$

① 1999년도의 연어방류량을 x라고 하면 $0.3=\frac{6}{x}\times100$ ∴ $x=2,000$

2000년도의 연어방류량을 x라고 하면 $0.2=\frac{4}{x}\times100$ ∴ $x=2,000$

② 연어포획량이 가장 많은 해는 21만 마리를 포획한 1997년이고, 가장 적은 해는 2만 마리를 포획한 2000년과 2005년이다.
③ 연도별 연어회귀율은 증감을 거듭하고 있다.
⑤ 2000년도의 연어포획량은 2만 마리로 가장 적고, 연어회귀율은 0.1%로 가장 낮다.

50 ③

③ 2008년 G계열사의 영업이익률은 8.7%로 1997년 E계열사의 영업이익률 2.9%의 2배가 넘는다.
① B계열사의 2008년 영업이익률은 나머지 계열사의 영업이익률의 합보다 적다.
② 1997년도에 가장 높은 영업이익률을 낸 계열사는 F, 2008년에 가장 높은 영업이익률을 낸 계열사는 B이다.
④ 1997년 대비 2008년의 영업이익률이 증가한 계열사는 B, C, E, G 4곳이다.
⑤ 1997년과 2008년 모두 영업이익률이 10%을 넘은 계열사는 A, B 2곳이다.

51 ②

② 괴로움이나 어려움을 참고 견딤
① 긍정적이고 능동적으로 활동하는 성질
③ 정성스럽고 참됨
④ 무리를 다스리거나 이끌어 가는 지도자로서의 능력
⑤ 새로운 의견을 생각하여 냄. 또는 그 의견

52 ②

'일절'과 '일체'는 구별해서 써야 할 말이다. '일절'은 부인하거나 금지할 때 쓰는 말이고, '일체'는 전부를 나타내는 말이다.

53 ③

③ 받을 연금과 내는 보험료의 비율이 누구나 일정하여 보험료 부담이 공평한 것은 적립방식이다. 부과방식은 현재 일하고 있는 사람들에게서 거둔 보험료를 은퇴자에게 사전에 정해진 금액만큼 연금을 지급하는 것으로, 노인 인구가 늘어날 경우 젊은 세대의 부담이 증가할 수 있다고 언급하고 있다.

54 ⑤

⑤ 확정급여방식의 경우 나중에 얼마의 연금을 받을 지 미리 정해놓고 보험료를 납부하는 것으로 기금 운용 과정에서 발생하는 투자의 실패를 연금 관리자가 부담하게 된다. 따라서 투자 수익이 부실한 경우에도 가입자가 보험료를 추가로 납부해야 하는 문제는 발생하지 않는다.

55 ①

① 첫 번째 문단에서 '도시 빈민가와 농촌에 잔존하고 있는 빈곤은 최소한의 인간적 삶조차 원천적으로 박탈하고 있으며'라고 언급하고 있다. 즉, 사회적 취약계층의 객관적인 생활수준이 향상되었다고 보는 것은 적절하지 않다.

② 첫 번째 문단

③ 두, 세 번째 문단

④ 네 번째 문단

⑤ 두 번째 문단

56 ③

'성과에 대한 포상제도 마련'은 그린 IT 운동의 실천 방향과 관련이 없는 항목이므로 삭제하는 것이 바람직하다.

57 ③

ⓑ 원할한 → 원활한

ⓒ 공고이 → 공고히

58 ①

> 1월 10일 월요일 (서울에서 뉴욕)
>
> 오전 9:00 JFK 공항행 OZ902편으로 인천 공항에서 출발
> 오전 9:25 JFK 공항 도착
> 오후 1:00 Garden Grill에서 ACF Corporation 사장 Roger Harpers와 미팅
> 오후 7:00 Stewart's Restaurant에서 American Business System 고문 Joyce Pitt와 저녁식사 미팅
>
> 1월 11일 화요일 (뉴욕)
> 오전 9:30 City Conference Center에서 열리는 National Office Systems Conference에서 프레젠테이션 "사무환경-네트워킹"
> 오후 12:00 Oakdale City Club에서 Wilson Automation, Inc. 부사장 Raymond Bernard와 오찬

59 ②

㉠은 '자세히 따지거나 헤아려 보다'의 의미로 쓰였다. 따라서 바꾸어 쓸 수 있는 단어를 탐구한 내용으로는 ②가 가장 적절하다.

60 ⑤

인터넷을 활용하여 다양한 자료 검색 방법을 알려 주는 것은 발표문에 나타나지 않았다.

61 ⑤

동화책의 전체 쪽수를 x라고 하면,

첫째 날 읽은 쪽수 : $\dfrac{1}{3}x+10$

둘째 날 읽은 쪽수 : $\dfrac{3}{5}\times(x-\dfrac{1}{3}x-10)+18=\dfrac{2}{5}x+12$

마지막 날 읽은 쪽수 : 30

모두 더하면, $\dfrac{1}{3}x+10+\dfrac{2}{5}x+12+30=x$가 된다.

따라서 $x=195$이다.

62 ④

긍정 정서 표현 점수는 2, 3번 문항의 점수를 합하고, 부정 정서 표현 점수는 1, 4번 문항의 점수를 합하면 되므로 긍정 정서 표현 점수는 6, 부정 정서 표현 점수는 9이다.

63 ⑤

영수가 걷는 속도를 x, 성수가 걷는 속도는 y라 하면
⊙ 같은 방향으로 돌 경우 : 영수가 걷는 거리 − 성수가 걷는 거리 = 공원 둘레
  → $x-y=6$
ⓒ 반대 방향으로 돌 경우 : 영수가 간 거리 + 성수가 간 거리 = 공원 둘레
  → $\dfrac{1}{2}x+\dfrac{1}{2}y=6 \to x+y=12$
$x=9,\ y=3$

64 ④

丁 인턴은 甲, 乙, 丙 인턴에게 주고 남은 성과급의 1/2보다 70만 원을 더 받았다고 하였으므로, 전체 성과급에서 甲, 乙, 丙 인턴에게 주고 남은 성과급을 x라고 하면

丁 인턴이 받은 성과급은 $\dfrac{1}{2}x+70=x$ (∵ 마지막에 받은 丁 인턴에게 남은 성과급을 모두 주는 것이 되므로), ∴ $x=140$이다.

丙 인턴은 甲, 乙 인턴에게 주고 남은 성과급의 1/3보다 60만 원을 더 받았다고 하였는데, 여기서 甲, 乙 인턴에게 주고 남은 성과급의 2/3는 丁 인턴이 받은 140만 원 + 丙 인턴이 더 받을 60만 원이 되므로, 丙 인턴이 받은 성과급은 160만 원이다.

乙 인턴은 甲 인턴에게 주고 남은 성과급의 1/2보다 10만 원을 더 받았다고 하였는데, 여기서 甲 인턴에게 주고 남은 성과급의 1/2은 丙, 丁 인턴이 받은 300만 원 + 乙 인턴이 더 받을 10만 원이 되므로, 乙 인턴이 받은 성과급은 320만 원이다.

甲 인턴은 성과급 총액의 1/3보다 20만 원 더 받았다고 하였는데, 여기서 성과급 총액의2/3은 乙, 丙, 丁 인턴이 받은 620만 원 + 甲 인턴이 더 받을 20만 원이 되므로, 甲 인턴이 받은 성과급은 340만 원이다.

따라서 네 인턴에게 지급된 성과급 총액은 340 + 320 + 160 + 140 = 960만 원이다.

65 ⑤

각 노선의 건설비용과 사회적 손실비용을 구하면 다음과 같다.

노선	구분	비용
A	건설비용	$(1.2 \times 1,000) + (0.5 \times 200) + (8.3 \times 100) = 2,130$억 원
	사회적 손실비용	$20,000 \times 1,000 = 20,000,000$원
B	건설비용	$20 \times 100 = 2,000$억 원
	사회적 손실비용	$20,000 \times 1,000 \times 2 = 40,000,000$원
C	건설비용	$(0.8 \times 1,000) + (1.5 \times 200) + (12.7 \times 100) = 2,370$억 원
	사회적 손실비용	$20,000 \times 1,000 \times 1.5 = 30,000,000$원

66 ①

② 1997~2007년 중 Y선수의 타율이 0.310 이하인 해는 2002년, 2005년, 2006년으로 3번 있었다.
③ 전체 기간 중 Y선수의 타율이 가장 높은 해는 0.355인 2001년으로 C구단에 속해 있었다.
④ 2000년 이전 출전 경기수가 가장 많은 해는 1999년이다. 그러나 1997년에 가장 많은 홈런을 기록했다.
⑤ 타수와 안타수의 증감 추이는 동일하지 않다.

67 ②

교육연수가 14년인 경우를 계산해 보면
• A사
−남성 $= 1,000 + (180 \times 14) = 3,520$만 원
−여성 $= 1,840 + (120 \times 14) = 3,520$만 원
• B사
−남성 $= 750 + (220 \times 14) = 3,830$만 원
−여성 $= 2,200 + (120 \times 14) = 3,880$만 원

68 ③

연료가 부족하여 연료 부족 경고등이 들어왔으므로 연료계는 E에 바늘이 위치하며 연료 부족 경고등이 점등된다. 3시 방향에 위치한 주유소로 들어가기 위해 속도를 30km/h로 줄였으므로 오른쪽 방향전환 지시등이 점등되고, 속도계의 바늘은 20과 40 중간에 위치한다.

69 ②

$\boxed{/※\}$ 는 서리주의 경고등으로 추운 날씨와 관련돼 점등되는 경고등이다.
① 배터리 경고등 ③ 엔진 오일 경고등 ④ 타이어 압력 부족 ⑤ 결함문제

70 ①

① 엔진 오일 경고등은 점등되지 않았다.

PART

V

NCS 직무기초지식평가

01 기출 복원 문제

✎ 법학

1 다음은 행정구제의 방법이다. 나머지와 성격이 다른 하나는?

① 청원
② 민원처리
③ 입법예고
④ 행정소송
⑤ 청문

 행정구제의 유형
㉠ 사전적 구제 수단 : 청문, 민원처리, 청원, 입법예고
㉡ 사후적 구제 수단 : 행정상의 손해전보(손해배상, 손실보상), 행정심판, 행정소송

2 근로기준법에서 사용하는 용어의 정의로 틀린 것을 모두 고르시오.

㉠ 근로자 : 직업의 종류와 관계없이 임금을 목적으로 사업이나 사업장에 근로를 제공하는 사람을 말한다.
㉡ 사용자 : 사업주 또는 사업 경영 담당자, 그 밖에 근로자에 관한 사항에 대하여 사업주를 위하여 행위하는 자를 말한다.
㉢ 근로 : 정신노동과 육체노동을 말한다.
㉣ 임금 : 사용자가 근로의 대가로 근로자에게 임금, 봉급, 그 밖에 어떠한 명칭으로든지 지급하는 모든 금품을 말한다.
㉤ 1주 : 휴일을 제외한 5일을 말한다.
㉥ 단시간근로자 : 한 달 동안의 소정근로시간이 그 사업장에서 같은 종류의 업무에 종사하는 통상 근로자의 한 달 동안의 소정근로시간에 비하여 짧은 근로자를 말한다.

① ㉢, ㉤
② ㉡. ㉣
③ ㉠, ㉥
④ ㉢, ㉣
⑤ ㉤, ㉥

1주 : 휴일을 포함한 7일을 말한다.
단시간근로자 : 1주 동안의 소정근로시간이 그 사업장에서 같은 종류의 업무에 종사하는 통상 근로자의 1주 동안의 소정근로시간에 비하여 짧은 근로자를 말한다.

3 헌법재판소에 대한 설명으로 옳은 것은?

① 헌법 재판소는 7인의 재판관으로 구성된다.
② 재판관의 임기는 6년으로, 연임이 가능하다.
③ 헌법재판소의 장은 국회의 동의를 얻어 국무총리가 임명한다.
④ 헌법재판소의 재판관은 모두 국회에서 선출한다.
⑤ 헌법재판소의 결정에 대해 불복할 경우 언제든 재심을 청구할 수 있다.

① 헌법 재판소는 9인의 재판관으로 구성된다.
③ 헌법재판소의 장은 국회의 동의를 얻어 대통령이 임명한다.
④ 헌법재판소의 재판관은 국회에서 선출하는 3인, 대통령이 지명하는 3인, 대법원장이 지명하는 3인을 포함하며, 9인의 재판관은 대통령이 임명한다.
⑤ 헌법재판소의 결정에 대해서는 원칙적으로 재심을 청구할 수 없다. 다만, 극히 예외적으로 행정작용에 대한 권리구제형 헌법소원심판에서 내린 결정에 판단유탈이 있을 경우에 재심을 허용한 판례가 있다.

4 다음 중 민법상 취소사유에 해당하는 것은?

① 착오에 의한 의사표시　　② 불공정한 법률행위
③ 통정 허위표시　　　　　　④ 강행법규 위반
⑤ 선량한 풍속, 사회 질서 위반

②③④⑤ 무효인 법률행위에 해당한다.
※ **법률행위의 취소**
　㉠ 일단은 법률행위가 유효하게 성립하지만 취소라는 의사표시를 통해 소급적으로 무효로 만드는 것
　㉡ **취소사유** : 행위무능력자의 법률행위, 착오에 의한 의사표시, 사기 · 강박에 의한 의사표시

Answer ↱ 1.④　2.⑤　3.②　4.①

5 즉결심판에 대한 설명으로 옳지 않은 것은?

① 20만 원 이하의 벌금·구류, 과료에 해당하는 사건이 해당한다.

② 청구는, 검사의 기소독점에 대한 예외로 관할 경찰서장이 서면으로 한다.

③ 피고인의 자백만으로는 유죄를 인정할 수 없다.

④ 피고인이 출석하지 않아도 형의 선고가 가능하다.

⑤ 즉결심판을 받은 자도 정식 재판을 청구할 수 있다.

  즉결심판의 경우, 피고인의 자백만으로 유죄 인정을 할 수 있다.

6 다음 제시문이 공통으로 설명하고 있는 개념은?

> • "법률 없으면 범죄 없고 형벌없다."
> • 마그나카르타(대헌장)
> • 개인의 자유와 권리를 보호하기 위한 국가권력의 자기제한

① 불고불리의 원칙
② 죄형법정주의
③ 국가소추주의
④ 기소독점주의
⑤ 기소편의주의

  죄형법정주의: 사회적으로 비난받아 마땅한 행위를 저질렀다 하더라도 법률이 없으면 처벌할 수 없다. 즉, 어떤 행위가 범죄가 되는지, 그러한 범죄를 저지르면 어떤 처벌을 받는지가 미리 성문의 법률에 규정되어 있어야 한다는 원칙을 말한다.
① 검사의 공소제기가 없다면 법원이 심판할 수 없으며 공소가 제기되어 심판을 하는 경우에도 검사가 공소제기한 사실에 한정되어야 한다는 원칙
③ 공소제기는 국가기관만 할 수 있다는 원칙
④ 국가기관 중에서 검사만이 공소를 제기할 수 있다는 원칙
⑤ 기소·불기소 여부는 재량으로 결정할 수 있다는 원칙

행정학

7 다음 중 공기업에 대한 설명으로 옳은 것은?

① 국가나 지방자치단체가 소유·지배하는 기업을 말한다.

② 자체 수입액이 총수입액의 1/3 이상이어야 한다.

③ 형태에 따라 정부부처형, 기금관리형, 공사형으로 구분 가능하다.

④ 정부 지분이 30%인 정부투자기관이 해당한다.

⑤ 정부 지분이 80%인 정부출자기관이 해당한다.

 ② 자체 수입액이 총수입액의 1/2 이상이어야 한다.
③ 형태에 따라 정부부처형, 주식회사형, 공사형으로 구분 가능하다.
④ 정부투자기관 : 정부 지분이 50% 이상
⑤ 정부출자기관 : 정부 지분이 50% 미만

8 정치·행정 이원론에 대한 설명으로 옳지 않은 것은?

① 엽관주의로 인한 행정의 비능률을 극복하기 위해 대두되었다.

② 행정과 경영을 분리하는 것을 말한다.

③ 다른 말로 기술적 행정학이라고도 한다.

④ 과학적 관리론을 도입하였다.

⑤ 인간적 측면을 경시한다는 비판을 받았다.

 정치·행정 이원론은 행정에서 정치성을 분리하는 것을 말한다.

Answer → 5.③ 6.② 7.① 8.②

9 다음은 공유지의 비극에 대한 설명이다. 옳은 것을 고르시오.

① 개인과 공공의 이익이 서로 맞을 때를 가정한 이론이다.

② 개인이 소유한 목초지를 공동으로 이용할 때 발생하는 일이다.

③ 적극적인 정부의 개입보다는 보이지 않는 손을 신뢰하는 것이 중요하다는 것을 시사한다.

④ 비용은 개인에게 집중, 편익은 전체에게 분산된다.

⑤ 각종 규제를 통해 공유지의 비극을 해결할 수 있다.

 ① 개인과 공공의 이익이 서로 맞지 않을 때 개인의 이익만을 극대화한 결과 경제 주체 모두가 파국에 이르게 된다는 이론이다.

② 주인 없는 목초지를 공동으로 이용하는 경우 발생하는 일이다.

③ 보이지 않는 손을 신뢰하기보다는 적극적인 정부개입의 필요성을 정당화한다.

④ 편익은 개인에게 집중, 비용은 전체에게 분산된다. (행위자들이 '개인의 편익이 공멸로 인해 부담하게 될 비용보다 크다.'라고 인식할 때 발생)

10 다음 중 시민공동생산에 대한 설명으로 가장 옳지 않은 것은?

① 시민들의 무임승차자 문제를 해결하기 위한 대안이다.

② 모든 서비스영역에 시민공동생산이 가능한 것은 아니다.

③ 관료제의 비효율성에 대한 비판적 시각을 기초로 하고 있다.

④ 재정확대를 수반하지 않으면서 지역사회가 필요로 하는 공공서비스를 확보할 수 있게 한다.

⑤ 시민공동생산에서 시민은 소비자이면서 동시에 생산자가 된다.

 서비스에 직접 참여하지 않는 특정인을 배제하기가 곤란하므로 근원적으로 무임승차자 문제를 해결하기가 곤란하다. 무임승차자 문제를 원칙적으로 해결할 수 있는 대안은 수익자부담원칙, 응익성원칙, 사용자부담원칙 등이 있다.

※ **공동생산** : 종래에는 정부만이 담당하던 서비스 제공 업무에 전문가인 공무원과 민간이 공동으로 참여하는 것으로, 자원봉사활동에 의해 정부활동을 보완하는 경우를 말한다.

11 우리나라의 적극행정이 아닌 것은?

① 공공의 이익을 위해 업무를 처리하는 행위

② 통상적으로 요구되는 정도 이상의 노력으로 맡은 바 임무를 수행하는 행위

③ 변화에 선제적으로 대응하여 새로운 정책을 발굴 · 추진하는 행위

④ 업무 처리 후 긍정적인 결과를 도출하는 행위

⑤ 창의성과 전문성을 바탕으로 둔 행위

 우리나라의 적극행정 : 공무원이 불합리한 규제를 개선하는 등 공공의 이익을 위해 창의성과 전문성을 바탕으로 적극적으로 업무를 처리하는 행위
ㄱ 행태적 측면
 • 통상적으로 요구되는 정도 이상의 노력을 기울여 맡은 바 임무를 수행
 • 업무관행을 반복하지 않고 가능한 최선의 방법을 찾아 업무를 처리하는 행위
 • 새로운 행정수요 등에 선제적으로 대응하여 새로운 정책을 발굴 · 추진하는 행위
 • 이해충돌 발생 시 적극적인 조정 등을 통해 업무를 처리하는 행위
ㄴ 규정의 해석 · 적용 측면
 • 불합리한 규정, 절차, 관행을 스스로 개선하는 행위
 • 환경변화에 맞게 규정을 적극적으로 해석 · 적용하는 행위
 • 규정과 절차가 없어도 가능한 해결방안을 찾아 업무를 추진하는 행위

12 경로의존성의 예로 가장 적절하지 않은 것은?

① 쿼티식 자판

② 고착효과

③ 고효율의 기존 방식

④ 우주선 추진로켓의 폭

⑤ 매너리즘

 경로의존성은 일정한 경로에 의존하기 시작하면, 그것이 비효율적임을 알아도 그 경로를 벗어나지 못하는 것을 말한다. 즉, 다른 경로가 효율적임을 알면서도 기존의 경로를 택하는 것이다.

Answer 9.⑤   10.①   11.④   12.③

경영학

13 다음 중 마케팅믹스의 4P에 속하지 않는 것은?

① Price   ② Promotion

③ Product   ④ People

⑤ Place

 마케팅믹스의 4P … Product, Promotion, Price, Place

14 BCG 매트릭스에서 사업 집단을 구분하는 요인으로 바르게 짝지어 진 것은?

① 시장성장률, 시장점유율

② 시장점유율, 시장투자율

③ 시장투자율, 시장수익률

④ 시장성장률, 시장수익률

⑤ 시장수익률, 시장점유율

 BCG 매트릭스 … 보스턴 컨설팅 그룹에서 고안한 것으로 상대적 시장점유율과 시장성장률을 기초로 하여 만들어진다. 점유율과 성장률에 따라 4개의 사업집단으로 구분한다.

시장 성장률	고	별(star)	물음표(question mark)
	저	황금젖소(cash cow)	개(dog)
	고	상대적 시장점유율	저

15 다음 중 마이클 포터가 제시한 경쟁전략에 해당하는 것을 모두 고르시오.

> ㉠ 원가우위 전략   ㉡ 다각화 전략
> ㉢ 제품개발 전략   ㉣ 차별화 전략
> ㉤ 집중화 전략   ㉥ 시장개발 전략

① ㉠, ㉡, ㉣   ② ㉡, ㉤, ㉥

③ ㉠, ㉣, ㉤   ④ ㉢, ㉣, ㉥

⑤ ㉡, ㉢, ㉤

마이클 포터의 경쟁전략
㉠ 원가우위 전략 : 비용요소를 철저하게 통제하고 기업조직의 가치사슬을 최대한 효율적으로 구사하는 전략
㉡ 차별화 전략 : 소비자들이 가치가 있다고 판단하는 요소를 제품 및 서비스 등에 반영해서 경쟁사의 제품과 차별화한 후 소비자들의 충성도를 확보하고 이를 통해 가격 프리미엄 또는 매출증대를 꾀하고자 하는 전략
㉢ 집중화 전략 : 메인 시장과는 다른 특성을 지니는 틈새시장을 대상으로 해서 소비자들의 니즈를 원가우위 또는 차별화 전략을 통해 충족시켜 나가는 전략

16 친환경, 사회적 책임 경영 등 기업의 재무적 요소가 아닌 것들을 고려하여 지속 가능한 경영을 하는 것을 일컫는 말은?

① SCM   ② ESG

③ CRM   ④ JIT

⑤ CSR

ESG : Environment + Social + Governance, 비재무적 요소를 고려하여 지속 가능한 경영을 하는 것
① SCM : 공급사슬관리, 제품과 서비스를 효율적으로 구매, 생산, 배송할 수 있도록 하는 시스템
③ CRM : 고객관계관리, 수익과 고객 만족 그리고 고객 유지를 최적화할 수 있도록 고객과 관련된 모든 비즈니스 프로세스를 조정하는데 필요한 정보를 제공
④ JIT : Just In Time, 적시생산시스템, 필요한 시기에 필요한 양만큼의 단위를 생산해 내는 것
⑤ CSR : Corporate Social Responsibility, 기업의 사회적 책임

Answer⌐→ 13.④   14.①   15.③   16.②

17 다음의 설명에 해당하는 용어를 고르시오.

> 기업의 경쟁력 제고를 위한 방법으로, 선도기업의 제품을 무단 복제하는 것이 아니라 타 기업의 장·단점을 통해 자사의 제품 및 서비스를 발전시켜 경쟁력을 높이는 것이다.

① M&A
② 콘체른
③ 콜라보레이션
④ 벤치마킹
⑤ 스니핑

① M&A : Merger And Acquisition, 한 기업의 주식을 매입함으로써 소유권을 획득하는 경영전략
② 콘체른 : 법률적으로 독립성을 유지하면서 경제적으로는 불대등한 관계의 서로 관련된 복수 기업들의 기업 결합 형태
③ 콜라보레이션 : 각기 다른 둘 이상의 브랜드가 협업하는 것
⑤ 스니핑 : 디지털 네트워크나 네트워크의 일부를 통해 전달되는 트래픽을 가로채거나 기록할 수 있는 컴퓨터 프로그램 또는 컴퓨터 하드웨어

18 다음은 신제품 개발과정을 나타낸 것이다. 이를 순서대로 바르게 나열한 것은?

① 아이디어 창출 > 사업성 분석 > 아이디어 평가 > 제품개념개발 및 테스트 > 마케팅전략 개발단계 > 제품개발 > 시험마케팅 > 상업화

② 아이디어 창출 > 마케팅전략 개발단계 > 아이디어 평가 > 제품개념개발 및 테스트 > 사업성 분석 > 제품개발 > 시험마케팅 > 상업화

③ 아이디어 창출 > 아이디어 평가 > 사업성 분석 > 제품개념개발 및 테스트 > 시험마케팅 > 제품개발 > 마케팅전략 개발단계 > 상업화

④ 아이디어 창출 > 아이디어 평가 > 제품개념개발 및 테스트 > 마케팅전략 개발단계 > 사업성 분석 > 제품개발 > 시험마케팅 > 상업화

⑤ 아이디어 창출 > 제품개념개발 및 테스트 > 아이디어 평가 > 마케팅전략 개발단계 > 사업성분야 > 제품개발 > 시험마케팅 > 상업화

신제품은 "아이디어 창출 > 아이디어 평가 > 제품개념개발 및 테스트 > 마케팅전략 개발단계 > 사업상 분석 > 제품개발 > 시험마케팅 > 상업화"의 단계를 거쳐 개발된다.

✎ 경제학

19 실업에 대한 내용으로 옳지 않은 것은?

① 경제활동참가율이란 15세 이상의 생산가능인구 중 경제활동에 참가하고 있는 인구의 비중을 말한다.

② 실업률이란 경제활동인구 중 실업자 비율을 말한다.

③ 실망노동자수가 증가하면 실업률은 올라간다.

④ 부가노동자수의 증가는 실업률 상승을 일으킨다.

⑤ 구조적 실업을 해소하려면 노동자에 대한 재교육이 필요하다.

 실망노동자는 비경제활동인구로서, 그 수가 증가하면 실업률의 감소가 일어난다.

20 순수독점기업이 4,000원의 가격으로 5만 개의 재화를 판매하고 있다. 만약 가격을 2,000원으로 인하할 경우 10만 개의 재화를 판매할 수 있다면 이때의 한계수입은?

① 0원   ② 1,000원

③ 2,000원   ④ 3,000원

⑤ 4,000원

 순수독점기업의 가격에 따른 총수입은
ㄱ P=2,000원일 때의 총수입=2,000×10만개=2억 원
ㄴ P=4,000원일 때의 총수입=4,000×5만개=2억 원
따라서 가격이 하락할 때 총수입은 불변이므로, MR=0이다.

21 甲이 사과에서 얻은 한계효용이 8이고, 배엥서 얻은 한계효용이 7이다. 사과의 가격이 20원일 경우 甲의 효용이 최대가 될 때 배의 가격은?

① 16.5원   ② 17.5원

③ 18.5원   ④ 19.5원

⑤ 20.5원

효용극대화가 이루어지기 위해서는 한계효용균등의 법칙이 성립해야 한다.

즉, $\dfrac{M_{사과}}{P_{사과}} = \dfrac{M_{배}}{P_{배}}$ 이어야 하므로, 배의 가격이 17.5원일 때 효용이 극대가 된다.

Answer → 17.④ 18.④ 19.③ 20.① 21.②

22 실질 GDP가 1,500이고 GDP 디플레이터가 110일 때, 명목 GDP는 얼마인가?

① 1,500

② 1,550

③ 1,600

④ 1,650

⑤ 1,700

 명목 GDP=(GDP 디플레이터×실질 GDP)/100
따라서 명목 GDP는 (110×1,500)/100=1,650이다.

23 어느 완전경쟁시장의 시장수요함수는 P=−4Q+20이고 한계수입은 8이라 하자. 소비자잉여는 얼마인가?(P : 가격, Q : 수량)

① 10

② 12

③ 18

④ 22

 ③ 완전경쟁시장에서는 한계수입곡선이 수평의 수요곡선과 같다. 균형점에서는 한계수입(8)=가격(−4Q+20)이므로 균형수량은 3이다. 소비자잉여는 수요가격과 시장가격의 차이를 합한 것이며 검은 삼각형의 면적 $\frac{(12 \times 3)}{2}=18$과 같다.

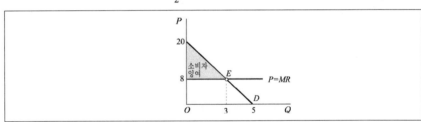

24 중앙은행이 실시하는 정책 중 시중의 통화량을 늘리는 방법은?

① 재할인율을 인상한다.

② 보유외환을 외환시장에서 매각한다.

③ 민간은행에 대한 여신을 줄인다.

④ 민간은행의 법정지급준비율을 인하한다.

⑤ 중앙은행의 공개시장매도

 ①②③⑤ 통화량을 감소시키는 요인이다.

사회복지학

25 매슬로우가 구분한 욕구단계에 해당하지 않는 것은?

① 존경의 욕구   ② 자아실현의 욕구

③ 안전의 욕구   ④ 소속감의 욕구

⑤ 경제적 욕구

 매슬로우의 욕구단계이론

    ㉠ 1단계, 생리적 욕구 → 2단계, 안전·안정의 욕구 → 3단계, 애정 및 소속감의 욕구 → 4단계, 존경의 욕구 → 5단계, 자아실현의 욕구
    ㉡ 하위욕구가 충족되어야 상위 욕구로 이동할 수 있다.
    ㉢ 이전 단계의 욕구는 더 이상 동기유발을 하지 못한다.

26 다음 중 우리나라의 5대 사회보험에 해당하지 않는 것은?

① 고용보험

② 기초연금

③ 산업재해보상보험

④ 노인장기요양보험

⑤ 국민건강보험

 우리나라의 5대 사회보험제 : 국민연금. 산업재해보상보험, 국민건강보험, 고용보험, 노인장기요양보험

27 사회복지실천과정이 아닌 것은?

① 관계형성   ② 평가

③ 실행   ④ 회복

⑤ 사정

 사회복지실천과정 … (초기) 관계형성, 탐색·사정·계획→(중기) 실행, 목적달성→(종결기) 종결, 평가

Answer → 22.④ 23.③ 24.④ 25.⑤ 26.② 27.④

28 다음은 「장애인차별금지 및 권리구제 등에 관한 법률」 제4조(차별행위)에 관한 내용의 일부이다. 빈칸에 들어갈 말로 가장 적절한 것은?

제4조(차별행위)
① 이 법에서 금지하는 차별이라 함은 다음 각 호의 어느 하나에 해당하는 경우를 말한다.
  1. 장애인을 장애를 사유로 정당한 사유 없이 제한·배제·분리·거부 등에 의하여 불리하게 대하는 경우
  2. 장애인에 대하여 형식상으로는 제한·배제·분리·거부 등에 의하여 불리하게 대하지 아니하지만 정당한 사유 없이 장애를 고려하지 아니하는 기준을 적용함으로써 장애인에게 불리한 결과를 초래하는 경우
  3. 정당한 사유 없이 장애인에 대하여 정당한 편의 제공을 거부하는 경우
  4. 정당한 사유 없이 장애인에 대한 제한·배제·분리·거부 등 불리한 대우를 표시·조장하는 광고를 직접 행하거나 그러한 광고를 허용·조장하는 경우. 이 경우 광고는 통상적으로 불리한 대우를 조장하는 광고효과가 있는 것으로 인정되는 행위를 포함한다.
  5. 장애인을 돕기 위한 목적에서 장애인을 대리·(   )하는 자(장애아동의 보호자 또는 후견인 그 밖에 장애인을 돕기 위한 자임이 통상적으로 인정되는 자를 포함한다. 이하 "장애인 관련자"라 한다)에 대하여 제1호부터 제4호까지의 행위를 하는 경우. 이 경우 장애인 관련자의 장애인에 대한 행위 또한 이 법에서 금지하는 차별행위 여부의 판단대상이 된다.
  6. 보조견 또는 장애인보조기구 등의 정당한 사용을 방해하거나 보조견 및 장애인보조기구 등을 대상으로 제4호에 따라 금지된 행위를 하는 경우

---

① 분리   ② 동행
③ 거부   ④ 배제
⑤ 보조

 「장애인차별금지 및 권리구제 등에 관한 법률」 제4조(차별행위)
① 이 법에서 금지하는 차별이라 함은 다음 각 호의 어느 하나에 해당하는 경우를 말한다.
  1. 장애인을 장애를 사유로 정당한 사유 없이 제한·배제·분리·거부 등에 의하여 불리하게 대하는 경우
  2. 장애인에 대하여 형식상으로는 제한·배제·분리·거부 등에 의하여 불리하게 대하지 아니하지만 정당한 사유 없이 장애를 고려하지 아니하는 기준을 적용함으로써 장애인에게 불리한 결과를 초래하는 경우
  3. 정당한 사유 없이 장애인에 대하여 정당한 편의 제공을 거부하는 경우
  4. 정당한 사유 없이 장애인에 대한 제한·배제·분리·거부 등 불리한 대우를 표시·조장하는 광고를 직접 행하거나 그러한 광고를 허용·조장하는 경우. 이 경우 광고는 통상적으로 불리한 대우를 조장하는 광고효과가 있는 것으로 인정되는 행위를 포함한다.
  5. 장애인을 돕기 위한 목적에서 장애인을 대리·동행하는 자(장애아동의 보호자 또는 후견인 그 밖에 장애인을 돕기 위한 자임이 통상적으로 인정되는 자를 포함한다. 이하 "장애인 관련자"라 한다)에 대하여 제1호부터 제4호까지의 행위를 하는 경우. 이 경우 장애인 관련자의 장애인에 대한 행위 또한 이 법에서 금지하는 차별행위 여부의 판단대상이 된다.
  6. 보조견 또는 장애인보조기구 등의 정당한 사용을 방해하거나 보조견 및 장애인보조기구 등을 대상으로 제4호에 따라 금지된 행위를 하는 경우

29 로스만(Rothman)의 지역사회복지 실천모델인 것은?

① 사회행동, 사회계획 및 정책
② 사회계획 및 정책, 지역사회계획
③ 지역자치계획, 지역사회개발
④ 지역사회계획, 사회행동
⑤ 사회행동, 지역자치개발

 로스만(Rothman)의 **지역사회복지 실천모델** : 지역사회개발 모델, 사회계획 및 정책 모델, 사회행동 모델

30 다음에서 설명하는 사회복지제도는?

> 사회보장제도의 핵심적 제도로서, 국민에게 발생하는 사회적 위험을 보험방식에 의해 대처함으로써 국민건강과 소득을 보장하는 제도이다.

① 공공부조
② 공적연금
③ 사회서비스
④ 사회보험
⑤ 국민연금

 ① 일정 수준 이하의 소득계층에 대해 신청주의원칙에 입가가하여 자산조사를 실시한 후 조세를 재원으로 하여 최저생활 이상의 삶을 보장하는 제도
②⑤ 국가가 운영주체가 되는 연금, 한국에서는 국민연금, 공무원연금, 군인연금, 사립학교 교직원연금이 이에 해당
③ '삶의 질' 향상을 위해 사회적으로 꼭 필요하지만 민간 기업들이 저수익성 때문에 참여하지 않는 복지서비스

Answer → 28.② 29.① 30.④

제1회 연습문제

1 다음과 같은 행동을 하는 사람을 법으로 처벌해야 한다는 주장이 있다. 이 주장에 가장 가까운 것은?

> • 도움을 요청 받고도 불이 난 이웃에 물을 운반하는 것을 거절하는 경우
> • 길에 넘어져 정신을 잃은 노인을 보고도 못 본 척 그냥 지나가는 경우
> • 위험한 도로에서 노는 아이를 보고도 안전한 곳으로 데려다 놓지 않는 경우

① 법은 법이고 도덕은 도덕이다.

② 도덕적 의무를 법으로 강제해야 한다.

③ 계약은 반드시 지켜져야 한다.

④ 모든 일을 법으로 해결하려고 해서는 안 된다.

⑤ 사회가 있는 곳에 법이 있다.

2 다음 자료를 통해 추론할 수 있는 법 이론은?

> 법무부는 미결수(未決囚) 사복 착용과 관련하여 인권 보장 차원에서 재판이나 청문회 출석을 위해 교도소 외부로 나갈 때 사복을 입도록 할 방침이라며, 사복 반입에 따른 자해 등 사고 가능성과 옷장 시설 등 비용 문제를 검토한 뒤, 이르면 금년 상반기 중 시범 실시에 들어가 올해 안에 전면 확대 실시할 것이라고 밝혔다.

① 적법 절차의 원리

② 형벌 불소급의 원칙

③ 일사부재리의 원칙

④ 무죄 추정의 원칙

⑤ 증거재판주의

3 법률행위의 목적이 부당할 경우 효과가 배제될 수 있다. 어떤 경우인지 모두 고르시오.

> ㉠ 실현 불가능한 행위   ㉡ 반사회적 행위
> ㉢ 불공정 행위   ㉣ 이윤 취득 행위

① ㉠, ㉡, ㉢
② ㉠, ㉢, ㉣
③ ㉡, ㉢, ㉣
④ ㉠, ㉡, ㉣
⑤ ㉠, ㉡, ㉢, ㉣

4 형사소송법에 대한 다음의 설명 중 옳지 않은 것은?

① 형사소송법은 성문법이다.
② 약식명령도 형사소송법의 규율대상이 된다.
③ 국가의 형벌권을 구체화하기 위한 절차법이다.
④ 평균적 정의를 지도이념으로 한다.
⑤ 소급효금지의 원칙이 적용된다.

5 다음에서 설명하고 있는 원리는 무엇인가?

> "행정작용은 적극적으로 국민의 인간다운 생활을 보장해야 한다."

① 복지행정의 원리
② 사법국가주의
③ 민주행정의 원리
④ 법치행정의 원리
⑤ 지방분권주의

6 헌법에 규정된 근로기본권에 관한 설명 중 옳지 않은 것은?

① 모든 국민은 근로의 권리를 가진다.

② 연소자의 근로는 특별한 보호를 받는다.

③ 여자의 근로는 고용·임금 및 근로조건에 있어서 특별한 보호를 받는다.

④ 국가유공자, 상이군경 및 전몰군경의 유가족은 법률이 정하는 바에 의하여 우선적으로 근로의 기회를 부여받는다.

⑤ 근로자는 근로조건의 향상을 위하여 자주적인 단결권, 단체교섭권, 단체행동권을 가진다.

7 전통적 행정과정과 현대적 행정과정을 비교한 표이다. 다음의 설명 중 옳지 않은 것은?

	구분	전통적 행정과정	현대적 행정과정
①	시대	근대입법국가	현대행정국가
②	정치와 행정	정치·행정 일원론	정치·행정 이원론
③	인간관	자율적 동기부여 경시	자율적 동기부여에 의한 동작화
④	환경관	폐쇄체제론	개방체제론
⑤	행정과정	기획, 조직화, 실시, 통제	목표설정, 정책결정, 기획, 조직화, 동기부여. 통제·평가, 환류·시정조치

8 전문가 집단으로부터 우수한 식견을 모으고 반응을 체계적으로 도출하여 분석·종합하는 기획기법은?

① 시계열분석

② 인과분석

③ 델파이기법

④ 회귀분석법

⑤ 기획의 그레샴 법칙

9 막스 베버(Max Weber)의 관료제 이론에 관한 설명으로 옳지 않은 것은?

① 직무의 수행은 전문성이 낮은 일반행정가에 적합하게 구성되어 있어 다방면의 훈련을 필요로 한다.

② 인간적 또는 비공식적 요인의 중요성을 간과하였다.

③ 지배유형을 전통적 지배, 카리스마적 지배, 합법적 지배의 3가지로 나누었다.

④ 직위의 권한과 관할범위는 법규에 의하여 규정된다.

⑤ 관료제는 법적 권위에 기초한 조직형태로, 관료는 법 규정에 있는 대로 명령에 복종한다.

10 엽관주의와 실적주의의 발전 과정에 대한 설명 중 적절하지 않은 것은?

① 엽관주의는 정당이념의 철저한 실현이 가능하다.

② 직업공무원제는 직위분류제와 계급제를 지향한다.

③ 실적주의는 인사행정의 비인간화·소외현상이 야기된다.

④ 실적주의는 인사권자의 개인적 신임이나 친분관계를 기준으로 한다.

⑤ 엽관주의는 관료기구와 국민의 동질성을 확보하기 위한 수단으로 발전했다.

11 예산결정이론에 대한 설명 중 틀린 것은?

① 점증주의에서 예산은 보수적, 정치적, 단편적이며 품목 중심으로 편성된다.

② 계획예산제도, 영기준예산제도 등은 합리주의와 관계가 깊은 예산제도이다.

③ 점증주의는 현상유지적 결정에 치우칠 수 있다.

④ 점증주의는 선형적 과정을 중시한다.

⑤ 총체주의는 합리적 분석을 통해 비효율적인 예산 배분을 지양한다.

12 지방자치의 특징으로 볼 수 없는 것은?

① 대화행정

② 복지행정

③ 자치행정

④ 종합행정

⑤ 광역행정

13 다음에서 설명하는 마이클 포터의 본원적 경쟁전략은?

> 소비자들이 가치가 있다고 판단하는 요소를 제품 및 서비스 등에 반영해서 경쟁사의 제품과 차별화한 후 소비자들의 충성도를 확보하고, 이를 통해 가격 프리미엄 또는 매출증대를 꾀하고자 하는 전략

① 원가우위전략

② 집중화전략

③ 기술고도화전략

④ 차별화전략

⑤ 전문화전략

14 리더십 이론에 대한 설명이다. 이에 해당하는 것은?

> 부하들이 자기자신을 리드할 수 있는 역량과 기술을 갖도록 하는 것을 리더의 역할로 규정하고 있다. 즉 자기부하를 스스로 판단하도록 하고, 행동에 옮기며 그 결과도 책임질 수 있도록 하는 셀프리더로 키우는 리더십이다.

① 변혁적 리더십

② 거래적 리더십

③ 서번트 리더십

④ 카리스마적 리더십

⑤ 슈퍼 리더십

15 다음 중 경제적 주문량(EOQ)의 가정이 아닌 것은?

① 수요율은 일정하지 않으며, 비확정적이다.
② 리드타임은 일정하며, 확정적이다.
③ 생산, 수송, 및 주문의 로트 크기 등에 제한이 없다.
④ 주문량은 일시에 전량 입고된다.
⑤ 재고부족 및 주문 잔고는 발생하지 않는다.

16 총괄생산계획의 결정변수에 해당하는 것으로 볼 수 없는 것은?

① 재고수준
② 비용수준
③ 하도급
④ 노동인력의 조정
⑤ 생산율의 조정

17 다음 설명에 해당하는 마케팅 분석방법은?

> 자료의 추세를 이해하고 이를 통해 미래의 추세를 예측하기 위한 것으로, 보통 자료의 추세를 시간의 함수로 나타낸다.

① SOWT 분석
② 상관관계 분석
③ 시계열 분석
④ 컨조인트 분석
⑤ 군집 분석

18 행위강화전략 중 소거(extinction)에 해당하는 것은?

① 품행이 좋은 학생에게 칭찬과 격려를 아끼지 않는다.
② 성적이 기준에 미달한 학생에게 장학금 지급을 일시적으로 중단한다.
③ 수형생활을 모범적으로 하는 죄수에게 감형이나 가석방의 기회를 부여한다.
④ 업무수행 실적이 계속해서 좋지 않은 직원을 징계한다.
⑤ 장난감을 잘 정리한 아이에게 사탕을 준다.

19 다음 중 기회비용에 대한 설명으로 옳은 것은?

① 기회비용은 화폐 단위로 측정할 수 없다.

② 기회비용은 항상 음(-)이다.

③ 기회비용은 경제학에서 일반적으로 사용되는 비용개념과는 별개의 것이다.

④ 하나의 행위를 할 때의 기회비용은 그로 인해 포기된 행위 중 최선의 가치로 측정된다.

⑤ 기회비용에는 암묵적비용이 포함되지 않는다.

20 지니계수에 대한 설명 중 적절하지 못한 것은?

① 지니계수는 전체가구의 소득불평등도를 나타내는 대표적인 지표이다.

② 소득 불평등을 나타내는 지표로는 지니계수 외에도 10분위 분배율이 있다.

③ 지니계수는 0에서 1사이의 비율을 가지며, 0에 가까울수록 불평등도가 높은 상태를 나타낸다.

④ 지니계수는 전 계층의 소득 분배 상태를 하나의 숫자로 나타낸다.

⑤ 지니계수는 특정 소득 계층의 소득 분배 상태를 나타내지 못한다는 한계를 가진다.

21 다음과 같이 X재와 Y재의 두 가지 재화만 생산하는 국민경제에서 비교연도의 GDP는 기준연도에 비하여 어떻게 변화하는가?

재화	기준연도		비교연도	
	수량	시장가겨	수량	시장가격
X	3	20	5	20
Y	4	25	3	20

① 10% 상승
② 10% 하락
③ 30% 상승
④ 30% 하락
⑤ 변동없음

22 다음 중 솔로우의 성장모형에 대한 설명으로 옳지 않은 것은?

① 생산에 있어서 노동과 자본 간 자유로운 대체성을 가진다.

② 인구증가율은 외생적으로 결정된다.

③ 다른 조건이 동일하다면 1인당 소득수준이 낮은 국가일수록 성장률이 빠르다.

④ 소비재와 자본재 두 가지 재화가 있다.

⑤ 생산되는 요소대체가 가능한 1차 동차 생산함수를 가정하고 있다.

23 다음 설명과 관련이 깊은 것은?

> A국은 1930년대 자기 나라 영해에서 막대한 양의 천연가스를 발견하게 되었다. 이 천연
> 가스의 발견은 특정 생산요소의 부존량이 증가하는 것으로 생각할 수 있다. 이에 따라
> 이 천연가스를 개발하기 위해 다른 산업으로부터 노동과 자본 등 다른 생산요소가 이동
> 하기 시작하였다. 그 결과 천연가스를 집약적으로 사용하는 광업부문의 생산과 고용은
> 증대한 반면, 천연가스를 집약적으로 사용하지 않는 여타 부문 예컨대 공업부문의 생산
> 과 고용은 줄어들기 시작하였다.

① 립진스키 정리　　　　　　　　　② 스톨퍼-사무엘슨 정리
③ 헥셔-올린 정리　　　　　　　　　④ 레온티에프 역설
⑤ 요소가격균등화정리

24 다음 중 오퍼곡선과 가장 거리가 먼 것은?

① 수입하고자 하는 양

② 국제수지조정

③ 국내의 후생극대화

④ 균형교역조건

⑤ 수출하고자 하는 양

25 사회복지와 사회사업을 비교한 것 중 잘못된 것은?

구분	사회복지	사회사업
① 대　상	개인, 집단, 기관에 의해 수행	개인, 집단, 국가에 의해 수행
② 성　격	적극적, 생산적, 조직적, 일반적	소극적, 사후적, 소비적, 선별적
③ 기　능	제도적, 정책적	지식 · 기술의 측면
④ 실　천	고정적	역동적
⑤ 전문성	광범위한 분야	각 분야의 전문성

26 베버리지가 제시한 5대 악과 이를 제거하기 위한 대처방법이 바르게 연결된 것은?

① 불결–위생관리
② 나태–노동정책
③ 빈곤–직업교육
④ 질병–식수공급
⑤ 무지–의무교육

27 고용보험과 관련한 다음의 설명 중 옳지 않은 것은?

① 고용보험의 가입자는 원칙적으로 사업의 사업주와 근로자이다.
② 1개월 간 소정근로시간이 60시간 미만이어도 고용보험에 가입해야 한다.
③ 계절적 또는 일시적 사업에 고용된 근로자도 고용보험에 적용된다.
④ 별정우체국법에 따른 별정우체국 직원은 고용보험이 적용되지 않는다.
⑤ 고용보험에서 구직급여의 수준에 직접적으로 영향을 미치는 요소는 평균임금이다.

28 갈버트(Gilbert)와 스펙트(Specht)가 제시한 지역사회의 기능에 대한 설명으로 옳지 않은 것은?

① 생산, 분배, 소비의 기능 : 경제제도

② 사회화의 기능 : 가족제도

③ 사회통제의 기능 : 법률제도

④ 사회통합의 기능 : 종교제도

⑩ 상부상조의 기능 : 사회복지제도

29 성매매방지 및 피해자보호 등과 관련하여 중앙지원센터의 업무가 아닌 것은?

① 성매매피해자의 구조

② 성매매피해자 등에 대한 지원대책 연구 및 홍보활동

③ 지원시설 및 상담소 간 종합 연계망 구축

④ 성매매피해자 등의 자활·자립 프로그램 개발·보급

⑤ 상담소 등 종사자의 교육 및 상담원 양성

30 사회보장 권리구제에 대한 심사청구와 재심사청구를 규정하고 있는 법률을 모두 고른 것은?

㉠ 산업재해보상보호법	㉡ 국민건강보험법
㉢ 고용보험법	㉣ 국민연금법

① ㉠, ㉡

② ㉠, ㉢

③ ㉢, ㉣

④ ㉠, ㉢, ㉣

⑤ ㉡, ㉢, ㉣

1 아래의 표는 법과 도덕의 구별에 대한 표이다. 옳지 않은 것은?

구분	법(法)	도덕(道德)
목적	㉠ 정의 실현(정의사회 구현)	선(착하고 바른 삶)의 실현
규율대상	㉡ 내면적 양심과 동기 고려	인간의 외면적 행위
성격	㉢ 강제성, 타율성	비강제성, 자율성
	㉣ 양면성(권리와 의무로 구성)	일면성(의무 중심으로 구성)
	㉤ 위반 시 처벌	위반 시 비난

① ㉠

② ㉡

③ ㉢

④ ㉣

⑤ ㉤

2 다음은 '국민참여재판'에 관한 설명이다. 잘못된 것은?

① 배심원 자격은 사회적 위치를 가진 만 19세 이상의 성인으로 규정하고 있다.

② 배심제와 참심제를 바탕으로 마련된 제도이다.

③ 우리나라에서는 2008년 1월부터 형사재판 참여에 관한 법률이 제정되어 시행되고 있다.

④ 피고인이 원하지 않을 경우나 법원이 배제결정을 할 경우에는 하지 않는다.

⑤ 배심원들의 유·무죄에 대한 평결은 법적 구속력이 없다.

3 각 제도에 대한 설명 중 틀린 것은?

① 동시사망은 2인 이상 동일 위난 사망 시 동시에 사망한 것으로 추정하는 것으로 민법에서 규정하고 있다.

② 인정사망은 사망의 개연성에 따라 관공서의 사망보고와 등록부에 기재하는 것이다.

③ 실종선고는 부재자의 생사 불명 상태의 지속에 따라 사망으로 간주하는 것이다.

④ 동시사망은 반대 사실을 들어 번복이 가능하다.

⑤ 인정사망과 실종선고는 법원의 취소절차 없이는 번복이 불가하다.

4 관세법이 개정되어 1998년 9월 3일 공포되었다. 개정법률 부칙에는 "이 법은 공포 후 3월이 경과한 날로부터 시행한다."고 규정하고 있다. 이 개정 법률의 시행시점으로 옳은 것은?

① 1998년 12월 2일 오전 0시

② 1998년 12월 3일 오전 0시

③ 1998년 12월 4일 오전 0시

④ 1998년 12월 5일 오전 0시

⑤ 1998년 12월 6일 오전 0시

5 다음의 사건에 적용되는 행정법의 일반원칙은 무엇인가?

> 대법원은 "원고가 운전한 오토바이는 이륜자동차로서 제2종 소형면허를 가진 사람만이 운전할 수 있는 것이고, 이륜자동차의 운전은 제1종 대형면허와는 아무런 관련이 없는 것이므로 오토바이를 음주운전 하였음을 이유로 제1종 대형면허를 취소한 피고의 이 사건 처분은 위법하다."고 판시하였다.

① 필요성의 원칙

② 신뢰보호의 원칙

③ 부당결부금지의 원칙

④ 비례의 원칙

⑤ 평등의 원칙

6 다음 중 부당노동행위에 속하는 것은?

> ㉠ 불이익대우 ㉡ 황견계약
> ㉢ 단체교섭거부 ㉣ 파업

① ㉠, ㉡ ② ㉡, ㉢

③ ㉠, ㉡, ㉢ ④ ㉠, ㉢, ㉣

⑤ ㉠, ㉡, ㉢, ㉣

7 시장실패와 정부실패에 대한 설명으로 적절하지 않은 것은?

① 시장실패는 시장기구를 통해 자원배분의 효율성을 달성할 수 없는 경우를 의미한다.
② 비배제성과 비경합성을 가진 공공재의 존재는 시장실패의 주요 원인 중 하나이다.
③ 정부실패는 시장실패에 대응하는 개념으로 행정서비스의 비효율성을 야기한다.
④ X 비효율성으로 인해 시장실패가 야기되어 정부의 시장개입 정당성이 강화된다.
⑤ 시장실패를 교정하기 위한 정부 역할은 공적 공급, 공적 유도, 정부 규제 등이다.

8 살라몬(L. M. Salamon)이 제시한 정책수단의 유형에서 직접적 수단으로만 묶은 것은?

> ㉠ 조세지출 ㉡ 경제적 규제
> ㉢ 정부소비 ㉣ 사회적 규제
> ㉤ 공기업 ㉥ 보조금

① ㉠, ㉡, ㉢ ② ㉠, ㉣, ㉥

③ ㉡, ㉢, ㉤ ④ ㉢, ㉣, ㉥

⑤ ㉣, ㉤, ㉥

9 동기이론에 대한 각각의 설명 중 옳지 않은 것은?

① 브룸(Vroom)의 기대이론 – 개인은 투입한 노력 대비 결과의 비율을 준거 인물의 그 것과 비교하여 불균형이 발생했을 때 이를 조정하려 한다.

② 앨더퍼(Alderfer)의 ERG 이론 – 개인의 욕구 동기는 생존욕구, 관계욕구, 성장욕구 세 단계로 구분된다.

③ 맥클랜드(McClelland)의 성취동기이론 – 개인의 욕구는 성취욕구, 친교욕구, 권력욕 구로 구분되며, 성취욕구의 중요성을 강조한다.

④ 허즈버그(Herzverg)의 2요인 이론 – 개인은 서로 별개인 만족과 불만족의 감정을 가 지는데, 위생요인은 개인의 불만족을 방지해주는 요인이며, 동기요인은 개인의 만족 을 제고하는 요인이다.

⑤ 맥그리거(McGregor)의 X · Y 이론 – 상반되는 인간본질에 대한 가정을 중심으로 하 는 이론으로, X이론은 조직구성원에 대한 전통적 관리전략을 제시하는 이론, Y이론 은 개인목표와 조직목표의 통합을 추구하는 새로운 이론으로 본다.

10 다음의 상황에서 A가 택할 수 있는 가장 적합한 탄력 근무 방식끼리 묶인 것은?

> 공무원 A는 주5일 대중교통으로 출퇴근한다. 코로나19 사태로 인해 재택근무를 하고 싶 으나 그가 맡은 업무는 정형적이면서도 보안을 유지해야 하는 특성이 있어 집에서 일할 수 없고 반드시 주5일 출근을 해야만 한다. 그래서 대중교통 이용 시 사람들과의 접촉만 이라도 최소화하려고 한다.

① 재량근무제, 원격근무제
② 시차출퇴근제, 근무시간선택제
③ 시간선택제 전환근무, 재량근무제
④ 시차출퇴근제, 원격근무제
⑤ 원격근무제, 근무시간선택제

11 행정책임성의 유형에 관한 다음 표의 ㉠～㉣에 들어갈 말로 적당한 것을 바르게 나열한 것은?

구분		통제의 원천	
		내부적인 통제원천	외부적인 통제원천
통제 정도	높은 통제수준	㉠	㉡
	낮은 통제수준	㉢	㉣

	㉠	㉡	㉢	㉣
①	전문가적 책임성	법적 책임성	관료적 책임성	정치적 책임성
②	전문가적 책임성	관료적 책임성	법적 책임성	정치적 책임성
③	관료적 책임성	전문가적 책임성	정치적 책임성	법적 책임성
④	관료적 책임성	법적 책임성	전문가적 책임성	정치적 책임성
⑤	법적 책임성	관료적 책임성	정치적 책임성	전문가적 책임성

12 롤스(J. Rawls)의 사회 정의의 원리와 거리가 먼 것은?

① 원초상태(original position) 하에서 합의되는 일련의 법칙이 곧 사회정의의 원칙으로서 계약 당사자들의 사회협동체를 규제하게 된다.

② 정의의 제1원리는 기본적 자유의 평등원리로서, 모든 사람은 다른 사람의 유사한 자유와 상충되지 않는 한도 내에서 최대한의 기본적 자유에의 평등한 권리를 인정하는 것이다.

③ 정의의 제2원리 중 하나인 차등 원리(difference principle)는 가장 불우한 사람들의 편익을 최대화해야 한다는 원리이다.

④ 정의의 제1원리가 제2원리에 우선하고, 제2원리 중에서는 차등원리가 기회균등의 원리에 우선되어야 한다.

⑤ 현저한 불평등 위에서는 사회의 총체적 효용 극대화를 추구하는 공리주의가 정당화될 수 없다고 본다.

13 다국적기업은 글로벌전략 수립에 있어 글로벌화(세계화)와 현지화의 상반된 압력에 직면하게 된다. 다음 중 현지화의 필요성을 증대시키는 요인은?

① 유통경로의 국가별 차이 증가

② 규모의 경제 중요성 증가

③ 소비자 수요 동질화

④ 무역장벽 붕괴

⑤ 미디어의 발달

14 다음 중 Maslow의 욕구 단계설을 수정해서 인간의 욕구를 존재욕구(Existence Needs), 관계욕구(Relatedness Needs), 성장욕구(Growth Needs)의 3단계로 구분한 ERG이론을 제시한 학자는?

① Simon

② Locke

③ Mcclleland

④ Alderfer

⑤ Kotler

15 다음 종합적품질관리(TQM)의 특징에 관한 설명이 바르지 않은 것은?

① 공정관리 개선   ② 고객지향의 기업문화

③ 구매자 위주   ④ 시스템 중심

⑤ 품질전략 수립

16 다음은 정량발주시스템의 특징에 대한 설명이다. 이 중 가장 옳지 않은 것은?

① 재고량의 증가 우려   ② 저렴한 발주비용

③ 장기적인 준비기간   ④ 정기적 재고량의 점검

⑤ 비정기적인 발주시기

17 다음 중 시장침투가격(penetration pricing) 전략이 적합한 상황과 가장 거리가 먼 것은?

① 소비자들이 가격에 민감하지 않을 때
② 시장 성장률이 높을 때
③ 경쟁자의 진입을 사전에 방지 하고자 할 때
④ 규모의 경제가 존재할 때
⑤ 시장 진입 초기 때

18 다음의 내용 중 인사관리의 기능에 해당하지 않는 것은?

① 직무분석 및 설계   ② 모집 및 선발
③ 훈련 및 개발   ④ 보상 및 후생복지
⑤ 근태율 분석

19 가격이 10% 상승할 때 수요량이 12% 감소하는 재화에 대해 최저가격제가 적용되어 가격이 10% 상승하면, 그 재화의 매출에 어떤 변화가 나타나겠는가?

① 매출량 증가, 매출액 증가
② 매출량 증가, 매출액 감소
③ 매출량 감소, 매출액 증가
④ 매출량 감소, 매출액 감소
⑤ 매출량 동일, 매출액 증가

20 독점시장의 균형상태를 표시한 것으로 옳은 것은?

① $MR=MC>P$ ② $P>MR=MC$
③ $MR>MC>P$ ④ $P>MR>MC$
⑤ $MR>MC=P$

21 케인즈(Keynes)에 의한 자본의 한계효율(MEC)에 대한 정의로 옳은 것은?

① 절대적인 예상소득과 자본재의 구입가격을 동일하게 만드는 할인율
② 예상소득의 현개자치를 자본재가격과 동일하게 만드는 할인율
③ 예상소득을 시장이자율로 할인한 값과 자본재 구입가격의 비율
④ 자본재의 구입가격과 절대적인 예상소득을 시장이자율로 할인한 값의 비율
⑤ 자본재의 구입가격을 시장이자율로 할인한 값

22 공개시장조작을 통한 중앙은행의 국채매입이 본원통화와 통화량에 미치는 영향에 대한 설명으로 옳은 것은?

① 본원통화는 감소하고 통화량은 증가한다.
② 본원통화는 증가하고 통화량은 감소한다.
③ 본원통화는 감소하고 통화량은 불변한다.
④ 본원통화와 통화량 모두 감소한다.
⑤ 본원통화와 통화량 모두 증가한다.

23 다음 중 변동환율제도의 장점으로 꼽을 수 있는 것은?

┌─────────────────────────────────────┐
│ ㉠ 국제결제상의 불확실성 축소   │
│ ㉡ 국제수지 불균형의 신속한 조정   │
│ ㉢ 국내경제 안정을 위한 금융통화정책의 자유로운 사용 │
└─────────────────────────────────────┘

① ㉠   ② ㉡
③ ㉡, ㉢   ④ ㉠, ㉢
⑤ ㉠, ㉡, ㉢

24 다음 보기의 ㉠, ㉡에 들어갈 것으로 가장 올바른 것은?

> 먼델-플레밍 모형에서 정부가 수입규제를 시행할 경우, 변동환율제에서는 순수출이 (㉠), 고정환율제에서는 순수출이 (㉡).

	㉠	㉡
①	증가하고	불변한다
②	증가하고	증가한다
③	불변하고	증가한다
④	불변하고	불변한다
⑤	불변하고	감소한다

25 J. Parker의 견해로서 평등권과 공동권의 가치를 중시하며 능력보다는 요구에 따라 자원배분이 이루어지는 모형은?

① 자유방임형　　　　　　② 사회주의형
③ 자유주의형　　　　　　④ 마르크스주의형
⑤ 보편주의형

26 사회복지법 제정연도를 순서대로 바르게 배열한 것은?

> ㉠ 국민연금법　　　　　　㉡ 사회복지사업법
> ㉢ 모자복지법　　　　　　㉣ 사회보장기본법
> ㉤ 영유아보육법　　　　　㉥ 사회복지공동모금법

① ㉠ - ㉡ - ㉤ - ㉢ - ㉣ - ㉥
② ㉡ - ㉠ - ㉢ - ㉤ - ㉣ - ㉥
③ ㉢ - ㉠ - ㉡ - ㉣ - ㉤ - ㉥
④ ㉣ - ㉡ - ㉠ - ㉥ - ㉢ - ㉤
⑤ ㉤ - ㉡ - ㉣ - ㉠ - ㉥ - ㉢

27 빈곤의 원인을 직업의 기회가 불공평하게 제공되기 때문이라고 보는 것은?

① 낙인이론　　　　　　　　　② 안정이론

③ 갈등이론　　　　　　　　　④ 기회이론

⑤ 기능이론

28 사회행동모형에 대한 설명 중 옳지 않은 것은?

① 변화의 기법은 갈등이다.

② 워커의 역할은 대변자, 행동가이다.

③ 사회행동의 목표는 지역사회의 통합과 능력향상이다.

④ 사회행동모형의 대상은 제도상의 불이익이나 희생된 자들이다.

⑤ 사회행동은 체제변화에 따른 결과를 중요시한다.

29 다음에서 설명하는 사회복지서비스의 기본 원칙은?

> 전문교육이나 훈련을 통한 전문 인력의 활용 및 시설의 현대화와 조직의 근대화가 병행되어야만 해결될 수 있는 것이다.

① 통합의 원칙　　　　　　　　② 제도화의 원칙

③ 선별화의 원칙　　　　　　　④ 우선순위의 원칙

⑤ 전문화의 원칙

30 사회보험과 사보험의 특징을 비교한 표이다. 틀린 것은?

	구분	사회보험	사보험
①	가입방법	강제적 가입	임의적 가입
②	보험급여	보험료수준에 따른 차등급여	필요에 따른 균등급여
③	보험료 징수방식	법률에 따른 강제징수	사적 계약에 따른 징수
④	원리	사회적 적절성(복지)	개인적 적절성(형평)
⑤	보호	최저수준의 소득보장	개인의 의사와 지불능력에 좌우

1 다음 글의 내용 속에 나타나 있는 법의 이념을 〈보기〉에서 모두 고른 것은?

> 법은 단순한 강제 수단이 아니라 일정한 가치를 추구한다. 법은 '같은 것은 같게, 다른 것은 다르게' 취급하는 것을 중요하게 생각한다. 하지만 이런 일반적인 가치가 아무리 중요하다 하더라도 구체적, 개별적인 경우에 무엇이 정당한 것인지를 가르쳐 주지는 못하기 때문에 이것만으로는 하나의 공허한 형식에 지나지 않는다. 법의 세계에서 같은 것과 다른 것을 구별해 주는 구체적인 기준은 국가와 사회가 처해 있는 상황과 이데올로기에 따라 달라진다.

〈보기〉

㉠ 정의   ㉡ 합목적성   ㉢ 법적 안정성

① ㉠
② ㉡
③ ㉠, ㉢
④ ㉠, ㉡
⑤ ㉠, ㉡, ㉢

2 다음은 국회에 관한 설명이다. 잘못된 것은?

① 국회는 구성 원리에 따라 단원제, 양원제로 분류될 수 있다.
② 국회는 헌법상 입법기관, 국정 통제기관, 국민의 대표 기관 및 예산, 결산 심의 기관의 지위를 갖고 있다.
③ 국회는 의장단, 위원회제도, 특별위원회, 연석회의, 교섭단체 등으로 구성되어 있다.
④ 국회는 정기적인 회기를 두고 있지 않으며 임시회기를 통해 수시로 운영한다.
⑤ 국회는 헌법개정안이 공고되면 60일 이내에 의결을 거쳐야 한다.

3 다음은 미성년자의 법률 행위에 관한 설명이다. 잘못된 것은?

① 미성년자 측에서 거래에 대한 완전한 유효를 승인하는 행위를 추인이라고 한다.

② 미성년자가 말로 속이거나, 동의서를 만들거나, 주민증을 위조하는 경우, 이는 사술 행위에 해당한다.

③ 만 18세인 자는 이혼 후에 매매 계약을 체결할 수 있다.

④ 미성년자는 원칙적으로 법정 대리인의 동의를 얻어야 한다.

⑤ 미성년자와 거래한 상대방을 보호하기 위한 방안으로 최고권, 철회권, 사술행위에 대한 취소권 배제 등이 있다.

4 공법에 대한 다음의 설명 중 옳은 것은?

① 공법상 채권의 소멸시효는 원칙적으로 10년이다.

② 조세의 과오납은 공법상 사무관리에 해당한다.

③ 일정 연령에 도달하여 선거권을 취득하는 것은 공법상 사건이다.

④ 사인과 국가 간의 공사도급계약은 공법행위에 해당한다.

⑤ 행정개입청구권은 개인적 공권에 해당한다.

5 행정심판과 행정소송에 관한 설명 중 잘못된 것은?

	구분	행정심판	행정소송
①	판정기관	행정심판위원회	법원
②	대상	위법행위	위법행위, 부당행위
③	심리방법	서면심리, 구두변론 병행	원칙적으로 구두변론
④	적용법률	행정심판법	행정소송법
⑤	종류	취소심판, 무효 등 확인심판 등	무효 등 확인소송, 선거무효소송 등

6 다음 중 소비자보호에 대한 의무가 있는 기관은?

> ⊙ 정부   ⓒ 지방자치단체
> ⓒ 기업   ⓔ 한국소비자원

① ⊙, ⓒ

② ⓒ, ⓔ

③ ⊙, ⓒ, ⓒ

④ ⓒ, ⓒ, ⓔ

⑤ ⊙, ⓒ, ⓒ, ⓔ

7 다음은 행정학의 여러 이론들이다. 시대순으로 옳게 나열한 것은?

> ⊙ 통치기능설   ⓒ 행정관리설
> ⓒ 신행정론   ⓔ 행정행태론
> ⓜ 신공공관리론   ⓗ 발전행정론

① ⊙-ⓔ-ⓒ-ⓒ-ⓗ-ⓜ

② ⓒ-⊙-ⓗ-ⓔ-ⓒ-ⓜ

③ ⊙-ⓒ-ⓗ-ⓔ-ⓜ-ⓒ

④ ⓒ-⊙-ⓔ-ⓗ-ⓒ-ⓜ

⑤ ⊙-ⓔ-ⓗ-ⓒ-ⓜ-ⓒ

8 민츠버그(Mintzberg)의 조직성장 경로모형에서 강조되는 조직구성부문과 이에 상응하는 구조의 연결로 옳지 않은 것은?

① 전략적 정점(strategic apex) – 단순구조

② 기술구조(technostructure) – 기계적 관료제 구조

③ 핵심운영(operating core) – 전문적 관료제 구조

④ 중간계선(middle line) – 사업부제 구조

⑤ 지원참모(support staff) – 고정체제

9 총체적 품질관리(TQM)에 관한 옳은 설명은?

> ㉠ 생산성 제고의 국민에 대한 대응적 책임성을 확보하기 위한 전략적 관리방식이다.
> ㉡ TQM은 상하 간의 참여적 관리를 의미하며 조직의 목표설정에서 책임의 확정, 실적 평가에 이르기까지 상관과 부하의 합의로 이루어진다.
> ㉢ 공공부문의 비시장성과 비경쟁성은 TQM의 필요성 인식을 약화시킨다.
> ㉣ 조직의 환경변화에 적절히 대응하기 위해 투입 및 과정보다 결과가 중시된다.
> ㉤ 공공서비스의 품질 향상을 통한 고객만족을 목표로 하기 때문에 공무원들의 행태를 고객중심적으로 전환할 수 있다.

① ㉠, ㉡, ㉢
② ㉠, ㉡, ㉣
③ ㉠, ㉢, ㉤
④ ㉡, ㉢, ㉤
⑤ ㉡, ㉣, ㉤

10 아래의 ㉠~㉨ 중 미국의 행정학자인 스미스(Harold D. Smith)가 제시한 현대적 예산원칙은 모두 몇 개인가?

> ㉠ 한정성의 원칙   ㉡ 보고의 원칙
> ㉢ 책임의 원칙   ㉣ 공개의 원칙
> ㉤ 계획의 원칙   ㉥ 단일의 원칙
> ㉦ 사전의결 원칙   ㉧ 재량의 원칙
> ㉨ 완전성의 원칙   ㉩ 시기신축성 원칙

① 3개
② 4개
③ 5개
④ 6개
⑤ 7개

11 신중앙집권화·신지방분권화에 대한 설명으로 옳은 것은?

① 신중앙집권화의 관점은 지방자치의 가치와 역사적 공헌을 비판하는 입장을 대표한다.

② 정보통신기술발전은 지방분산화를 통한 분권화의 요인으로 작동할 뿐 신중앙집권화와는 무관하다.

③ 신중앙집권화는 권력은 집중하나 지식과 기술은 분산함으로써 지방자치의 민주화와 능률화의 조화를 추구한다.

④ 도시와 농촌 사이의 경제적·사회적 불균형 해소가 신지방분권의 주요 촉진요인으로 작용한다.

⑤ 자본과 노동의 세계화는 지역경제의 중요성을 부각시키며 신지방분권화의 동인이 된다.

12 다음 중 소규모 자치행정 구역을 지지하는 논리로 맞는 것을 모두 고르면?

> ㉠ 티부(Tiebout) 모형을 지지하는 공공선택이론가들의 관점
> ㉡ 새뮤얼슨(Samuelson)의 공공재 공급 이론
> ㉢ 지역격차의 완화에 공헌
> ㉣ 주민과 지방정부 간의 소통·접촉 기회 증대

① ㉠, ㉡   ② ㉡, ㉢
③ ㉠, ㉢   ④ ㉠, ㉣
⑤ ㉡, ㉣

13 마이클 포터의 본원적 전략에 대한 설명으로 잘못된 것은?

① 소기업이 집중화전략을 쓰는 경우 저원가전략은 고려하지 않아도 된다.

② 소기업이 집중화전략을 사용하는 경우 차별화 전략은 고려될 수 있다.

③ 시장점유율이 높은 기업은 원가우위전략을 통하여 시장지배력을 강화할 수 있다.

④ 시장점유율이 낮은 기업은 차별화전략을 통하여 시장점유율의 확대를 모색할 수 있다.

⑤ 틈새시장을 공략하는 전략은 집중화 전략이다.

14 아담스의 공정성이론에 관한 설명 중 바르지 않은 것은?

① 불공정이 지각되면 공정성을 회복하기 위해 긴장이 유발된다.

② 자신의 투입물과 타인의 산출물의 성과물을 비교한다.

③ 타 종업원과의 사회적인 비교 과정에서 동기부여가 된다.

④ 동기유발의 강도는 불균형의 정도에 따라 직접적으로 변화한다.

⑤ 브룸의 기대이론에 기초하고 있다.

15 다음 생산예측 방법 중 정성적 방법에 해당하지 않는 것을 고르면?

① 시장조사법

② 과거자료에 대한 유추법

③ 델파이법

④ 위원회에 의한 예측법

⑤ 회귀모형

16 다음 중 재고의사결정에 있어서 연관되는 비용요소로 보기 힘든 것은?

① 구매비   ② 재고유지비

③ 발주비   ④ 인건비

⑤ 품절비

17 다음 중 명목척도(Nominal Scale)에 대한 설명으로 바르지 않은 것은?

① 조사하고자 하는 대상을 분류시킬 목적으로 임의로 숫자를 부여하는 척도를 말한다.

② 평균 및 표준편차에 대한 의미가 없다.

③ 빈도수를 활용하는 계산의 경우에는 의미가 없다.

④ 수치 간 거리는 무의미하다.

⑤ 상하의 관계는 없으며, 구분만 존재하는 척도이다.

18 다음 복리후생에 대한 설명 중 사용자에 대한 이익으로 보기 어려운 것은?

① 고용이 안정되고 생활수준이 나아지는 효과가 있다.

② 생산성의 향상 및 원가절감의 효과를 가져온다.

③ 인간적 관계에 대한 부분이 상당히 개선된다.

④ 팀워크의 정신이 점차적으로 높아진다.

⑤ 기업 조직의 목적 및 방침 등을 보여주는 기회가 많아진다.

19 다음 중 X재와 Y재의 균형소비량을 구하는 데 필요한 정보가 아닌 것은?

① X재의 가격   ② Y재의 가격

③ X재와 Y재의 산출량   ④ X재와 Y재의 선호도

⑤ 소비자의 소득

20 다음 중 등량곡선에 대한 설명으로 옳지 않은 것은?

① 등량곡선이 우하향하므로 한계기술대체율이 체감한다.

② 한계기술대체율이 체감하는 것은 원점에 대하여 볼록하기 때문이다.

③ 등량곡선은 서로 교차하지 않는다.

④ 등량곡선은 원점에 대하여 볼록하다.

⑤ 두 생산요소가 완전보완적이면 등량곡선은 L자 형태이다.

21 유동성 함정에 대한 설명으로 옳지 않은 것은?

① 화폐수요의 이자율 탄력성이 무한대가 되는 영역을 가리킨다.

② 화폐를 그대로 보유하는 것보다는 채권을 매입하는 것이 낫다.

③ 경제주체들은 채권가격 하락을 예상하여 채권에 대한 수요 대신 화폐에 대한 수요를 늘린다.

④ 재정지출 확대에 따른 구축효과가 발생하지 않는다.

⑤ 최저 이자율 수준에서 투기적 화폐수요곡선은 수평선이 된다.

22 다음 중 LM곡선의 이동을 가져오는 경우가 아닌 것은?

① 물가상승
② 화폐수요의 증가
③ 화폐공급의 감소
④ 정부지출의 감소
⑤ 통화량 증가

23 리카도의 비교생산비이론의 주요 전제가 아닌 것은?

① 국가 간 생산요소의 이동은 없다.
② 생산물시장은 경쟁적이다.
③ 동일 상품의 생산에 필요한 노동투입량은 국가에 따른 차이가 없다.
④ 생산가능곡선은 직선이다.
⑤ 노동만이 유일한 생산요소이고 노동은 균질적이다.

24 수입품의 개수 · 용적 · 면적 · 중량 등의 일정한 단위수량을 과세표준으로 하여 부과하는 관세는?

① 수출관세
② 종량관세
③ 특혜관세
④ 재정관세
⑤ 보호관세

25 복지국가의 발달을 설명하는 이론 중, 아래에서 말하는 이론은 무엇인가?

> • 민주주의 사회를 전제로 하고 있다.
> • 국가보다는 시민사회에 권력이 분산되어 있다.
> • 국가는 시스템 관리자로서의 기능을 한다.

① 산업화이론   ② 사회양심이론
③ 엘리트이론   ④ 전파이론
⑤ 다원주의론

26 다음 중 베버리지의 사회보장원칙에 해당하지 않는 것은?

① 관리운영통합의 원칙
② 균일각출의 원칙
③ 행정의 분류 원칙
④ 가입대상자의 분류 원칙
⑤ 급여의 적절성 보장의 원칙

27 에릭 에린슨(E. Erikson)의 심리사회적 자아발달의 8단계에 해당하지 않는 것은?

① 근면성 대 열등감
② 자율성 대 수치심
③ 정체감 대 역할혼미
④ 잠복기 대 발산기
⑤ 생산성 대 침체성

28 사회복지조사의 방법 중 종단조사에 대한 설명으로 옳은 것은?

① 반복적으로 측정이 이루어진다.

② 정태적 조사 방법이다.

③ 표본의 크기는 클수록 좋다.

④ 지역사회 공개토론회는 종단조사 방법 중 하나이다.

⑤ 통계적 방법에 의한 양적 측정을 적용하기 힘든 분야에 적용한다.

29 다음에서 설명하는 사회복지행정의 이념은?

- 서비스 제공 시에 대상자의 수급자격이나 조건 등을 고려하는 방법이다.
- 자산조사를 실시하여 대상자를 결정한다.

① 보편주의적 운영방법

② 선별주의적 운영방법

③ 포괄주의적 운영방법

④ 평등주의적 운영방법

⑤ 접근주의적 운영방법

30 노인의 대인관계나 보상관계 불균형을 초래한다는 점에서 노령으로 인한 교환자원가치의 변동과 권력의 감소를 이익강화의 대책으로 보는 이론은?

① 교환이론

② 노령계층화이론

③ 활동이론

④ 분리이론

⑤ 계속성의 이론

>>>제1회 연습문제 정답 및 해설

1	2	3	4	5	6	7	8	9	10	11	12	13	14	15
②	④	①	⑤	①	③	②	③	①	②	④	⑤	④	⑤	①

16	17	18	19	20	21	22	23	24	25	26	27	28	29	30
②	③	②	④	③	⑤	④	①	②	①	⑤	②	③	①	④

1 ②

주어진 지문은 '착한 사마리안인의 법'이다.
찬성 : 윤리적 행위를 양심에 호소해 보아야 효력이 없으므로 법으로 강제한다.
반대 : 도덕적 자율 행위를 법적으로 해결하면 법과 도덕의 구분이 무너진다.

2 ④

자료문은 신체의 자유에 관한 내용으로 형이 확정되기 이전의 미결수는 무죄로 본다는 형사 피고인의 무죄 추정의 원칙에 충실한 것이다.

3 ①

법률 행위는 확정성, 실현 가능성, 적법성, 사회적 타당성을 고려해서 효과를 판단할 수 있다.

4 ⑤

형사소송법은 시행된 날로부터 법이 폐지될 때까지 효력을 가지며, 형법과는 달리 소급효금지의 원칙은 적용되지 않는다.

5 ①

복지행정의 원리는 행정작용은 적극적으로 국민의 인간다운 생활을 보장하고, 국민들의 삶의 질을 향상시키는 데 있어야 한다는 원리이다.
② 사법국가주의 : 행정권이 우위에 있는 행정국가주의를 지양하고, 행정에 대한 사법심사를 인정해야 한다는 원리
③ 민주행정의 원리 : 행정이 민주주의에 따라 행해져야 하며 국민의 의사를 반영하여 국민의 이익증진에 이바지해야 한다는 원리

④ **법치행정의 원리** : 행정은 법의 테두리 내에서 행해져야 한다는 것으로 국가가 국민의 자유와 권리를 제한하거나, 새로운 의무를 부과할 때에는 국회가 제정한 법률에 근거가 있어야 하고 국가는 이러한 법률에 구속을 받으며 국민에게 피해 발생 시 법적인 구제절차가 확립되어야 한다는 원리
⑤ **지방분권주의** : 권력이 중앙정부에 집중된 중앙집권주의를 지양하고, 각 지역마다 관할지방자치단체에 권한을 부여하여 지역의 사무는 주민참여와 주민의 여론에 따라 처리해야 한다는 원리

6   ③

여자의 근로는 특별한 보호를 받으며, 고용 · 임금 및 근로저건에 있어서 부당한 차별을 받지 아니한다.

7   ②

전통적 행정과정 : 정치 · 행정 이원론
현대적 행정과정 : 정치 · 행정 일원론

8   ③

델파이 기법 … 예측하려는 분야의 전문가들에게 설문지로 의견을 묻고, 근접한 결론에 이를 때까지 반복하여 유도 · 분석 · 종합하는 방법을 이용한 미래예측기법이다.

9   ①

관료제는 자격 또는 능력에 따라 규정된 기능을 수행하는 분업의 원리에 따른다. 자기가 맡은 분야의 유능한 기술을 가진 전문인을 양성하여 분업화된 직무를 맡긴다(전문화와 분업).

10   ②

직업공무원제는 일반행정가주의와 계급제를 지향하고 있다.
※ 엽관주의와 실적주의

엽관주의	복수정당제가 허용되는 민주국가에서 선거에 승리한 정당이 정당 활동에 대한 공헌도와 충성심 정도에 따라 공직에 임명하는 제도
실적주의	개인의 능력 · 실적을 기준으로 정부의 공무원을 모집 · 임명 · 승진시키는 인사행정체제

11   ④

점증주의적 예산결정은 고리형의 상호작용을 통한 합의를 중시한다. 선형적 과정을 중시하는 것은 합리주의적 예산결정에 해당한다.

12 ⑤

지방자치의 특징 … 지역행정, 생활행정(급부행정, 복지행정), 대화행정(일선행정), 자치행정, 종합행정

13 ④

차별화전략에 관한 설명이다.
- **원가우위 전략** : 비용요소를 철저하게 통제하고 기업조직의 가치사슬을 최대한 효율적으로 구사하는 전략이다.
- **집중화전략** : 메인 시장과는 다른 특성을 지니는 틈새시장을 대상으로 해서 소비자들의 니즈를 원가우위 또는 차별화 전략을 통해 충족시켜 나가는 전략이다. 또한 경쟁사와 전면적 경쟁이 불리한 기업이나 보유하고 있는 자원 또는 역량이 부족한 기업에게 적합한 전략이다.

14 ⑤

슈퍼 리더십에 관한 설명이다. 우선 슈퍼리더가 스스로 훌륭한 리더가 되는 역할 모델이 되어야 하며, 그것을 위한 자질로서 조직 내 최고의 전문가가 되기 위하여 부단히 학습하여 부하들에게 수범을 보여야 하고, 변화관리의 촉진자 역할과 부하의 장래 비전 및 목표달성을 지원하는 코치로서의 역할을 담당하고, 스스로 이끌어 가는 팀조직을 활성화시켜야 한다.

15 ①

EOQ의 가정은 수요율은 일정하며, 확정적이다. 또한 총 재고관리비용과 관련된 비용은 유지비용과 주문/준비 비용뿐이며, 이들은 확정적이다. 경제적 주문량은 구매 및 운반 등에 소요되는 비용을 최소화하기 위해 결정하여야 할 1회 주문량을 의미한다.

16 ②

총괄생산계획의 결정변수로는 재고수준, 하도급, 노동인력의 조정, 생산율의 조정 등이 있다.

17 ③

- **컨조인트 분석** : 소비자가 제품을 구매할 때 중요시하는 제품속성과 속성수준에 부여하는 가치를 산출해냄으로써 최적 신제품의 개발을 지원해 주는 분석 방법이다.
- **군집 분석** : 다양한 특성을 지닌 대상들을 동질적인 집단으로 분류할 때 이용하는 기법이다.

18 ②

소거란 바람직하지 않은 행위가 일어났을 때 긍정적인 자극을 제거함으로써 그 행위를 감소시키는 강화전략이다.
① 긍정적강화 ③ 부정적강화 ④ 벌 ⑤ 긍정적강화

19 ④

기회비용(opportunity cost)은 특정 경제적 선택의 기회비용이다. 즉, 경제적 선택을 위하여 포기할 수밖에 없었던 차선(the second-best)의 경제적 선택의 가치이다. 기회비용은 화폐단위로 측정이 가능하며, 자유재(0)를 제외한 나머지 경제재의 기회비용은 +이다. 또한 기회비용은 암묵적 비용이 포함되어 암묵적 비용이 포함되지 않는 회계학적 비용과는 다르다.

20 ③

지니계수는 0에서 1사이의 비율을 가지며, 1에 가까울수록 불균등한 상태를 나타낸다. 지니계수가 0.40 미만이면 고른 균등 분배, 0.40에서 0.50 사이이면 보통의 분배를 나타내며, 0.5 이상이면 저균등 분배를 의미한다.

21 ⑤

GDP 디플레이터 $= \dfrac{\text{비교연도의 } GDP}{\text{기준연도의 } GDP} \times 100 = \dfrac{(5 \times 20) + (3 \times 20)}{(3 \times 20) + (4 \times 25)} \times 100 = 100$ 이므로 변동없다.

22 ④

솔로우 모형에서는 생산되는 요소대체가 가능한 1차 동차 생산함수를 가정하고 있으며, 생산되는 재화의 종류는 1가지만 있다고 가정한다.

23 ①

립진스키 정리 … 한 요소의 부존량이 증가할 때 그 요소를 집약적으로 사용하는 생산물의 생산량은 증가하고 다른 요소를 집약적으로 사용하는 생산물의 생산량은 감소한다.

24 ②

오퍼곡선으로는 국제수지의 조정 여부를 알 수 없다.

※ 오퍼곡선(상호수요곡선)
- ㉠ 개념 : 오퍼곡선은 여러 가지 국제가격수준에서 그 국가가 수출하고자 하는 상품량과 수입하고자 하는 상품량의 조합을 나타내는 곡선이다. 양국의 오퍼곡선이 교차하는 점에서 교역조건과 교역량이 결정된다.
- ㉡ 교역조건의 변화로 인한 오퍼곡선의 이동

구분	내용
수입재에 대한 선호도 증가	오퍼곡선 오른쪽으로 이동
국민소득의 증가	오퍼곡선 오른쪽으로 이동
수입관세의 부과	오퍼곡선 왼쪽으로 이동

- ㉢ 교역조건의 변화 : 자국민의 수입재에 대한 선호가 증가하면 오퍼곡선이 우측으로 이동한다. 따라서 교역량은 증가하나 교역조건은 악화된다.

25 ①

사회복지 : 사회적 시책에 의한 제도적 체계, 예방, 방빈을 목적으로 하며, 실천대상은 개인, 집단, 국가이다.
사회사업 : 전문적 사회사업에 의한 기술적 체계, 치료, 구빈을 목적으로 하며, 실천대상은 개인, 집단, 기관이다.

26 ⑤

베버리지 보고서의 사회발전을 저해하는 5가지 해악과 대처방법 … 빈곤–소득보장(연금), 질병–의료보장, 무지
–의무교육, 불결–주택정책, 나태–직업·노동정책

27 ②

교용보험 적용 제외 근로자〈고용보험법 제10조〉
㉠ 1개월 간 소정근로시간이 60시간 미만인 자(1주간의 소정근로시간이 15시간 미만인 자를 포함한다). 다만,
   3개월 이상 계속하여 근로를 제공하는 자와 법에 따른 일용근로자는 제외한다.
㉡ 국가공무원법과 지방공무원법에 따른 공무원. 다만, 대통령령으로 정하는 바에 따라 별정직공무원 및 법에
   따른 임기제공무원의 경우는 본인의 의사에 따라 고용보험에 가입할 수 있다.
㉢ 사립학교교직원 연금법의 적용을 받는 자
㉣ 그 밖에 대통령령으로 정하는 자(별정우체국 직원)

28 ③

사회통제의 기능 … 정치제도, 사회구성원들에게 사회적인 규범(법, 도덕, 규칙)에 순응하게 하는 기능

29 ①

① 상담소에서 담당하는 업무이다.
※ **중앙지원센터의 업무**〈성매매방지 및 피해자보호 등에 관한 법률 제19조〉
   ㉠ 지원시설·자활지원센터·상담소 간 종합 연계망 구축
   ㉡ 성매매피해자 구조체계 구축·운영 및 성매매피해자 구조활동의 지원
   ㉢ 법률·의료 지원단 운영 및 법률·의료 지원체계 확립
   ㉣ 성매매피해자 등의 자활·자립 프로그램 개발·보급
   ㉤ 성매매피해자 등에 대한 지원대책 연구 및 홍보활동
   ㉥ 성매매 실태조사 및 성매매 방지대책 연구
   ㉦ 성매매 예방교육프로그램의 개발
   ㉧ 상담소 등 종사자의 교육 및 상담원 양성, 상담기법의 개발 및 보급
   ㉨ 그 밖에 여성가족부령으로 정하는 사항

30 ④

㉠ 「산업재해보상보험법」 제6장 심사청구 및 재심사청구
㉡ 「고용보험법」 제7장 심사 및 재심사청구
㉢ 「국민연금법」 제7장 심사 및 재심사청구

1	2	3	4	5	6	7	8	9	10	11	12	13	14	15
②	①	⑤	③	③	③	④	③	①	②	④	④	①	④	①

16	17	18	19	20	21	22	23	24	25	26	27	28	29	30
③	①	⑤	④	②	②	⑤	③	③	②	②	④	③	⑤	②

1 ②

법은 정의를 실현하는 데 그 목적을 두고 인간의 외면적 행위에 대하여 강제성과 타율성을 가지고 있다. 또한 위반 시에는 처벌을 하며 권리와 의무를 동시에 규율하는 양면성을 지니고 있다.

2 ①

만 20세 이상의 대한민국 국민은 누구나 배심원 자격을 갖고 있다.

3 ⑤

인정사망은 '추정'의 성격을 띠고 있으므로, 반대 사실을 들어 번복이 가능하다.

4 ③

기간의 계산은 초일 불산입 원칙으로 기산점은 9월 4일이 되므로 3월의 기간은 12월 3일 오후 12시가 되면 만료하게 된다. 시행시점은 이 기간의 만료점이 경과한 시점인 12월 4일 오전 0시가 되는 것이다.

5 ③

부당결부금지의 원칙은 행정기관이 행정법상 의무위반자 또는 의무불이행자에 대하여 조치를 취함에 있어 의무위반 또는 불이행과 실제적 관련이 없는 반대급부를 조건으로 하여서는 아니 된다는 것으로, 제1종 대형면허와 오토바이의 음주운전 간에는 아무런 실질적 관련이 없으므로 문제의 경우는 부당결부금지의 원칙과 관련이 있다(대판 1992.9.22. 91누8289 참조).

6 ③

부당노동행위에는 불이익대우, 황견계약, 단체교섭 거부, 지배·개입 및 경비원조가 있다.

7 ④

X 비효율성으로 인해 정부실패가 야기되어 정부의 시장개입 정당성이 약화된다.

8 ③

정책수단의 직접성이 높은 것은 ⓛ 경제적 규제, ⓒ 정부소비, ⓜ 공기업이다.

※ 행정수단의 분류 : 직접성 기준

- 직접성 : 공공활동을 허가하거나 재원을 조달하거나 개시한 주체가 그것을 수행하는데 관여하는 정도

직접성	정책수단	효과성	능률성	형평성	관리 가능성	합법성, 정당성 (정치적지지)
높음	공적보험, 직접대출, 정보제공, 공기업, 경제적 규제, 정부소비(직접시행)	높음	중간	높음	높음	낮음
중간	조세지출, 계약, 사회적 규제, 벌금	낮음/중간	중간	낮음	낮음	높음
낮음	손해책임법(불법행위 책임), 보조금, 대출보증, 정부출자기업, 바우처	낮음	높음	낮음	낮음	높음

9 ①

아담스(J. Adams)의 공정성(형평성)이론에 대한 내용이다.

브룸(Vroom)의 기대이론은, 동기부여의 강도는 어떤 행위 시 어떤 성과를 초래한다는 주관적 믿음(기대감), 그 성과가 보상을 가져올 것이라는 주관적 확률(수단성), 보상에 부여하는 가치(유인가)에 달려있다는 이론이다.

10 ②

ⓛ 시간선택제 전환근무는 1일 최소 3시간 이상, 주당 15~35시간 근무한다. 따라서 제시된 조건에는 적합하다. 그러나 질문 내용이 가장 적합한 '탄력근무 방식'이며 탄력근무제에는 시차출퇴근형, 근무시간선택형, 집약근무형, 재량근무형이 있다. 시간선택제 전환근무나 원격근무제는 탄력근무방식이 아니므로 답이 될 수 없다.

ⓒ 주5일 출근해야 하므로 원격근무제 불가. 또한 원격근무제는 탄력근무제에 속하지도 않는다.

ⓒ 주5일 출근해야 하고 정형적 업무이므로 출퇴근 의무가 없고 전문적 지식과 기술이 필요한 업무에 적용되는 재량근무제는 불가하다.

ⓔ 시차출퇴근제는 1이 8시간, 주 40시간 근무하면서 출퇴근시간조절이 가능하므로 제시된 조건에 적합하다.

ⓜ 근무시간선택제는 1일 8시간에 구애받지 않고 1일 4~12시간 근무하되 주5일 근무를 준수해야 하므로 제시된 조건에 적합하다.

11 ④

롬젝(B. Romzek)과 튜브닉(M. Dubnick)의 행정책임 유형

구분		통제의 원천	
		내부적인 통제원천	외부적인 통제원천
통제 정도	높은 통제수준	위계적(관료적 : hierarchial) 책임성	법률적(legal) 책임성
	낮은 통제수준	전문가적(professional) 책임성	정치적(political) 책임성

12 ④

롤스(J. Rawls)는 그의 저서 「정의론」에서 정의의 제1원리가 제2원리에 우선하고 제2원리 중에서는 '기회균등의 원리'가 '차등원리'에 우선한다고 주장한다.

13 ①

① 유통경로의 국가별 차이가 증가할 경우 각 국가의 유통경로에 적합하도록 현지화의 필요성이 증대된다.
②③④⑤ 글로벌화의 필요성을 증대시키는 요인이다.

14 ④

Alderfer는 70년대 초, Maslow의 욕구단계설을 수정해서 인간의 욕구를 존재욕구, 관계욕구, 성장욕구의 3단계로 구분한 ERG이론을 제시하였다.

15 ①

종합적품질관리(TQM)의 특징은 고객지향의 기업문화, 구매자 위주, 시스템 중심, 품질전략 수립 등이다. 구성원들이 창의적으로 신속·유연하게 활동을 할 수 있기 위해서는 권한 위임도 필요하다. 또한 종업원들이 참여해서 목표를 세우고 함께 나아가야 한다. 그리고 품질은 고객의 욕구에 합치된 것이어야 하며, 문제해결을 위해 지속적인 개선을 해야 한다.

16 ③

③은 정기발주시스템의 특징이다.

17 ①

시장침투가격은 재빨리 시장에 깊숙이 침투하기 위해 최초의 가격을 고가로 정하기보다는 낮게 설정하여 많은 수의 고객을 빨리 확보하고, 시장 점유율을 높이려는 가격정책이다. 따라서 시장침투가격은 소비자들이 가격에 민감할 때 효과적이다.

18 ⑤

인사관리의 주요 기능으로는 직무의 분석 및 설계, 모집 및 선발, 훈련 및 개발, 보상 및 후생복지, 노조와의 관계 등이 있다.

19 ④

가격이 10% 상승할 때 수요량이 12% 감소하는 재화는 수요의 가격탄력성이 탄력적인 재화에 해당된다. 수요의 가격탄력성이 탄력적인 재화에 대해 최저가격제가 적용되면 가격이 상승하므로 매출량은 감소한다. 탄력적인 재화의 기업 수입은 가격 상승 시 하락하고, 가격 하락 시 증가한다. 따라서 가격이 상승하는 위의 문제에서 기업수입인 매출액은 감소하게 된다.

20 ②

독점시장의 균형점에서는 P>MR과 MR=MC가 성립되므로 P>MR=MC가 된다.

21 ②

자본의 한계효율(Marginal Efficiency of Capital)은 자본재 가격과 그 자본재를 구입하였을 때 얻을 수 있는 수입의 현재가치가 같아지는 할인율을 말한다. 예를 들어, 기계구입가격이 100만 원이고, 그 기계를 구입하였을 때 미래에 얻을 수 있는 수입의 현재가치가 100만 원이 되도록 만들어주는 할인율이 7%라면 자본의 한계효율은 7%가 된다.

22 ⑤

공개시장조작이란 중앙은행이 공개시장에 참여해 국공채나 통화안정증권 등의 매매를 통해 시중의 통화량이나 금리 수준에 영향을 미치는 통화정책 수단을 말한다. 중앙은행이 국채를 매입하면 본원통화가 증가하고 신용창조과정을 통해 통화량이 증가하게 된다.

23 ③

㉠ 환율이 변하면 국제결제상에서 환차손이 발생할 우려가 있으므로 불확실성이 확대될 수 있다. 따라서 변동환율 제도의 단점에 속한다.

24 ③

정부가 수입규제를 실시하게 되면 순수출이 증가하게 되며, IS곡선이 우측 이동하여 이자율이 상승하게 된다.
㉠ 변동활율제도는 이자율의 상승으로 환율하락을 야기하고 그 결과 수출이 감소하게 된다. 따라서 순수출의 증가 효과는 상쇄한다.
㉡ 고정환율제도에서는 이자율의 상승으로 환율이 하락하려는 압력으로 작동하게 되므로, 중앙은행은 통화량을 증가시켜 환율하락을 막게 된다. 이때 중앙은행의 통화량 증가는 LM곡선을 다시 이동시킨다.

25 ②

파커(J. Parker)의 사회복지모형
- ㉠ 자유방임주의형 : 개인주의에 기초하여 경제성장과 부의 극대화에 큰 가치를 둔다. 즉, 시장경제체제에서 계약과 선택을 강조하며 국가는 최소개입해야 한다고 본다.
- ㉡ 사회주의형 : 시장체제를 악으로 규정하고 거부하며 적극적인 국가개입을 허용한다. 경제적·정치적 평등과 공동권을 강조하고 능력보다 요구에 따른 자원배분을 주장한다.
- ㉢ 자유주의형 : 생활기회와 개인적 자유, 기회구조의 배분방법으로서 시장의 필요성을 인정한다. 스스로 부양할 수 없는 사람에 대한 최저수준을 보장하는 수준에서 국가의 개입을 허용한다.
- ㉣ 사회민주주의형 : 평등·자유·우애·인도주의의 가치를 강조하며 기존의 시장제도는 불평등을 제거하지 못한다는 판단 하에 시장제도를 수정한 형태이다. 국가는 공동선의 구현자이며 산업사회문제와 욕구에 대한 실용적 반응으로 빈곤을 제거하는 역할을 해야 한다고 본다.

26 ②

㉡ 사회복지사업법(1970) – ㉠ 국민연금법(1973) – ㉢ 모자복지법(1989) – ㉤ 영유아보육법(1991) – ㉣ 사회보장기본법(1995) – ㉥ 사회복지공동모금법(1997)

27 ④

- ① 낙인이론 : 심리주의적(상호작용주의) 관점을 바탕으로 빈곤의 원인을 개인적 책임으로 간주한다.
- ② 안정이론 : 빈곤의 원인을 인간존재 자체의 불평등에 기인한 것으로 파악한다.
- ③ 갈등이론 : 빈곤의 원인을 사회구조적 차원에서 파악하여 사회적 책임으로 간주한다.
- ⑤ 기능이론 : 빈곤의 원인은 주로 기능적 부적응에 기인하며 개인적 책임도 빈곤의 원인으로 간주한다.

28 ③

사회행동(social action)의 목표는 소규모, 단기적인 문제의 해결보다 체제변화에 따른 결과를 중요시한다. 따라서 사회행동모형은 과업과 과정 모두를 그 목표로 삼을 수 있는 것이다. 그러나 지역사회의 통합과 능력향상은 지역사회개발의 목표이다.

29 ⑤

- ① 통합의 원칙 : 인간이 복지와 관계되는 프로그램들과 서비스를 통합적으로 상호보완하는 것
- ② 제도화의 원칙 : 모든 국민을 대상으로 하는 보편적인 서비스의 항구적인 조치화
- ③ 선별화의 원칙 : 사회복지서비스의 우선순위는 대상, 재원, 프로그램과 서비스 및 방법의 영역에서 고려

30 ②

사회보험 : 소득수준에 따라 보험료를 차등 부과한 후, 필요에 따라 균등급여를 한다.
사보험 : 위험정도·급여수준에 따라 보험료를 부과한 후, 보험료수준에 따른 차등급여를 한다.

1	2	3	4	5	6	7	8	9	10	11	12	13	14	15
④	④	②	③	②	⑤	④	⑤	③	③	⑤	④	①	⑤	⑤
16	17	18	19	20	21	22	23	24	25	26	27	28	29	30
④	③	①	③	①	②	④	③	②	⑤	③	④	①	②	①

1 ④

법의 3대 이념 중 '같은 것은 같게, 다른 것은 다르게' 취급한다는 것은 정의에 해당하고, 같은 것과 다른 것의 기준은 각 사회의 통념이나 보편 이데올로기가 되며 이것에 부합하는 법의 이념은 합목적성이다. 법적 안정성은 주어진 자료에서 보이지 않는다.

2 ④

국회는 매년 9월 1일 정기회와 수시로 진행하는 임시회로 운영된다.

3 ②

미성년자의 행위가 사술이 되기 위해서는 단순히 말로 속이는 행위가 아닌 동의서 위조나 주민등록의 위조와 같은 적극적인 행위를 하여야 한다.

4 ③

③ 공법상 사건 중 자연적 사실이다.
① 민법상 채권의 소멸시효는 10년이나, 공법상 채권의 소멸시효는 5년이다.
② 조세의 과오납은 공법상 부당이득이다.
④ 사인과 국가 간의 공사도급계약은 사법상 계약이다.
⑤ 행정개입청구권은 개인적 공권의 확대경향으로 새롭게 인정된 공권이다.

5 ②

행정심판은 위법행위와 부당행위를 대상으로, 행정소송은 위법행위를 대상으로 한다.

6 ⑤

기업도 소비자 보호에 다양한 의무를 갖고 있다.

7 ④

ⓛ 행정관리설(1880) → ㉠ 통치기능설(1930~1940) → ㉣ 행정행태론(1940) → ㉷ 발전행정론(1960) → ㉢ 신행정론(1970) → ㉱ 신공공관리론(1980)

8 ⑤

민츠버그(Mintzberg)의 조직유형론

조직유형	단순구조	기계적 관료제	전문적 관료제	사업부제 (분화형태)	임시체제
지배적 구성부문	최고관리층 (전략정점) (strategic apex)	기술구조 (technostructure)	핵심운영층 (작업중추) (operation core)	중간계선 (중간관리층) (middle line)	지원참모 (support staff)
조정기제	직접 감독 (직접 통제)	업무(작업)의 표준화	기술의 표준화	산출의 표준화	상호조정

9 ③

총체적 품질관리 … 고객만족을 제1차적 목표로 삼고 조직구성원의 광범위한 참여 하에 조직의 과정·절차를 지속적으로 개선함으로써 장기적·전략적으로 서비스의 질을 관리하기 위한 관리원칙

ⓒ 목표관리제(MBO)에 대한 내용이다.

ⓔ TQM은 조직의 환경변화에 적절히 대응하기 위해 결과보다는 투입 및 과정을 지속적으로 개선한다. 결과를 중시하는 것은 MBO이다.

10 ③

루스벨트행정부에서 예산국장을 역임한 스미스(Harold D. Smith)는 전통적 원칙을 8가지로 유형화하고 이와 대비되는 현대적 원칙을 제시하였다. 출제자는 전통적 예산원칙은 독일의 재정학자인 노이마크(Neumark), 현대적 예산원칙은 스미스(Harold D. Smith)가 체계적으로 제시했다는 점에서 현대적 예산원칙을 찾는 문제로 출제한 것으로 보인다. 현대적 예산원칙은 ⓒ 보고의 원칙, ⓒ 책임의 원칙, ⓜ 계획의 원칙, ⓞ 재량의 원칙, ⓩ 시기신축성의 원칙, 5개이다. 나머지는 모두 F. Neumark나 W. Sundelson이 주장한 전통적 예산원칙에 해당한다.

11 ⑤

⑤ 세계화로 인한 경쟁의 심화는 중앙정부와 지방정부 간 기능적 분업화를 통한 경쟁력 향상을 요구하게 되면서 신지방분권의 동인이 되었다.

① 신중앙집권은 과거의 중앙집권과 달리 지방자치의 가치와 역사적 공헌을 인정하는 토대 위에 행정국가의 능률성 향상이라는 사회적 요청에 부응하기 위한 중앙과 지방 간의 권력구조를 재편성하는 것이다.

② 정보통신기술발전은 시간과 공간을 단축시켜 과거에는 불가능했던 국가의 지방정부에 대한 즉각적인 지시와 통제가 가능하게 만들어 신중앙집권화를 촉진시키는 요인이 되었다.

③ 신중앙집권화는 권력은 분산하나 지식과 기술은 집중함으로써 지방자치의 민주화와 능률화의 조화를 추구한다.

④ 도시와 농촌 사이의 경제적·사회적 불균형 해소를 위한 국가 관여 범위의 확대는 신중앙집권화의 촉진요인으로 작용했다.

12 ④

    ⓒ 중앙정부의 공공재 공급을 설명하는 이론이다.

    ⓔ 중앙집권 논리에 해당한다.

    ※ 티부(Tiebout) 가설 … 소규모 구역에 의한 지방자치를 옹호하는 이론이다. 여러 지방정부가 존재하므로 선호에 따라 지방간 이동이 가능하다. 이를 통해 지방공공재 공급의 적정 규모가 결정될 수 있다고 설명한다.

    ※ 새뮤얼슨(Samuelson)의 공공재 공급 이론 … 공공재 공급은 정치적 과정으로밖에 공급될 수 없다는 이론으로 중앙정부의 역할을 중요시한다.

13 ①

    포터의(M. Porter)의 본원적 전략에서 집중화전략은 원가우위(저원가)전략과 차별화전략 모두 사용할 수 있다.

14 ⑤

    공정성 이론은 인지부조화이론을 기초로 하는 동기부여 과정 이론 중 하나이다.

15 ⑤

    회귀모형은 인과적 방법에 해당한다.

16 ④

    재고의사결정에 있어서 연관되는 비용요소로는 구매비, 재고유지비, 발주비, 품절비 등이 있다.

17 ③

    명목척도는 빈도수를 활용하는 계산의 경우에 의미가 있는 척도이다.

18 ①

    ①번은 구성원(종업원)에 대한 이익을 설명한 것이다.

19 ③

    소비자의 균형소비량은 예산선과 무차별곡선(효용함수)이 일치하는 점에서 구할 수 있다. 이 관계를 만족시키기 위해서는 X재, Y재의 가격과 선호도가 필요하고 소비자의 소득이 주어져 있어야 균형소비량을 알 수 있다.

20 ①

한계기술대체율이 체감하는 것은 등량곡선이 우하향하기 때문이 아니라 원점에 대하여 볼록하기 때문이다. 예를 들어 등량곡선이 우하향하는 직선인 경우, 등량곡선은 우하향하지만 한계기술대체율은 일정하다.

21 ②

유동성함정(liquidity trap)이란 이자율이 최저수준으로 떨어지면 채권가격이 최고로 높아 모든 채권을 매각하여 투기적 화폐수요가 최대가 되는 구간을 말한다. 최저 이자율 수준에서 투기적 화폐수요곡선은 수평선이 되고, 투기적 화폐수요가 이자율에 무한탄력적이 된다.

유동성함정구간에서는 확대금융정책을 실시하더라도 이자율이 하락하지 않기 때문에 금융정책의 정책효과가 사라진다. 반면 재정정책을 실시하더라도 구축효과가 발생하지 않으므로 재정정책의 정책효과는 커진다.

22 ④

정부지출의 변화는 IS곡선의 이동을 가져온다.

구분	내용
IS곡선	독립소비, 투자, 정부지출, 수출 증가 > IS 우측으로 이동, 조세, 수입 증가 > IS좌측으로 이동
LM곡선	통화량 증가 > LM 우측으로 이동, 물가, 화폐수요 증가 > LM 좌측으로 이동

23 ③

③ 비교생산비설(비교우위론)에 의하면 동일 상품의 생산에 필요한 노동투입량은 국가마다 다르다.

※ 리카도(David Ricardo)의 비교우위론

   ㉠ 개념 : 비교우위란 다른 생산자에 비해 같은 상품을 더 적은 기회비용으로 생산할 수 있는 능력을 말한다. 한 재화의 기회비용은 다른 재화 기회비용의 역수이다. 즉, 어떤 재화에서 기회비용이 높다면 다른 재화에서는 낮은 기회비용을 갖는다. 이는 곧 비교우위는 기회비용의 상대적 크기를 나타낸다는 말이다.

   ㉡ 가정
- 노동만이 유일한 생산요소이고 노동은 균질적이다.
- 생산함수는 규모의 불변함수이고 1차 동차함수이다.
- 국제 간 생산요소의 이동이 없다.

   ㉢ 결론
- 무역은 비교생산비의 차이에서 발생한다.
- 각국은 비교생산비가 저렴한 비교우위가 있는 상품을 수출하고 비교열위에 있는 상품을 수입한다.
- 생산특화에 의한 소비가능영역 확대를 통해 각 교역국의 사회후생을 증가시킨다.

24 ②

관세의 종류

구분	내용
수출관세	수출품에 대하여 부과되는 관세를 가리킨다.
재정관세	국고수입을 주목적으로 부과되는 관세이다.
통과관세	국경을 통과하는 물품에 대하여 부과되는 관세를 말한다.
보호관세	국내산업의 보호를 목적으로 부과되는 관세를 말한다.
종가관세(종가세)	수입물품의 가격을 과세표준으로 하여 부과되는 관세이다.
수입관세	수입품에 대하여 부과되는 관세이다.
종량관세(종량세)	수입품의 개수·용적·면적·중량 등의 일정한 단위수량을 관세표준으로 하여 부과되는 세금이다.
특혜관세	특혜관세는 저개발국로부터의 수입품에 대하여 타국에서의 수입품에 부과하는 것보다도 특별히 낮은 세율로 부과하는 관세를 의미한다.

25 ⑤

다원주의론
㉠ 민주주의 사회를 전제로, 다원화된 집단과 이들 간의 경쟁과 제휴정치를 통하여 복지국가가 발전한다고 본다.
㉡ 다양한 집단의 정치적 참여를 중시하고, 권력이 국가보다는 시민사회에 분산되어 있으며, 국가가 중립적 위치에서 다양한 집단들의 경쟁과 갈등을 조절하고 협의를 이끌어 내는 시스템 관리자로서의 기능을 한다고 본다.

26 ③

베버리지의 사회보장원칙 … 균일급여의 원칙, 균일갹출의 원칙, 관리운영통합의 원칙, 급여의 적절성 보장의 원칙, 적용범위 포괄성의 원칙, 대상의 분류화 원칙

27 ④

에릭슨의 심리사회적 자아발달 8단계에 따른 과업
1단계 : 출생~1세, 신뢰감 대 불신감
2단계 : 1~3세, 자율성 대 수치심·회의감
3단계 : 3~6세, 주도성 대 죄책감
4단계 : 6~12세, 근면성 대 열등감
5단계 : 12~18세, 정체감 대 역할혼미
6단계 : 19~24세, 친밀감 대 고립감
7단계 : 25~54세, 생산성 대 침체성
8단계 : 54세 이상, 자아통정성 대 절망감

28 ①

②③ 횡단조사

④ 욕구조사

⑤ 사례조사

※ **종단조사** : 현장조사, 반복측정, 동태적 조사, 일정 기간 변화하는 상황을 조사, 표본의 크기는 작을수록 좋음

ⓘ **패널조사** : 장기간에 걸쳐 동일한 주제를 가지고 동일한 응답자에게 반복해서 면접이나 관찰을 행하는 조사 방법

ⓒ **추세조사** : 장기간에 걸쳐 동일한 주제에 대해 반복해서 면접이나 관찰을 행하지만 패널조사와는 달리 응답자가 매 조사 때마다 바뀌어 이루어지는 조사 방법

ⓒ **동년배조사** : 동류집단 조사, 동시경험집단 조사라고도 한다. 5년이나 10년 이내의 좀 더 좁고 구체적인 범위 안에 속한 인구집단의 변화를 조사하기 위한 조사 방법

29 ②

보기의 설명은 선별주의적 운영방법에 대한 설명이다. 선별주의적 운영방법은 유한의 자원을 효율적으로 분배하기 위한 바람직한 방법으로서 공공부조에서 볼 수 있다.

① 서비스를 제공할 때 대상자에게 특정의 자격이나 조건을 부여하지 않는 운영방법이다.

30 ①

호만즈(Homans)의 사회교환이론에 대한 설명으로, 노인문제가 일어나는 원인을 노인이 가지고 있는 교환자원이 상대적으로 저하됨으로써 교환관계의 불균형이 초래되고, 이로 인해 노인 스스로가 개인이나 사회에 의존하게 되는 데 있다고 본다. 따라서 노인이 가지고 있는 교환가치들을 높이거나 노인의 힘을 증가시켜 균형적이고 상호의존적인 교환관계를 형성할 수 있도록 하는 데 중점을 둔다.

상식
용어사전
시리즈
합격GO!

1 금융상식 2주 만에 완성하기

금융은행권, 단기간 공략으로 끝장낸다! 필기 걱정은 이제 NO! <금융상식 2주 만에 완성하기> 한 권으로 시간은 아끼고 학습효율은 높이자!

2 중요한 용어만 한눈에 보는 시사용어사전 1130

매일 접하는 각종 기사와 정보 속에서 현대인이 놓치기 쉬운, 그러나 꼭 알아야 할 최신 시사상식을 쏙쏙 뽑아 이해하기 쉽도록 정리했다!

3 중요한 용어만 한눈에 보는 경제용어사전 961

주요 경제용어는 거의 다 실었다! 경제가 쉬워지는 책, 경제용어사전!

4 중요한 용어만 한눈에 보는 부동산용어사전 1273

부동산에 대한 이해를 높이고 부동산의 개발과 활용, 투자 및 부동산 용어 학습에도 적극적으로 이용할 수 있는 부동산용어사전!